Manifestos e mensagens

Fundap |imprensa**o**ficial

São Paulo
2007

Manifestos e mensagens
1898 – 1902

Edição fac-símile

Campos Salles

Júlio Pimentel Pinto | Apresentação

2007

Dados Internacionais de Catalogação na Publicação
Biblioteca da Imprensa Oficial do Estado de São Paulo

Salles, Campos, 1841 - 1913
    Manifestos e mensagens : 1898-1902 / Campos Salles; apresentação Júlio Pimentel
Pinto – São Paulo : Imprensa Oficial do Estado de São Paulo : FUNDAP, 2007.
    436p. il. – (Coleção paulista / organização Marco Antonio Villa)

    Edição fac-símile do impresso no Rio de Janeiro : Imprensa Nacional, 1902.
    ISBN 978- 85-7060-558-0 (Imprensa Oficial)

    1. História do Brasil – Política (República) 2. Mensagem Presidencial - Brasil
3. Brasil – Presidente (1898-1902, Campos Salles) I. Villa, Marco Antonio. II. Título.
III. Série.

CDD 981.05

Índices para Catálogo Sistemático

1. Brasil : História : Política 981.06
2. Brasil : Presidente (1898-1902, Campos Salles) 981.05

fundação do desenvolvimento administrativo - fundap
rua cristiano viana, 428
05411-902 são paulo sp
fone: 011 3066 5600
http://www.fundap.sp.gov.br

imprensa oficial do estado de são paulo
rua da mooca, 1921 mooca
03103 902 são paulo sp
www.imprensaoficial.com.br
livros@imprensaoficial.com.br
sac grande são paulo 011 5013 5108 | 5109
sac demais localidades 0800 0123 401

impresso no Brasil 2007
foi feito o depósito legal

Campos Salles: a arquitetura da Primeira República

Júlio Pimentel Pinto

*Q*uando Manuel Ferraz de Campos Salles tomou posse na presidência da República, em 15 de novembro de 1898, curiosamente já havia construído suas principais marcas como presidente: a montagem política de um federalismo peculiar – a "política dos estados"–, e a primeira negociação brasileira da dívida externa.

Foi durante o governo de Prudente de Morais (1894-1898) que Campos Salles, então governador de São Paulo, articulou a relação entre os estados e a União. Nascia a chamada "política dos estados" – ou "política dos governadores" –, que privilegiava alianças do governo federal com as oligarquias locais e é sempre lembrada como uma das características centrais da Primeira República.

O tema do unitarismo e do federalismo, espinhoso desde o início da República, já opusera republicanos de primeira hora aos militares que participaram da ação que encerrou o Segundo Reinado. Mais de uma vez, em declarações e textos, Campos Salles reagiu duramente à possibilidade de a República brasileira ser unitária. Em sua perspectiva, o predomínio da União feria interesses políticos e econômicos do principal estado cafeicultor, cuja produção garantia a maior parte dos recursos obtidos externamente pelo Brasil, que então se encontrava em situação econômica difícil. E foi exatamente na tentativa de encontrar saída para a dívida brasileira e para os custos que o serviço da dívida representava, que Campos Salles viajou à Europa – já eleito presidente, mas antes de assumir o cargo – para avaliar o *Funding Loan*, acordo que trazia novos recursos, ampliava os prazos de pagamento da dívida e, ao mesmo tempo, impunha ao Brasil um conjunto de ajustes internos rígidos.

Seu governo não se limitou, evidentemente, a essas duas direções previamente traçadas. Na política externa, por exemplo, obteve sucesso na definição fronteiriça com a Guiana Francesa, desenvolveu negociações com a Inglaterra pela delimitação de território com a Guiana Inglesa e encaminhou, sem concluir, os diálogos com a Bolívia pela posse do Acre[1]. Estabeleceu, ainda, relações cordiais com a Argentina, simbolizadas na recepção ao presidente Julio Roca e na visita de Campos Salles a Buenos Aires (sua única viagem oficial a país estrangeiro durante o mandato), bem como em um ensaio de constituir um tripé diplomático que envolveria, ainda, o Chile[2].

---

1   A negociação da fronteira com a Guiana Francesa foi arbitrada pelo Conselho Federal Suíço, que divulgou sua decisão em dezembro de 1900. A resolução da questão do Acre só se deu em 1903, já no governo Rodrigues Alves. Nos dois casos, o representante brasileiro foi o Barão do Rio Branco, que se tornaria Ministro das Relações Exteriores após 1902. Joaquim Nabuco foi o responsável pelas gestões junto à Inglaterra na questão da Guiana Inglesa, após o fracasso da arbitragem internacional de 1899. Ver Alcides Guanabara. *A presidência Campos Salles.* Rio de Janeiro: Laemmert & C. Ediitores, 1902, p. 179 e ss.

2   A preocupação de Campos Salles com as relações externas está presente em todos os manifestos e mensagens deste volume. Nos manifestos de 31/10/1897 e de 15/11/1898, refere-se à importância de manter o bom relacionamento internacional do Brasil. *Manifestos e mensagens.* p. 33-34, 54-56. Nas mensagens anuais ao Congresso, Campos Salles menciona os acertos diplomáticos relativos às fronteiras com as duas Guianas, à nascente do rio Javari e à posse territorial do Acre.

Mas foi a combinação entre a "política dos governadores" e o *Funding Loan*, já desenhada antes da posse, que marcou seu governo. Restava, porém, uma vez empossado, implementar a dura política de ajuste e assegurar a persistência do acordo que dava aos estados efetiva interferência no cenário político nacional, ao mesmo tempo em que atribuía, não contraditoriamente, papel decisivo à presidência da República. Por esse esforço, o governo Campos Salles tornou-se simbólico da Primeira República: de um lado, manteve o vigor da política oligárquica; de outro, reforçou a presença e a força do capitalismo externo nos assuntos brasileiros. Inventavam-se, assim, os mecanismos centrais da Primeira República, que asseguraram seu funcionamento geral, com as óbvias adequações e oscilações, até 1930[3].

O PACTO POLÍTICO

O cenário político da primeira década da República brasileira era instável. As eleições presidenciais que antecederam a de Campos Salles revelaram as divergências entre os que foram sócios na Proclamação da República e a dificuldade de estabelecer uma aliança política suficientemente sólida. A escolha presidencial pelo Congresso Constituinte, em 1891, é exemplar das divisões: Deodoro da Fonseca foi eleito presidente, porém recebeu menos votos (129) do que o candidato à vice da oposição: Floriano Peixoto, outro militar, que recebeu 153 votos. Prudente de Morais, candidato de oposição, obteve expressivos 97 votos e o vice da chapa de Deodoro, Eduardo Wandenkolk, apenas 57[4]. O apoio de parte dos paulistas

---

Enfatiza, também, a troca de visitas entre ele e Roca. *Manifestos e mensagens.* p. 67-69, 98-103, 140-143, 217-219, 233 e ss.

3 Renato Lessa. *A invenção republicana. Campos Salles, as bases e a decadência da Primeira República brasileira.* Rio de Janeiro/São Paulo: Iuperj/Vértice, 1988.

4 Além dos 226 votos computados aos dois candidatos à presidência, houve dois em branco,

a Deodoro era pouco enfático, como se depreende da divisão da votação e do não-endosso à chapa completa. Eles, na verdade, dispunham-se a tolerar a presença militar de Deodoro, mas mantinham-se precavidos contra ameaças centralizadoras que rompessem o projeto federalista, tão ao gosto dos cafeicultores. Campos Salles, que fora ministro da Justiça do governo provisório de Deodoro (1889-1891), comentou a tensão dos primeiros tempos da República e resumiu a posição paulista hegemônica, ao relembrar, em suas memórias, a resposta que deu a uma pergunta do Barão de Lucena sobre a conduta dos representantes paulistas diante do governo eleito de Deodoro:

> Disse-lhe que os paulistas não faziam política de acesso ao governo, mas de princípios; que as nossas idéias, quanto à organização da República, tinham já sido manifestadas quando se discutia e votava a Constituição; que jamais seríamos um embaraço ao governo, desde que este, por sua vez, não tentasse impedir a consagração dos nossos princípios na Constituição; que, finalmente, éramos unionistas, mas não duvidaríamos ir até a separação, se houvesse no governo quem tentasse fundar uma República unitária[5].

A República tinha, então, dois anos e, apesar de regida por uma Constituição de inspiração liberal, nem de longe estava con-

---

trinta ausências e seis votos dispersos, dados a outros candidatos. Cf. Raymundo Faoro. *Os donos do poder. Formação do patronato político brasileiro.* Vol. 2. Porto Alegre: Globo, 1985, 6ª edição, p. 553.

5   Campos Salles. *Da propaganda à presidência.* Brasília: Editora da UnB, 1983, p. 36 (o original é de 1908). A defesa de princípios federalistas percorre toda a trajetória de Campos Salles. Este é um dos temas centrais, por exemplo, de seu manifesto no banquete político do PRP, logo após seu nome ser indicado para concorrer à presidência. Cf. "Manifesto" (31/10/1897). *Manifestos e mensagens.* p. 15 e ss.

solidada. A ameaça de um retorno monarquista assombrava os vários setores republicanos e a tensão entre os interesses regionais continuava a impedir a adoção de um modelo político claro[6]. Os paulistas, de sua parte, sabendo que não tinham unidade ou força para assumir imediatamente o controle do governo, mantinham-se em posição de vigilância e defesa do princípio federalista.

O governo constitucional de Deodoro foi breve: após ter dissolvido o Congresso em 3 de novembro de 1891 e, no final do mesmo mês, decretado estado de sítio diante da revolta da Marinha e da ameaça de bombardeio da capital, Deodoro renunciou e Floriano Peixoto assumiu a presidência. Recebeu uma herança complexa, que incluía a profunda crise financeira desencadeada ainda no governo provisório pela emissão intensa de papel-moeda, que provocou aumento acentuado da inflação. Curiosamente, o período de Floriano Peixoto (1891-1894) marcou o auge do poder militar no Brasil recém-republicano, e também seu limite. Floriano armou o Estado para reagir violentamente às revoltas que enfrentou – além da Armada, a Revolta Federalista estourou, em 1893, no Rio Grande do Sul e estendeu-se para Santa Catarina e Paraná – e conseguiu que seu governo sobrevivesse. No entanto, os estados também prepararam suas forças militares. No caso de São Paulo, Campos Salles anteviu o risco que a militarização nacional representava para o projeto federalista e para os interesses estaduais. Em setembro de 1892, recomendou a Bernardino de Carvalho, governador do Estado, que criasse mecanismos para garantir, pelas armas, a autonomia paulista:

---

6   Em sua última mensagem ao Congresso, Campos Salles caracteriza as tensões políticas de que a Constituinte foi palco e as dificuldades de estabilização da República brasileira. "Mensagem" (3/5/1902). *Manifestos e mensagens*. p. 197 e ss.

Uma precaução V. deve tomar, e eu já a aconselho para São Paulo desde o governo de Prudente, é que deve ter muito bem organizada e disciplinada a nossa força policial, dando o comando a homens de confiança. Com 5 mil homens (que é o efetivo, segundo creio), V. pode conservar um grosso de 2 mil permanente na capital. Esta gente, sob um regime rigorosamente militar, será o casco poderoso para qualquer eventualidade[7].

O governo de Prudente de Morais a que Campos Salles se referiu aconteceu nos anos 1889-1890, quando Prudente chefiou a junta que governou São Paulo por indicação de Deodoro. Portanto, a preocupação de Campos Salles com o risco de militarização e a disposição de "ir até a separação" – se necessário fosse para assegurar a autonomia paulista – fundava-se, desde os primeiros dias da República, em ações concretas de preparação da resistência armada paulista e manifestava-se bem antes de sua chegada à presidência. Outros estados igualmente prepararam suas milícias locais, minando a eficácia do Exército nacional no caso de uma intenção florianista de submeter à força as oligarquias locais. De alguma forma, o risco da centralização militarizada parecia afastado e a lógica predominante dos interesses regionais prosseguia.

Após o instável apoio aos presidentes militares, um paulista chegou à presidência, na sucessão de Floriano Peixoto, com Prudente de Morais, eleito pelo breve Partido Republicano Federal[8]. Criado em 1893 por Francisco Glicério, o PRF foi uma tentativa

---

7   Campos Salles, citado por Cândido Motta Filho. *Uma grande vida*. São Paulo: Edição de Política, 1931, p. 273, apud Raymundo Faoro. *op. cit.*, p. 554.

8   A respeito da relação dos políticos de São Paulo – e especialmente de Campos Salles – com o Partido Republicano Federal, ver a biografia de Campos Salles por Célio Debes. *Campos Salles. Perfil de um estadista*. São Paulo: Instituto Histórico-Geográfico de São Paulo, 1977, vol. 2, capítulo I.

malsucedida de submeter os vários partidos republicanos estaduais a um partido nacional. Mais do que um partido, o PRF comportava-se como uma frente que aglutinava os PR estaduais sem ser capaz de articulá-los ou obter qualquer grau de estabilidade interna. Nas irônicas palavras de Campos Salles,

> O Partido Republicano Federal recebera das mãos dos seus organizadores uma bandeira tão ampla que podia abrigar à sua sombra os representantes de todas as idéias, mesmos as mais contrapostas – os federalistas e os unitaristas, os presidencialistas e os parlamentaristas[9].

Apesar de incapaz de definir-se politicamente, ao sustentar a eleição de Prudente de Morais, o PRF impediu que se viabilizasse uma candidatura explicitamente vinculada ao estado – a um estado. O equilíbrio político tramado por Glicério era, no entanto, precário: havia, no PRF, um sentido de unidade nacional em torno de Prudente; no entanto, ela era corroída pelas exigências de cada estado. Ou seja, para os propósitos do setor predominante do Partido Republicano de São Paulo, de assegurar, a todo custo, sua autonomia, voltando o esforço da República para o atendimento de sua política específica, o governo Prudente de Morais era ainda insuficiente. O próprio Prudente percebeu os limites de sua ação e recorreu a Campos Salles, então governador de São Paulo (1896-1897), pedindo-lhe que interviesse para desmantelar a tutela do PRF – tutela que, na verdade, mais do que do partido, era do parlamento, onde se costuravam as alianças provisórias que Glicério negociava com os estados. O pedido de intervenção de Prudente a Campos Salles

---

9   Campos Salles. *Da propaganda à presidência*. p. 71-72.

deu-se no contexto da eleição, em 1897, do presidente da Câmara, que, a bem da verdade, representava uma prévia das eleições presidenciais do ano seguinte. Além de recorrer a Campos Salles, Prudente também dirigiu-se aos governadores de Minas Gerais, Pernambuco e Bahia. Estabelecia, assim, uma comunicação direta com os estados e esvaziava o espaço do partido, rompendo seu caráter mediador. Os opositores de Prudente, por seu lado, mantinham-se próximos dos militares e alimentavam a possibilidade de um retorno "florianista" (evidentemente sem Floriano, que morrera logo após deixar a presidência, em junho de 1895).

Fora do universo dos poucos que definiam os rumos da política nacional, o país queimava. Na Bahia, a resistência de Canudos acendia os ânimos descontentes dos florianistas, que cobravam repressão rápida ao movimento. A guerra estendeu-se por quase um ano, até 1897, e consumiu recursos financeiros do Estado brasileiro. Outro de seus efeitos, na lógica do restrito jogo político, foi demolir a confiança e o respeito ao Exército, símbolo da unidade nacional e responsável pelos sucessivos insucessos na ação militar e pela dizimação final dos rebeldes de Belo Monte.

Na disputa pela presidência da Câmara, a vitória de Artur Rios, aliado de Prudente, contra o nome imposto por Glicério representou uma clara derrota da tentativa de estabelecer, por meio do parlamento, o controle do PRF sobre o presidente[10]. O insucesso da ação de Glicério fragilizou o partido, que pouco depois seria extinto. O duplo movimento de derrota dos adeptos da centralização política – oposição civil e militar – contribuiu para que Prudente controlasse de fato o governo, já nos estertores de

---

10   Cf. "Dos governos militares a Prudente-Campos Salles", in Boris Fausto (dir.) *História Geral da Civilização Brasileira*. Tomo III – *O Brasil Republicano*, vol. 8. Rio de Janeiro: Bertrand Brasil, 2006, 8ª edição, p. 52-53.

seu mandato, e abriu espaço para reorganizar o sistema político de forma que assegurasse, simultaneamente, o princípio federativo da República, o predomínio do comando nas mãos do presidente e a força de São Paulo dentro da Federação. Novamente, foi Campos Salles que entrou em cena – e articulou a "política dos governadores". Sua percepção era clara: só a aproximação com as lideranças locais – que ele considerava "chefias naturais" – garantiria a estabilidade política:

> O que havia na alta direção [do antigo PRF] era, no fundo, um grupo de caudilhos políticos, todos igualmente soberanos e ciosos, cada um, da sua influência pessoal. Na ausência de idéias que pudessem estabelecer a indispensável coesão, assistia o país ao singular espetáculo dos movimentos desencontrados, que estas influências antagônicas imprimiam ao mesmo corpo político (...) Ao primeiro aspecto convenci-me de que nenhum dos lados apresentava sintomas de hostilidade ao governo, se bem que fosse patente o intuito, em cada um, de fundar a sua preponderância política[11].

Contra o risco futuro da aliança entre setores oposicionistas civis e militares – só provisoriamente afastada – e na busca de uma saída que estabilizasse finalmente o funcionamento político da República, Campos Salles propôs um jogo de alianças entre governo federal e governos estaduais, assumindo a inviabilidade de partidos políticos nacionais e estabelecendo uma relação direta entre as instâncias nacional e local, representada nos partidos

---

11   Campos Salles. *Da propaganda à presidência.* p. 117.

republicanos[12]. Formalizava o que havia sido uma saída de emergência empregada por Prudente e descartava qualquer instância mediadora, inclusive o Congresso – que se tornaria mero espaço de confirmação dos acertos realizados entre os executivos.

A orientação do processo ficava assim restrita "aos poucos que deviam exercê-la". O desenho político repetia o princípio da tripartição dos poderes, expresso na Constituição de 1891, mas implicava a efetiva submissão do Congresso: negada sua possibilidade de administrar e de governar – atribuições do Executivo – restava que sua atuação fosse controlada e dirigida. Para que isso ocorresse, era necessário garantir sua plena e contínua associação e colaboração com o Executivo, o que se obtinha por meio de um acordo com os partidos estaduais: o governo federal evitava interferir nas disputas locais e endossava a lista de representantes que o governador local enviasse, sem questionar as atas eleitorais[13].

É importante lembrar que, em virtude das recorrentes fraudes eleitorais, a Comissão de Verificação de Poderes devia avaliar a correção das atas eleitorais municipais e, em caso de reconhecimento de erro ou possibilidade de fraude, acolher a reclamação de oposições estaduais, atribuindo-lhes representação no Congresso. Com o acordo agora estabelecido, a Comissão passava a simplesmente ratificar as atas, esvaziava qualquer possibilidade de as oposições locais obterem acesso à representação parlamentar e mantinha o conjunto dos representantes

---

12   No manifesto de 1897, lido durante evento do Partido Republicano Paulista, Campos Salles alinhava as relações entre o partido e o Estado, entre o presidente eleito por um partido e sua condução dos assuntos de interesse geral. Destaca que o eleito deve superar o partido, uma vez que é "chefe de todos", mas lembra que o partido é o lugar das definições políticas. "Manifesto" (31/10/1897). *Manifestos e mensagens.* p. 9-15.

13   Cf. Boris Fausto (dir.). op. cit., p. 55. Na primeira e na segunda mensagens ao Congresso (3/5/1899 e em 3/5/1900), Campos Salles comenta a renovação da legislação eleitoral e sua importância para a estabilidade do processo político. *Manifestos e mensagens.* p. 69-70, 106-107.

de cada estado vinculado ao governador. Uma simples mudança regimental no funcionamento da Câmara favoreceu o sistema, atribuindo a presidência interina da casa ao presidente na legislatura anterior (obviamente, caso ele fosse reeleito). Esse presidente, produto da maioria anterior, chefiava a Comissão de Verificação, o que equivale dizer que se tornava o principal responsável pelo aval à nova listagem de eleitos, repetindo, na nova legislatura, a distribuição de forças da que se encerrava.

Todo o acordo político parece paradoxal: o governo central se reforçava, eliminava a oposição do Legislativo e permitia a consolidação das oligarquias estaduais. Na prática, porém, o que se obtinha era um modelo peculiar de federalismo, fundado em um mecanismo de representação adulterado e controlado – e por isso favorável à manutenção de estruturas de poder locais, baseadas no personalismo e no privilégio dos "poucos": cada oligarquia estadual recorria ao auxílio do governo federal em sua disputa com a oposição política. Em seu "Manifesto Inaugural", lido no dia da posse, Campos Salles destacou a necessidade da "valiosa colaboração" dos estados na "obra de reparação da União" e pela "prosperidade da República". A correção de rumos políticos e econômicos dependia do pacto, que seria benéfico a todos:

> Nos vastos domínios da competencia estadoal ha, pois, espaço bastante para o desenvolvimento desta politica pratica e fecundante, simultaneamente favoravel ao progresso da riqueza dos Estados e à consolidação das finanças da União. Serão outros tantos interesses a fortificar os vinculos da unidade nacional sob a influencia vivificante do regimen federativo. À communidade de raça, de tradições historicas, de lingua e de religião, gerando a cohesão do

sentimento nacional, é preciso accrescentar a communidade economica e financeira, fortalecendo os vinculos de solidariedade entre a União e os Estados[14].

A união nacional era apontada como a forma de superar a crise; o pacto era seu mecanismo de estabelecimento. Tratava-se de uma vitória do coronelismo, travestido de princípios republicanos e federalistas[15]; uma espécie de autorização para que a fraude se mantivesse nos processos eleitorais e, mais do que isso, se tornasse procedimento regular e necessário para a manutenção do sistema; o prevalecimento do poder oligárquico, tão pouco afeito aos valores republicanos que a política supostamente defendia. Daí o nome que Campos Salles preferia, "política dos estados" – que reforçava o componente localista do acordo, mantendo-o dentro de bases institucionais –, ter sucumbido diante do termo "política dos governadores", que acentua o caráter personalista do sistema.

No instável cenário político do governo Prudente de Morais, Campos Salles pavimentou, com a política dos estados, o caminho que o levou à presidência em 1898 e montou o mecanismo político central da Primeira República. Esse sistema permitiu ao setor hegemônico do PRP finalmente controlar o centro da política brasileira, por meio das negociações regulares com as demais oligarquias locais e o comando contínuo dos processos sucessórios, que Campos Salles via como "o grande eixo da política nacional"[16]. Afinal, a aliança com os estados não diminuía a centralidade da presidência

---

14   "Manifesto Inaugural" (15/11/1898), *Manifestos e mensagens*. p. 48-50.

15   Cf. Victor Nunes Leal. *Coronelismo, enxada e voto. O município e o regime representativo no Brasil*. Rio de Janeiro: Revista Forense, 1948.

16   Campos Salles. *Da propaganda à presidência*. p. 183.

da República, cujo papel arbitral Campos Salles destacou em seu discurso de posse[17].

O presidencialismo sempre foi, da sua ótica, o regime que permitia conciliar os valores essenciais da República, da democracia e do federalismo; funcionava como avalizador da estabilidade e coordenador do processo político, identificando os estados à União[18]. Perto de encerrar seu mandato, em 1902, Campos Salles ressaltou, na mensagem de 3 de maio ao Congresso, o sucesso da política que empreendeu. O trecho é longo, mas exemplar:

> Não foi, portanto, de dissolução ou desagregação o processo politico que adoptei; foi, sim, de união e coordenação. Em vez de dividir forças, separar os elementos politicos e enfraquecel-os pela dispersão, afim de crear em proveito do Executivo uma supremacia illegitima, procurei, ao contrario, promover a união desses elementos, no intuito de constituir uma grande força de apoio á administração da Republica na phase melindrosa que ella atravesava. Restabeleceu-se a serenidade nos espiritos e abriu-se uma época de salutar actividade legislativa, que tem permittido a adopção de medidas de transcendente utilidade, que em seu conjuncto formam o vasto programma de administração do actual periodo presidencial. Por outro lado, a tranquillidade nos Estados, fructo desta mesma politica de concordia e tolerancia, em contraste com a incandescente politica da aggressão e da represalia, produziu a calma geral, a cujo influxo têm conseguido os poderes federaes

---

17 "Manifesto Inaugural" (15/11/1898), *Manifestos e mensagens*. p. 43.

18 "Manifesto" (31/10/1897). *Manifestos e mensagens*. p. 19, 22 e ss.

desdobrar a sua acção reparadora. Neste regimen, é minha convicção inabalavel, a verdadeira força politica, que no apertado unitarismo do Imperio residia no poder central, deslocou-se para os Estados. A politica dos Estados, isto é, a politica que fortifica os vinculos de harmonia entre os Estados e a União, é, pois, na sua essencia, a politica nacional. É lá, na somma dessas unidades autonomas, que se encontra a verdadeira soberania da opiniao. O que pensam os Estados, pensa a União[19].

"O que pensam os Estados, pensa a União"; no entanto, alguns estados evidentemente pensavam – e pesavam – mais que os outros, São Paulo à frente. O pacto oligárquico implicava a existência de acordos entre os estados de maior peso e o predomínio paulista foi acompanhado, poucos anos depois, da emergência mineira, constituindo o jogo depois conhecido como "café com leite". Já na sucessão de Rodrigues Alves (que sucedeu a Campos Salles e governou entre 1902 e 1906), a força de Minas era clara e forçou as negociações e alianças entre os representantes dos dois estados. Mas o princípio em si do federalismo um tanto canhestro saiu vitorioso.

O AJUSTE ECONÔMICO

Nascido, portanto, de um triunfo político dentro das fileiras republicanas e em meio às disputas entre unitaristas e federalistas, o governo Campos Salles firmou um conjunto de procedimentos que regularam por quase três décadas a política brasileira. Se, na ordem política, o início de seu governo encontrou cenário instável, pior era a situação da economia. Além dos con-

---

19   "Mensagem" (3/5/1902). *Manifestos e mensagens*. p. 201-202.

flitos internos, que haviam consumido recursos importantes, o Brasil ainda sofria os efeitos da crise financeira que explodira no governo provisório de Deodoro.

País de economia fundada na exportação, o equilíbrio financeiro brasileiro sempre foi vulnerável e "dependeu de fatores externos, destacando-se dentre eles: os saldos da balança comercial, o volume dos investimentos estrangeiros e acesso a créditos internacionais"[20]. Desde o Império, para garantir a continuidade da produção voltada à exportação, o governo brasileiro controlava o câmbio e provocava sucessivas desvalorizações da moeda, com a finalidade de compensar, para os exportadores, as oscilações de preço dos produtos primários no mercado externo. O equilíbrio das contas, portanto, não derivava da presença de reservas-ouro, mas da minuciosa regulação cambial.

A implicação do procedimento é óbvia. Como notou Celso Furtado[21], ocorria uma "socialização das perdas" que afetava o restante da sociedade, uma vez que recursos públicos eram utilizados como garantia da estabilidade da produção e da situação financeira dos principais fazendeiros – principalmente cafeicultores, em uma espécie de antecipação da ação direta de proteção ao café exportado, que o governo ofereceu, sob o regime da política dos governadores e os olhares atentos de produtores paulistas e mineiros, após as negociações do Convênio de Taubaté em 1906.

E o próprio governo devia enfrentar déficits crescentes e sucessivos, pois perdia recursos com a variação nas exportações, com a desvalorização cambial e com a diminuição gradativa no recolhi-

---

20   Boris Fausto e Fernando J. Devoto. *Brasil e Argentina. Um ensaio de história comparada (1850-2002)*. São Paulo, Editora 34, 2004, p. 169.

21   Celso Furtado. *Formação econômica do Brasil*. São Paulo: Companhia Editora Nacional, 1982, 18ª edição.

mento de impostos de importação, feitos em taxa fixa de câmbio. O resultado geral da política era a necessidade de reduzir os gastos públicos – algo que o Império fez de forma acentuada nas décadas de 1850 e 1860, e de maneira mais tímida após a década de 1870 – e contrair novos empréstimos externos, fazendo aumentar a dívida e seu decorrente serviço[22].

Em um esforço de controlar a crise – intensa no final da década de 1870 –, o Império procurou diminuir o volume de papel-moeda em circulação e atrelar a emissão ao padrão-ouro. No entanto, os anos 1880 trouxeram, além da República, a troca da escravidão pelo trabalho assalariado, que obviamente sugeria a necessidade de expandir a moeda circulante. Também os primeiros republicanos a cuidarem das finanças brasileiras viram, no aumento da emissão, uma forma de estimular a industrialização e ampliar as fronteiras da economia brasileira, que parecia ter condições de recuperação rápida após a grande safra cafeeira de 1888/1889, dada a forte entrada de capitais estrangeiros por meio de empréstimos contraídos e pela recém-estabelecida cobrança dos direitos aduaneiros em ouro[23].

Iniciava-se aí uma política – liderada por Rui Barbosa, ministro da Fazenda de Deodoro – de forte expansão monetária, com autorização a diversos bancos para que emitissem moeda. A euforia de um desenvolvimento em bases liberais, no entanto – observou Raymundo Faoro –, limitava-se à retórica, uma vez que a prática da emissão relativamente desregrada tinha fundamentos mercantilistas:

---

22   Boris Fausto (dir). *op. cit.*, p. 37.

23   A safra de 1888/1889 foi recorde, atingindo 6.800 mil sacas; os empréstimos externos foram de "cerca de 6.300 mil libras em 1888 e quase 20 milhões em 1889". *Idem*, p. 38.

Pelo caminho liberal, liberal o cimento e liberais os tijolos, forma-se o edifício mercantilista, com a cúpula dos bancos emissores, reduzidos, na verdade, a um, com ramos secundários para contentar o federalismo: o autonomismo dos bancos emissores só seria possível, e conversível o papel em ouro, teoria e fantasia, mais uma vez na história, em desarmonia com a realidade. (...) O liberalismo, nessa contextura, seria apenas a voz exterior, arredado o poder público das transações, na aparência, para retornar com energia e profundidade, no papel-moeda, nas emissões[24].

Não só o federalismo assumia contornos singulares: também o liberalismo submergia à disposição de reforçar o Estado e, simultaneamente, atender aos interesses sempre ativos do regionalismo. A indústria ganhava de fato mais força, mas esta vinha acompanhada de aumento significativo da inflação, provocado pelas emissões de papel-moeda e de ações de novas empresas, e pela enorme especulação financeira. Era o encilhamento, primeira crise econômica do Brasil republicano, dividido entre aqueles que apostavam na saída industrialista (e, também, inflacionista e especuladora) e os que viam com desconfiança o benefício dado à indústria, entrevendo, nele, mais um mecanismo de favorecimento a grupos restritos, um risco para o crédito externo e para a manutenção da taxa de câmbio dentro de limites controláveis[25].

---

24 Raymundo Faoro. *op. cit.* p. 514-515.

25 É interessante notar que a Argentina viveu crise semelhante, um ano antes do encilhamento brasileiro. A "crise da Casa Baring", principal credora inglesa da Argentina, arrastou-se por pouco mais de um ano, de outubro de 1890 até o final de 1891, e derivou do acúmulo de empréstimos tomados na Europa para investimento em infra-estrutura no país. O retorno trazido pela aplicação desses recursos na Argentina foi insuficiente para fazer frente aos gastos externos e provocou forte desequilíbrio financeiro, com diminuição das reservas argentinas de ouro e decorrente desvalorização da moeda. Nova negociação com banqueiros ingleses levou à decretação da moratória

De fato, alguns banqueiros foram especialmente favorecidos – principalmente o Banco da República do Brasil, "sob pretexto da defesa de indústrias a eles endividadas"[26]. O equilíbrio financeiro, corroído pelo encilhamento, foi definitivamente desmantelado com os gastos militares do governo de Floriano, na repressão às revoltas. O país, que entrara na República sonhando com crescimento econômico, amargava as agruras das bases frágeis em que se assentou a nova ordem e se endividava em proporções inimagináveis na estrutura imperial.

O governo de Prudente iniciou o saneamento financeiro e conseguiu algum sucesso até 1895-1896, mas esbarrou na crise cambial do final de 1896, novamente derivada do duplo temerário em que se fundava a economia brasileira: no plano externo, a dependência; no plano interno, a garantia dos interesses dos cafeicultores. A regulação do câmbio – mecanismo que até então mantivera alguma possibilidade de estabilizar, ainda que de maneira artificial, as contas internas do país – tornara-se insuficiente diante da derrocada financeira da primeira década republicana.

A dívida externa crescia e comprometia o ingresso de mais recursos estrangeiros no Brasil. "Quando Campos Salles foi eleito Presidente da República, em março de 1898", comentou Tobias Monteiro: "o Tesouro estava exausto." E Monteiro anotou, ainda, a desvalorização da moeda, lembrando que o câmbio da libra esterlina passara de 8$887 (em 1889) para 20$756 (em 1893) e 42$000 em 1898, ano da eleição[27]. O próprio Campos Salles dissera, no ma-

---

argentina e trouxe mais recursos para o país. Sobre o assunto, ver Boris Fausto e Fernando Devoto. *op. cit.*, p. 169-170.

26   Boris Fausto (dir.). *op. cit.*, p. 40.

27   Tobias Monteiro. *O presidente Campos Salles na Europa*. Belo Horizonte/São Paulo: Itatiaia/Edusp. 1983, p. 15 (o original é de 1898). Tobias do Rego Monteiro trabalhava no *Jornal do*

nifesto de 1897, que "O problema financeiro é, no geral consenso, o grande problema nacional". No mesmo discurso, anunciou sua estratégia para solucionar a crise:

> Direi em synthese que – promover o resgate gradual do papel-moeda, fiscalisar com severidade a arrecadação, discriminar os serviços publicos, de tal modo que não pesem sobre o thesouro da União senão os de natureza estrictamente federal, proscrever das tarifas o principio do inopportuno proteccionismo, eliminar o deficit dos serviços a cargo da Nação e outras medidas que devem ser prudentemente applicadas no sentido de reduzir a despeza, desenvolver a receita, valorisar o meio circulante, expandir o credito, criar a confiança, estimular a immigração do capital, são os meios que me parecem adequados para criar uma situação financeira bastante solida, afim de que sobre ella se possa levantar a prosperidade da Patria e a gloria da Republica[28].

Confiante nisso, no dia 20 de abril de 1898, sete meses antes de tomar posse, Campos Salles viajou à Europa para participar da negociação da dívida brasileira. A viagem respondeu a iniciativas de credores que viam, na disposição do presidente eleito de participar das tratativas, alguma garantia do cumprimento e da aplicação futura dos termos do acordo. Em outras palavras, a própria ida de Campos Salles a Londres já denotava o vínculo mais próximo com os credores internacionais e o reforço do caráter dependente de uma economia que, ao final do governo Prudente de Morais,

---

Comércio e acompanhou Campos Salles na viagem à Europa, em 1898. Posteriormente, tornou-se seu secretário particular.

28   "Manifesto" (31/10/1887). *Manifestos e mensagens*. p. 35 e 32-33

era incapaz de amortizar a dívida externa, de pagar seus juros e de manter minimamente equilibrado o câmbio, pressionado pela falta de investimentos externos, pela alta dívida interna e pela desvalorização do papel-moeda em circulação.

O conhecimento da difícil situação brasileira pelos banqueiros internacionais era amplo. Tobias Monteiro se surpreendeu, quando visitou a sede do Crédit Lyonnais, na França, em companhia de Campos Salles e soube que:

> No momento em que o futuro Presidente do Brasil visitava o estabelecimento, chegava às mãos dos diretores o último relatório do Banco da República, que àquela hora ainda não tinha sido entregue à nossa Legação. O 'Crédit Lyonnais' tem registradas as cifras e informações concernentes à nossa dívida, às empresas que exploram negócios em nosso país, à marcha do mercado de câmbio em todas as épocas, ao desenvolvimento das emissões de papel-moeda. Prontamente, em Paris, a sua administração conhece tão bem a situação financeira da Mogiana, da Paulista ou da Central, como as diretorias dessas estradas ou o Governo, em São Paulo e no Rio[29].

A negociação ocorreu em dois turnos: no Rio de Janeiro, o ministro da Fazenda de Prudente de Morais, Bernardino de Campos, recebeu um representante da Casa Rothschild, principal credora da dívida brasileira; em Londres, os banqueiros receberam Campos Salles. Diante da situação terrível em que se encontravam as finanças brasileiras, não havia alternativa à aceitação dos ter-

---

29 Tobias Monteiro. *op. cit.* p. 71

mos ditados pelos Rothschild[30]. A participação de Campos Salles
na atenuação da proposta inicial dos banqueiros parece ter sido
mais significativa do que a de Bernardino de Campos, que assistiu
de longe ao desfecho da negociação. Era o próximo governo atuan-
do no lugar do governo presente[31]. No início de junho, o contrato
já estava definido, mas, como última garantia, os banqueiros pediram uma carta de Campos Salles, em que ele empenhasse sua palavra de que cumpriria o acerto[32]. Para Tobias Monteiro, nada im-
parcial em seu elogio à atuação de Campos Salles, o Brasil passava
a ser visto de outra maneira pelos credores e o acordo só se tornara
possível pela interferência direta do futuro presidente:

> (...) o futuro chefe do Estado conseguiu levantar a confiança
> que havíamos perdido. A sua viagem a Londres foi cheia de
> benéficos resultados, traduzidos na alta de todos os títulos
> brasileiros. Dentro de um mês, nosso papel-moeda melhorou
> mais de trinta por cento. (...) Esse acordo está quase concluí-
> do e particularmente ao Sr. Campos Salles devem-se algumas
> das suas melhores bases[33].

---

30   Para uma análise da possível suspensão unilateral da dívida, que chegou a ser avaliada e
posteriormente descartada por Campos Salles, uma vez que, segundo o presidente, *"além da perda total do crédito do país, (...) poderia afetar gravemente a própria soberania nacional,
suscitando reclamações que talvez chegassem ao extremo das intervenções estrangeiras."*, ver
Raymundo Faoro. *op. cit.* p. 574.

31   O protagonismo de Campos Salles na negociação da dívida foi destacado por Tobias Monteiro e pelo próprio Campos Salles. Quando publicou *Da propaganda à presidência*, em 1908, os
termos em que falava de sua atuação na negociação do *Funding Loan*, no entanto, provocaram
polêmica. Bernardino de Campos reagiu em defesa do governo que representara e acusou Campos Salles de exagerar no papel que se auto-atribuíra. Também na Câmara Federal os debates a
respeito do principal protagonista do acerto da dívida se estenderam por dias e mobilizaram os
políticos. Cf. Célio Debes. *op. cit.*, vol. 2, p. 214 e ss.

32   Cartas trocadas no início de junho de 1898 entre os Rothschild e Campos Salles estão no
Apêndice. *Manifestos e mensagens.* p. 271-274.

33   Tobias Monteiro. *op. cit.*, p. 102.

No dia da posse, Campos Salles defendeu enfaticamente os termos do acordo que endossara e lembrou que

> A nossa situação reclama soluções definitivas (...). Repito: trata-se de cumprir um dever de honra e não ha sacrificios que devam fazer-nos esmorecer. Nunca se tornou mais necessaria a cooperação do Legislativo. Os negocios da União a reclamam[34].

A política dos governadores era essencial, em sua perspectiva, para a recuperação econômica. Já o acordo final implicava duas tarefas principais para o governo brasileiro: retirar papel-moeda de circulação e reduzir radicalmente os gastos públicos. Como garantia, o governo brasileiro cedeu a hipoteca das receitas (em ouro e moeda forte) da alfândega do Rio de Janeiro, além do compromisso de obter outras rendas para assegurar o conjunto das obrigações a serem pagas (na proposta dos Rothschild, pediam-se como garantias todos os direitos de alfândega do Brasil, a hipoteca da Estrada de Ferro Central e as rendas do abastecimento de água do Rio de Janeiro). O acerto dava aos banqueiros, ainda, o direito de fiscalizar o cumprimento das medidas. Iniciava-se aí uma fase de política econômica ortodoxa, voltada ao saneamento financeiro e à sustentação dos mecanismos exportadores brasileiros em sua relação de dependência do mercado internacional[35].

O Banco da República do Brasil, principal beneficiado com o encilhamento, foi fundido ao Banco do Brasil, garantindo ao go-

---

34 "Manifesto Inaugural" (15/11/1898). *Manifestos e mensagens*. p. 46-47.

35 Os termos finais da negociação são detalhados em "Accôrdo financeiro de 15 de junho de 1898", no Apêndice. Também constam do Apêndice detalhes da execução do *funding loan. Manifestos e mensagens*. p. 263-271 e 275-282.

verno seu controle e simbolizando a retomada, pelo Tesouro, do comando de emissões. O valor da moeda foi aos poucos restabelecido, na mesma proporção em que as emissões foram reduzidas e emitiram-se títulos da dívida que permitiam, pela troca, diminuir a moeda no meio circulante. Os gastos públicos encolheram em ritmo acelerado: o de consumo foi reduzido em 44% e o de investimento público era, em 1902, um terço do que fora quatro anos antes[36]. O caráter antinflacionário do conjunto de medidas provocou não apenas a diminuição das taxas de alta: levou à deflação e à redução de preços no mercado interno.

A contrapartida que o governo recebia pelo acerto da dívida era o ingresso maior de recursos externos (ao firmar o contrato com os Rothschild, o Brasil recebeu crédito de 10 milhões de libras), que diminuíam a flutuação cambial – corrigida pela ação do Tesouro – e traziam, em decorrência, a menor necessidade de artifícios de controle de câmbio para assegurar condições de exportação. Além disso, o pagamento dos juros da dívida em moeda foi adiado para dali a três anos e o da amortização da dívida foi postergado em doze, só devendo ocorrer em 1911 (na proposta original dos banqueiros, os dois pagamentos deveriam ocorrer após dois anos).

O efeito da política saneadora, porém, não foi apenas positivo. O industrialismo que prosperava desde o início da República, instigado pela política inflacionária de Rui Barbosa e contido apenas após a negociação da dívida, declinou em favor da contínua proteção à agricultura e aos interesses exportadores do café; só recuperou força a partir de 1905, apoiado pelas taxas-ouro para exportação, que, na prática, equivaliam a tarifas alfandegárias.

---

36 Annibal Villela e Wilson Suzigan. *Política do governo e crescimento da economia brasileira*. Rio de Janeiro: Ipea, 1973, p. 106, apud Boris Fausto (dir.). *op. cit.*, p. 40.

Os bancos, que também haviam ampliado sua ação por meio da autorização para emissão e da onda especulativa do encilhamento, começaram a quebrar e se reduziram, numericamente, quase à metade. O significado da política ortodoxa derivada das negociações de 1898 e de sua aplicação no governo Campos Salles indicou uma clara variação na concepção de Brasil que a República adotara até então. Para Raymundo Faoro,

> O país essencialmente agrícola, que eles defendem e estimulam, não será o dos comissários e o dos banqueiros, mas o sólido, estável, da fazenda solvável, articulada ao comércio exterior. A luta, para o coroamento da política nova, em oposição a Rui Barbosa e aos industrialistas inflacionários, seria árdua e tenaz[37].

Não havia unanimidade, é claro, quanto aos rumos econômicos. O abalo provocado pela aplicação inicial da política econômica atingiu em cheio também os cafeicultores, que reclamavam das dívidas assumidas e continuavam preocupados com a superprodução[38]. Mesmo que não houvesse compensação direta para as perdas dos fazendeiros (esta só viria em 1906, com os desdobramentos do Convênio de Taubaté), a melhora geral da economia brasileira compensava parcialmente suas perdas e anunciava a possibilidade de maior estabilidade econômica, além de demonstrar o declínio da influência industrialista e da força dos banqueiros.

---

37   Raymundo Faoro. *op. cit.*, p. 519.

38   A produção passou de 4 a 15 milhões de sacas entre 1890 e 1902. Idem. p. 521 e ss. Faoro observa ainda que a falta de mercado para o café provocou uma diversificação na lavoura brasileira, manifesta na ampliação das terras vendidas aos colonos e na prática policultora. O avanço da policultura, por sua vez, permitiu substituir parte das importações de alimentos e ativou o mercado interno, movimentando a economia em sentido inverso ao pretendido pelos interesses importadores associados ao capitalismo internacional.

A saída para a reclamação dos cafeicultores foi o pacto oligárquico da política dos governadores, que aplacou as tensões, em uma resposta menos econômica do que política. O próprio ajuste, com os aumentos de impostos e o rigor na cobrança, gerou reações duras e fez o prestígio de Campos Salles decair durante seu governo. Ao transferir o cargo de presidente para Rodrigues Alves, em 1902, porém, o cenário financeiro estava organizado e era possível retomar investimentos em obras públicas – o que Rodrigues Alves de fato fez.

Em suas mensagens anuais ao Congresso, Campos Salles fez longas e detalhadas explanações sobre a aplicação do *funding*. Em 1899, seis meses depois da posse, destacou ainda os planos e mencionou as estratégias para diminuir o déficit e aumentar a receita[39]. Na mensagem de 1900, apresentou o primeiro balanço: redução do meio circulante, queda inflacionária, aumento no crédito e na arrecadação de impostos, expectativa da volta dos pagamentos externos em moeda (prevista para julho de 1901)[40]. Os dados financeiros da mensagem de 1901 reafirmaram o sucesso da política financeira e permitiram constatar que "(...) conseguimos tambem banir o regimen do deficit, creando para o Thesouro a situação de prosperidade que tem por base os saldos orçamentários"[41]. Finalmente, no último informe (1902), Campos Salles relembrou as "gravíssimas dificuldades" que encontrou e comparou o cenário financeiro que recebeu ao que passava a seu sucessor[42].

Na verdade, e independentemente da reação negativa que a política financeira provocou em seu tempo, os dois eixos do go-

---

39 "Mensagem" (3/5/1899). *Manifestos e mensagens.* p. 83 e ss.

40 "Mensagem" (3/5/1900). *Manifestos e mensagens.* p. 122 e ss.

41 "Mensagem" (3/5/1901). *Manifestos e mensagens.* p. 174.

42 "Mensagem" (3/5/1902). *Manifestos e mensagens.* p. 192-194 e 203-207.

verno Campos Salles foram consolidados e eram inseparáveis: o saneamento financeiro e a política dos estados compunham a arquitetura da Primeira República. As tensões não acabaram, evidentemente, prolongando-se em disputas internas às oligarquias regionais. Os interesses industrialistas ainda obtiveram vitórias, mas ficaram distantes do controle econômico-financeiro. Só depois de 1930, o explícito privilégio à produção agroexportadora foi abalado, com os novos rumos da política e da economia nacional e externa. Na vigência da Primeira República, porém, as marcas da atuação de Campos Salles prevaleceram, tornando esse breve período de quatro anos uma espécie de gênese da lógica de governo e da concepção de Brasil da Primeira República.

NOTA BIOGRÁFICA

Manuel Ferraz de Campos Salles nasceu em Campinas, São Paulo, em 13 de fevereiro de 1841. Pelos lados materno e paterno, descendeu de famílias abastadas, ligadas ao cultivo de café. Seus primeiros estudos foram em Campinas; aos quinze anos, transferiu-se para a capital e fez os preparatórios para a Faculdade de Direito de São Paulo, onde ingressou em 1859. Formou-se em 1863, teve breve passagem por Rio Claro e fixou-se em Campinas, em 1865, onde se casou e instalou banca de advocacia. Inicialmente apenas profissional liberal, tornou-se suplente de juiz municipal e, em 1866, foi nomeado delegado de polícia, cargo do qual foi demitido no ano seguinte[43].

Simultaneamente à carreira profissional, atuava de forma sistemática na política local, em defesa de propostas liberais. Foi deputado na Assembléia Provincial de São Paulo pelo Partido Libe-

---

43 Célio Debes. *op. cit.*, vol. 1, p. 33, 35-37, 55, 59 e 61.

ral (1868-1869), aliado aos "liberais históricos" do jornal *Opinião Liberal*, cujas propostas envolviam:

> (...) extinção do Poder Moderador; pelo sufrágio direto e generalizado; pelo ensino livre, quer quanto à escola, quer no tocante ao professorado; pela abolição da guarda nacional; pela polícia eletiva; pela temporariedade do Senado; pela substituição gradual do trabalho escravo pelo livre; 'pelas franquesas provinciais sobre o princípio electivo' e pela emancipação da lavoura por meio de instituições de crédito que se adaptassem às suas condições de existência[44].

O liberalismo de Campos Salles divisava-se com seu republicanismo: em 1869, publicou artigos de crítica à monarquia e, em 1870, foi signatário do Manifesto Republicano. Sua carreira política desenvolveu-se em três espaços obviamente interligados: a vida partidária no Partido Republicano de São Paulo, a atuação legislativa e a executiva. Dentro do partido – condição essencial para ascender politicamente na Primeira República – teve funções variadas. Dentre elas, foi membro das comissões provisória e permanente (1872-1873) – participando, assim, da criação do partido –, um dos elaboradores do "Programa dos Candidatos" de 1881[45] e presidente da comissão central (1889).

Sua liderança dentro do PRP foi uma das bases que lhe garantiu a indicação para a disputa presidencial e, depois, criou

---

44   *Idem.* p. 65.

45   Por motivos desconhecidos, Campos Salles não compareceu à Convenção de Itu, de 1873, que, para muitos, estaria na gênese da formação do PRP. Campos Salles escreveu três dos doze capítulos do "Programa dos Candidatos": *"o segundo, o sexto e o oitavo, intitulados, respectivamente, 'descentralização', 'locação de serviço' e 'naturalização e direitos do cidadão'." Idem.* p. 111 e 160.

condições para o conjunto de alianças políticas que desembo-caram na política dos estados. Ocupou cargos legislativos de todos os níveis: vereador em Campinas (1872-1876), deputado geral (1885), duas vezes deputado provincial (1882-1883 e 1888-1889), três vezes senador por São Paulo (1890-1891, na Assem-bléia Nacional Constituinte; 1894-1895; e, após sua presidência, 1909-1912, quando voltou à vida pública, após sete anos de afas-tamento).[46]

No final do manifesto de 1897, resumiu sua relação com o partido, identificando-o a uma família:

> Não conheço senão uma familia em que o direito do nasci-mento nada é, em que o direito da conquista é tudo, em que o homem é julgado por suas proprias acções e não pelas de seus pais, em que cada um faz o seu proprio nome em vez de recebel-o já feito. Esta familia é o partido republicano; a ella pertenço, vivo no seu seio, ahi tenho luctado, ahi tenho soffrido, ahi morrerei[47].

A atuação no Executivo indica sua influência política desde o início da República: foi Ministro da Justiça do governo provi-sório de Deodoro (1889-1891), presidente do estado de São Paulo (1896-1897) e, finalmente, presidente da República (1898-1902). Em 1912, quando iniciaria novo mandato no Senado, exerceu seu

---

46 Célio Debes considera que sua indicação para o Senado, em 1909, teve o caráter de um desagravo do Partido Republicano, após tantos anos de ocaso político e, especialmente, da derrota de Campos Salles para Albuquerque Lins na convenção partidária voltada à sucessão estadual de 1907. *Idem.* vol. 2, p. 210-213 e 219.

47 "Manifesto" (31/10/1897). *Manifestos e mensagens.* p. 36.

último cargo público, representando o Brasil na Argentina como ministro plenipotenciário[48].

A Argentina, aliás, esteve presente mais de uma vez na biografia de Campos Salles. Além de encerrar lá sua carreira política, recebeu o presidente argentino Julio Roca no Rio de Janeiro, em agosto de 1899, e, em outubro de 1900, encontrou-o em Buenos Aires (foi sua única visita durante o mandato presidencial). As duas visitas não produziram resultados ou acordos significativos entre os dois países; no entanto, representaram, passadas as disputas políticas e territoriais entre os dois países no decorrer do século XIX, um movimento de aproximação diplomática. O próprio convite – de Lauro Müller, sucessor do Barão de Rio Branco, em 1912, no Ministério das Relações Exteriores – para que Campos Salles representasse o Brasil perante o governo argentino derivou, em grande medida, dessa experiência anterior de aproximação e de estabelecimento de laços diplomáticos mais sólidos – daí a indicação de Campos Salles ter sido celebrada em Buenos Aires.

O custo político da administração rígida que exerceu e da ação de saneamento financeiro foi alto. Chegou a receber um apelido-trocadilho: Campos Selos. E é controversa a cena de sua saída do Palácio do Catete, depois da transmissão do cargo a Rodrigues Alves. Sem esclarecer suas fontes, Raimundo de Menezes relata com tintas fortes:

(...) no Catete, a transmissão do poder. Tudo com a maior pompa. À saída, já na rua, impopularizado pela política fi-

---

48   Campos Salles ficou pouco tempo em Buenos Aires: partiu para lá em 6 de abril e retornou ao Brasil em 6 de julho. Sua atuação, porém, melhorou as relações com a Argentina. Célio Debes. *op. cit.*, vol. 2, p. 227-228.

nanceira, Campos Salles recebe a mais constrangedora vaia de que se tem notícia na História. São batatas, ovos, apupos, assobios, gritos, uma assuada medonha. Apedrejam o carro em que se assenta[49].

Célio Debes desmente a versão, registrando a indiferença popular anotada por *O Estado de S. Paulo* de 16 de novembro de 1902:

> Partiu para o Hotel dos Estrangeiros, até onde foi acompanhado pelos seus ministros e pelos do novo governo. Não houve a menor manifestação à entrada do sr. Rodrigues Alves, nem à saída do sr. Campos Salles. A indiferença do público não podia ser mais completa[50].

De qualquer forma, três dias depois, ao embarcar para São Paulo, foi hostilizado na Central do Brasil e durante a passagem do trem pelo subúrbio carioca. A imprensa que lhe era contrária detalhou o episódio; a favorável preferiu destacar a recepção festiva em São Paulo[51].

Após deixar a presidência, Campos Salles recolheu-se em uma fazenda de Banharão, próximo a Jaú. Duas vezes seu nome voltou a ser cogitado para a presidência, ambas as vezes por iniciativa de Pinheiro Machado, político gaúcho: em 1905, na sucessão de Rodrigues Alves, e em 1913, na de Hermes da Fonseca (quando foi eleito Vesceslau Brás), às vésperas da negociação de um novo

---

49   Raimundo de Menezes. *Vida e obra de Campos Salles*. Campinas/São Paulo: Prefeitura Municipal de Campinas/Martins Editora, 1974, p. 210.

50   Citado por Célio Debes. *op. cit.*, vol. 2, p. 181.

51   *Idem*. p. 181-182.

contrato da dívida[52]. Em nenhum dos dois casos sua candidatura se viabilizou.

Em 1905, Campos Salles estabeleceu como condição para aceitar a candidatura que não houvesse qualquer oposição e que Rodrigues Alves se abstivesse diante do pleito. As condições não se cumpriram e o escolhido foi Afonso Pena, que representava uma redefinição no equilíbrio da política dos governadores: o aumento da força de Minas Gerais e o fim, após dois mandatos, do controle paulista. Em 1913, Campos Salles também recusou a candidatura, lembrando sua idade avançada (72 anos) e a ausência de unanimidade em torno de seu nome[53].

No fim da vida, a situação financeira de Campos Salles era difícil. Vendera suas fazendas para pagar dívidas e sobraram-lhe apenas recursos para a sobrevivência de sua família. No mesmo ano de 1913, após a intensa troca de correspondência sobre sua eventual candidatura (abril e maio), transferiu-se para o Guarujá, onde morreu na madrugada de 28 de junho[54].

A produção escrita de Campos Salles foi das maiores dentre os presidentes brasileiros. Ainda antes da presidência, colaborou em diversos jornais, incluindo *A Razão, Gazeta de Campinas* e o *Correio Paulistano*; entre 1892 e 1893, escreveu para o *Correio* desde a Europa. Em 1908, lançou a autobiografia *Da propaganda à presidência*, espécie de balanço de sua trajetória política e testamento antecipado. Publicou atos do governo provisório em 1891 e suas cartas européias em 1894. Vários de seus discursos foram

---

52 O "segundo *Funding Loan*" foi assinado por Hermes da Fonseca, em 1914.

53 Célio Debes. op. cit., p. 193-194 e 229-240.

54 *Idem.* p. 228-229 e 241-242.

compilados e publicados em edições separadas ou na coletânea organizada em 1902[55].

Consta que Campos Salles teria destruído parte significativa de seu arquivo pessoal após escrever e publicar *Da propaganda à presidência*[56]. A documentação disponível é de fato restrita e de difícil acesso. No Centro de Ciências, Letras e Artes de Campinas há um conjunto de documentos avulsos, que inclui cópias de telegramas enviados e recebidos durante o período que passou em Buenos Aires, correspondência ativa com familiares, alguma correspondência passiva, recortes de jornais com fotografias, álbum da Comissão de Limites entre o Brasil e a Bolívia, livros, dois bustos em gesso e objetos pessoais.

O volume maior de documentação salvo da destruição é guardado por Manuel Ferraz de Campos Salles Neto, que atesta a informação da destruição da maior parte do arquivo pessoal. Nesse acervo, há correspondência ativa com a esposa (1885-1898 e 1902), correspondência passiva com presidentes de estados durante o período em que exerceu a presidência, cadernos com cópias de cartas enviadas a políticos entre 1897 e 1906, documentação relativa ao governo provisório de Deodoro, à movimentação eleitoral de 1905 e 1913 e ao período em que representou o Brasil em Buenos Aires. O arquivo não está plenamente identificado ou catalogado e o acesso a ele é restrito[57].

---

55   Campos Salles. *Atos do governo provisório*. Rio de Janeiro: Imprensa Nacional, 1891; *Cartas da Europa*. Rio de Janeiro: Leuzinger, 1894; *Discursos*. Rio de Janeiro: Imprensa Nacional, 1902, 2 vols.

56   Cf. Antônio Carlos de Sales Júnior. *O idealismo republicano de Campos Salles*. Rio de Janeiro: Z. Valverde, 1944.

57   A ordenação parcial do arquivo de Manuel Ferraz de Campos Sales Neto foi feita por Célio Debes, na pesquisa que realizou para a biografia do ex-presidente. A dimensão e a quantificação dos dois acervos podem ser consultadas na página do Arquivo Nacional: http://www.arquivonacional.gov.br/memoria/crapp_site/acervo_ficha.asp.

MANIFESTOS E MENSAGENS

A edição original de *Manifestos e Mensagens* saiu em 1902. Sete textos a compõem: dois manifestos e cinco mensagens ao Congresso. O volume inclui um apêndice, de que constam documentos relativos ao acordo financeiro de junho de 1898 (teor do convênio e correspondência relativa), a reprodução de debates parlamentares (de setembro e outubro de 1902) sobre o ajuste financeiro, o movimento diário do câmbio entre 1897 e 1902 e um quadro das operações de resgate das garantias dadas no acordo de 1898.

Os dois manifestos mostram a preocupação de Campos Salles de expor seu programa de governo. O primeiro é de 31 de outubro de 1897 e foi apresentado no banquete político do Partido Republicano, após a indicação de Campos Salles para concorrer à presidência. Campos Salles faz breve relato de sua trajetória política até então e avalia – como cabe a um evento partidário – como devem ser as relações entre o partido e o Estado. O segundo manifesto ("Inaugural") é o da posse, em 15 de novembro de 1898. Novamente afirma seu programa, define o esforço de estabelecer a "ordem e a paz" e elenca as principais áreas de atuação do governo que se inicia.

Tanto no texto de 1897, quanto no "Manifesto Inaugural", os temas são os mesmos e passam da defesa de princípios políticos gerais – democracia, federalismo, presidencialismo, importância do partido – às considerações sobre o papel do Brasil no contexto internacional, ao diagnóstico da situação existente na política e na economia e ao plano de reformulação econômica.

Das cinco mensagens, quatro são informes anuais ao Congresso, sempre na fase de abertura dos trabalhos legislativos, e têm estrutura semelhante. Iniciam-se com a habitual saudação aos parlamentares e seguem na exposição das realizações do período anterior. Todas relatam a situação do Exército, da Marinha, dos transportes – com destaque para as condições e investimentos no transporte férreo –, da polícia, da saúde pública. Todas também mencionam o processo de reformulação do código civil (abordado com mais profundidade na mensagem à sessão extraordinária de 25 de fevereiro de 1902, destinada discutir o projeto de reformulação do código civil).

Problemas provocados pela seca no Ceará são mencionados na terceira e na quarta mensagens (1901 e 1902). Três questões internacionais são responsáveis pela maior parte dos relatos de relações externas feitos nos quatro anos: a definição de fronteiras com a Guiana Francesa e com a Guiana Inglesa e a negociação com a Bolívia, relativa à nascente do rio Javari e ao território do Acre.

A ordem política interna e as relações entre estados e governo da União são, igualmente, tema repetido nas mensagens, reforçando a centralidade do pacto político que Campos Salles estabeleceu com os governadores. Mas o capítulo mais amplo e importante de todas as mensagens é o das finanças. Anualmente, Campos Salles analisava a aplicação dos termos do acordo financeiro de junho de 1898 e seus resultados – valorização do papel-moeda, diminuição da inflação etc.

Na última e mais longa mensagem, em 1902, apresentou um quadro financeiro comparativo entre o cenário que encontrou em 1898 e o que deixava para seu sucessor. A matéria era polêmica e as críticas ao acordo não desapareceram, apesar do controle que o Executivo exercia sobre o Legislativo e a defesa enfática da política financeira por alguns membros – algo que pode ser acompanhado nos debates parlamentares incluídos no Apêndice.

A leitura do conjunto de textos, além do óbvio valor documental, nos ajuda a rever um período da história republicana do

Brasil que está relativamente esquecido e avaliar o significado de uma concepção de Brasil que a análise superficial, tão difundida após 1930, tendeu a caracterizar como anterior e oposta às propostas de modernização do país. Campos Salles, dentro dos limites da política oligárquica da Primeira República, pensou o Brasil de forma ampla, concebeu seu papel na América, achou o lugar para o liberalismo possível, governou com austeridade incomum para os padrões brasileiros, deixou sua atuação documentada e comentada.

MANIFESTOS E MENSAGENS

CAMPOS SALLES

MANIFESTOS E MENSAGENS

1898 — 1902

RIO DE JANEIRO
IMPRENSA NACIONAL
1902

MANIFESTO

LIDO NO BANQUETE POLITICO REALISADO NA CAPITAL DO
ESTADO DE S. PAULO

31 — OUTUBRO — 1897

Meus concidadãos.

Antes de corresponder a esta saudação, que tanto me exalta e me desvanece, quero ter a satisfação de render as minhas mais francas homenagens ao distincto cidadão, cujo nome prestigioso e já aureolado por uma grande somma de serviços á causa publica, é indicado para o cargo de vice-presidente da Republica no proximo quatriennio presidencial.

Filho illustre da gloriosa terra pernambucana, onde permanecem vividas no sentimento popular as mais fulgurantes tradições da democracia brasileira, representante dessa geração varonil que, atravez dos maiores sacrificios, ousou levantar duas vezes o estandarte da republica numa época em que a monarchia, com seus barbaros processos, não transigia na repressão contra a liberdade, nome consagrado pela camara republicana, que reconheceu a sua leal dedicação ao novo regimen, collocando-o na sua curul presidencial, o Sr. Rosa e Silva, é, no pleito que ora se abre, uma força garantidora da victoria, assim como será após a victoria, uma garantia para as instituições e uma collaboração efficaz na grande obra da prosperidade da Patria.

Quanto a mim, começo por declarar que o que vou dizer-vos é antes uma singela prestação de contas do que uma ardente profissão de fé perante as urnas.

Ao cabo de 30 annos de uma actividade politica incessante e de uma acção continua nas diversas espheras em que o homem publico póde exercital-a, os actos do passado definem melhor uma individualidade de que as mais claras promessas de futuro, apoiadas embora em solidas garantias moraes, como as que trazem por penhor a pureza de uma fé inabalavel ou uma crença immaculadamente honesta. E' por isso, é porque conto apresentar, nas tradições de uma vida cheia de responsabilidades, os elementos mais seguros para a apreciação da minha conducta na posição em que possa ser collocado pelo suffragio do povo, que, com a maxima tranquillidade de consciencia, sem orgulho, mas com desculpavel altivez, começo por collocar o propagandista dos principios democraticos em face do organizador das instituições republicanas, o deputado provincial de 1867 em presença do constituinte e senador da Republica, finalmente. o ministro da Justiça do glorioso Governo Provisorio em confronto com o presidente do Estado de S. Paulo.

Se do exame que se instituir sobre essas differentes phases, resultar a convicção de fraquezas
moraes, de contradicções e incoherencias, de
ausencia de espirito de continuidade e de
logica, de culposas transigencias, (digo-o com
absoluta serenidade de espirito) que me não
seja conferido, sequer, o mais modesto mandato representativo da confiança popular.

Desde que o Partido Republicano, ao qual
pertenço, me distinguiu com a escolha do meu
nome para pleitear a victoria de 1º de março,
indispensavel é que se defina com clareza e
antecipadamente a natureza dos compromissos
que o proprio facto faz gerar para que fiquem
bem estabelecidas as normas que devem regular as relações que se vão estabelecer e
assim tambem para que se dissipe a obscuridade, que ainda hoje envolve uma questão
fundamental, como é a que concerne á reciprocidade dos deveres entre o chefe da nação
e o partido que o elege. E' dahi que tem
resultado, em grave detrimento de altos interesses de ordem publica, a errada comprehensão
do papel que neste regimen cabe ao chefe politico representar em face do presidente da
Republica, aquelle como orgam de um partido
e este como chefe da Nação. Temos a prova
disto nos successos que geraram a recente
crise politica, da qual resultou, como um dos
mais promissores beneficios á causa publica, a
formação de dois partidos, representando ten-

dencias oppostas e congregando, cada um, os elementos que lhe são adaptaveis. E', portanto, agora que a Republica inicia a verdadeira phase do governo de partido, com as suas grandes luctas e com a sua agitação pacifica e bem-fazeja, se é que de facto, como eu presumo, soou para ella a hora feliz em que os sentimentos de patriotismo vão suffocar para sempre os instinctos revolucionarios.

Recordarei, com certo desvanecimento, que não é de agora, urgido por uma situação que porventura me possam ter imposto determinadas conveniencias, mas de tempos bem afastados, quando nenhuma realidade eu podia descortinar atravez de meu ideal e quando apenas me cabia doutrinar sobre os principios organicos da republica presidencial, que esta questão se me apresentou com o caracter de uma questão vital neste systema de governo.

Em abril de 1873, oppondo formal refutação a um dos mais brilhantes publicistas da escola monarchica de Portugal, que condemnava a fórma republicana, entre outros motivos, por lhe parecer que no regimen da electividade, o eleito não é o chefe da Nação, mas sim e necessariamente o chefe exclusivo de um partido, em cujo exclusivo proveito é moralmente obrigado a governar, eu dizia nos editoriaes da *Gazeta de Campinas*:

« Aquelle que é elevado pela victoria das urnas á suprema direcção dos destinos do paiz, não é, de certo, o chefe de um partido, representante de suas paixões e animado de odios contra os vencidos ; mas representa, antes de tudo e acima de tudo, um triumpho de principios e de idéas, uma sancção pedida á maioria da Nação e outorgada por ella. Elle é, pois, o chefe legitimo do Estado.»

Eis o meu pensamento, exposto sem as preoccupações de governo, como simples apostolo da doutrina democratica e numa época em que os espiritos em geral mais se inclinavam para o exame das praxes reguladoras das monarchias constitucionaes do que para o estudo das normas subordinadas ao direito publico americano.

Mais tarde, 23 annos depois, em situação bem diversa e já, então, antevendo a responsabilidade do poder, ao retomar o mesmo assumpto no meu manifesto de 15 de janeiro de 1896, assim me exprimi :

« Abordando desde logo esta delicada questão, que, antes de qualquer outra, se impõe á minha lealdade, declaro que não sou dos que entendem que o depositario unipessoal do poder, neste systema, seja propriamente um chefe de partido. Qualquer que tenha sido a sua posição anterior nas luctas politicas, o cidadão, uma vez eleito, passa a ser o chefe do Estado. **Elle deixa a superintendencia dos interesses exclusivos do partido para assumir a alta gestão dos negocios geraes da communidade.**

« Entretanto, representante das idéas da maioria que lhe deu a investidura do poder, corre-lhe, sem contestação, o dever de fazer effectivos, na esphera governamental, os principios e as normas que foram os compromissos contrahidos pela agremiação politica a que se achara ligado. Afastar-se desta linha de conducta, seria: — ou a confissão de que houvera pertencido a um partido sem ideal e sem intuitos de governo; ou o repudio das aspirações, em nome das quaes recebera a consagração do suffragio.

« No partido, que elege o presidente ha, certamente, uma somma de aspirações, de intuitos politicos, que triumpham, e que o eleito, como a expressão individual da victoria collectiva, recebeu em deposito de confiança para realizar no poder. E' este mechanismo que torna necessarios os partidos e legitima a sua acção no governo popular ou representativo.

« Os que têm estudado as praticas americanas no ponto de vista das relações entre o representante do executivo e o partido que o elege, reconhecem que este partido entra no poder com o eleito, acompanhando-o no governo, com a partilha da responsabilidade. Mas, o que não é licito nem ao eleito nem ao partido esquecer é que, quaesquer que sejam os vinculos preexistentes, existe necessariamente uma justa medida ponderativa dos interesses em jogo, de tál fórma que, no criterio do go-

verno, a dedicação ao partido jámais possa
substituir a dedicação ao Estado.

«Quer isto dizer que, se o eleito se constitue o representante official de uma maioria,
não se apaga, todavia, a distincção fundamental
entre o chefe politico e o depositario do poder.
Aquelle que é elevado ao governo pelo voto
popular, deixa, na arena ardente das luctas e
das paixões, os sentimentos que armam a efficacia da resistencia ou da aggressão, lá onde
se agita o incessante conflicto dos interesses
e das opiniões, para levar ás regiões serenas
da applicação só os grandes ideaes que a alma
do combatente acalentara como necessidades
primordiaes do progresso social. »

Nenhuma só rectificação faço agora. Ao
contrario, mantenho em toda a sua comprehensão politica as proposições enunciadas desde
1873. Nessa conformidade, **tenho o partido
politico por uma força de governo,** tanto mais
efficaz em sua collaboração, quanto maior fôr
a sua dedicação, o seu desinteresse, a sua disciplina, attributos indispensaveis para que não
se faça accessivel aos manejos e ás solicitações
da caudilhagem ambiciosa, transformando-se em
uma facção. O accordo de opiniões, aliás essencial, não é todavia a condição unica de
vitalidade partidaria: é ainda necessaria a concentração de esforços, que só se consegue pela
espontanea obediencia e respeito a uma direcção
capaz e legitima. Fóra dahi não ha senão

bandos de agitadores, transitoriamente agre-
miados para fins tambem transitorios.

Tal é a minha concepção desse poderoso
instrumento de governo.

Deste ponto de vista é que se me afigura
que será de grandes e fecundos beneficios, na
applicação dos principios fundamentaes do nosso
regimen, a scisão partidaria, que foi a consequencia de um recente incidente parlamentar.
Desappareceu uma unanimidade, que na consciencia dos proprios chefes jamais existira senão
apparentemente e pela tolerancia da mais fundamental indisciplina. Era uma unanimidade
supposta, artificialmente architectada, que não
gerava a confiança, que enfraquecia a fé politica, que afrouxava o sentimento de reciproca
dedicação e quebrava todos os laços do dever
partidario. E qual o governo forte que se
possa constituir sobre elementos assim anar-
chisados?

Formou-se o partido de governo, e era
disso precisamente que carecia a Republica;
um partido de orientação politica, com uma
direcção clara e firme; um partido apto para
secundar e garantir em sua maxima expansibilidade uma acção governativa vigorosa, continua e impulsiva. E' a obra ardentemente
preconisada por eminente homem de estado;
dar á democracia um governo e arrancar o
partido republicano aos habitos de opposição e
aos preconceitos revolucionarios, pois que não é

com a eloquencia demagogica, nem com as decla-
mações sentimentaes que a Republica conseguirá
dominar as difficuldades que a angustiam.

Este é o partido a que pertenço. Elle não
quer transformar nem destruir : mantém como
um dever de lealdade republicana, como quem
defende um deposito de honra, as fronteiras
democraticas demarcadas pela Constituição de
24 de fevereiro, a obra imperecivel dos fun-
dadores da Republica.

Desde que, portanto, se faz mister uma
affirmação de principios em torno das duas
grandes questões constitucionaes que têm aberto
mais vasto campo ás divergencias, tendo mesmo
chegado a servir de bandeira de revolta, apres-
so-me a declarar, apoiado nas mais remotas
reminiscencias de meu passado politico, que
opponho resolutamente, intransigentemente —
a republica federativa á republica unitaria —
a republica presidencial á republica parlamentar.
Foi esta a bandeira que levantei na primeira
hora de combate contra o imperio e espero
de minha integridade moral que com ella es-
tarei sempre.

Na assembléa provincial de S. Paulo, onde
por vezes tive assento como representante do
partido republicano, durante o periodo da propaganda, já eu havia assignalado, provocando
o pasmo dos unitaristas da monarchia, que no
regimen da descentralização o meu ideal se

concretisava na fórma radicalmente federativa
da America do Norte ou da Republica Helvetica. A minha aspiração era o Estado soberano dentro da União soberana, ambos com
os tres poderes politicos, como orgams da
sua soberania. A auctoridade federal, dizia eu,
não se fará sentir no territorio do Estado,
senão por motivo pertinente aos interesses geraes da União e por meio dos seus respectivos
funccionarios, visto não deverem existir relações de hierarchia ou de subordinação entre
os funccionarios locaes e os da União.

Na Camara dos Deputados do imperio, em
1885, respondendo aos timidos que receiavam
viesse o desmembramento da nação, como
primeiro fructo de um systema tão largamente
descentralizador, assim me exprimia:

«O que garante a unidade nacional, não
vos illudais, não é a concentração de poderes
para a formação de um poder central supremo,
que absorva e avassalle todas as forças nacionaes. Não; o que garante a unidade nacional é, ao contrario, a cooperação livre e
espontanea de cada uma destas forças, dentro
de sua esphera de acção, para o fim commum,
que é o desenvolvimento da vida nacional no
seu maximo de intensidade. A centralisação,
sim, sendo, como é, a mais poderosa expressão
do despotismo e a mais forte resistencia á
actividade impulsiva das forças locaes, a centralisação é que póde estimular o sentimento

de separação, como uma necessidade suprema.»

Sahindo da propaganda para o Governo Provisorio, prestei o meu mais dedicado concurso para que ficassem consignados na legislação da Republica os principios fundamentaes do regimen federativo, sem exceptuar a ordem judiciaria, que fôra confiada á minha gestão.

Comprehendi desde logo que a minha missão não se limitava a meros trabalhos de regulamentação judiciaria, com o intuito exclusivo de definir as condições de uma classe de funccionarios publicos, mas, ao contrario, que se tratava de instituir, de fundar um poder politico, destinado a ser um orgam de soberania no systema que estava em elaboração. Não obstante, os fetichistas do antigo regimen, bem como os que não tinham ainda podido adquirir a exacta comprehensão da obra republicana, me inculparam de haver desorganizado a magistratura nacional, · sacrificando os interesses da justiça. Mas, a minha defesa estava na propria natureza da nova organização. O systema federativo, dizia eu, caracteriza-se pela existencia de uma dupla soberania na triplice esphera do poder publico : supprimir, portanto, um só que seja dos orgmas desta soberania equivale a destruir o proprio systema. Dada outra organização ao poder judiciario, em vez de uma federação dos Estados, teriamos creado uma republica unitaria. De resto, subordinai

M. 2

os funccionarios da justiça á supremacia do
poder federal, e dizei-me o que fica da independencia do Estado !

Sustentando o debate e sahindo victorioso
dessa campanha, talvez a mais renhida de
quantas se travaram em torno das novas instituições, julgo ter cumprido um dever, sal-
vando um principio fundamental do systema.

Tenho tambem compromissos inequivocos,
registrados nos annaes do Senado e que jamais
se apagarão da minha memoria.

Na sessão de 1895 appareceu naquella casa
do Congresso Federal um projecto, que visava
regulamentar o texto constitucional do art. 6º.
Dava-lhe opportunidade, segundo a declaração
dos seus autores, a situação anomala de alguns
dos Estados da União.

Concretisei a minha formal e energica opposição a semelhante tentativa, e formulei as
minhas apprehensões quanto aos perigos que
ella encerrava para o regimen da liberdade
que adoptámos, nestas palavras com que iniciei
o meu discurso:

« Se é possivel um corpo politico ter coração, eu direi que neste momento estamos to-
cando no proprio coração da Republica Brasileira.»

Esta conducta logica, continua, sem vacillações, rigorosamente subordinada a influencia
dos principios, manifestando-se em todas as
espheras da actividade politica e accentuada

successivamente na acção perseverante do combatente, do legislador e do homem de governo,
denuncia com absoluta clareza a minha attitude
de **intransigente e irreconciliavel adversario
da politica intervencionista.**

Tenho, pois, por dever primeiro do Executivo Federal, nas relações com os Estados,
o escrupuloso respeito das fronteiras demarcadas pelo art. 6º da Constituição, cuja necessidade foi antevista, com admiravel sagacidade
pela sabedoria do legislador constituinte. E'
essa uma condição de paz interna.

Assim tambem, declaro-me partidario fer-
voroso do regimen presidencial, que para mim
foi sempre da essencia do governo republicano,
como o parlamentarismo o é das monarchias
constitucionaes. A republica caracterisa-se pelo
principio da responsabilidade, ao passo que a
monarchia se funda na ficção da inviolabilidade
da pessoa impeccavel do soberano. Foi para
isso, para guardar o prestigio de tal ficção
que se concebeu o apparatoso governo de
Gabinete, cuja missão é resguardar, com a
sua responsabilidade collectiva, aliás mais illusoria do que real, a pessoa sagrada do soberano.

O governo democratico, porém, proscreveu
as ficções e adoptou formulas positivas. A responsabilidade directa e pessoal é de sua indole,
da sua propria natureza. D'ahi vem o poder

dizer-se com a maxima exactidão, que o parlamentarismo é planta que só póde viver nas
estufas da monarchia.

Já tive occasião de discorrer com certa amplitude sobre esta importantissima questão,
dando vivo combate aos preconceitos que entre
nós existem ainda, se bem que em escala já
pouco apreciavel e sempre decrescente. Susten-
tei e persisto em sustentar que o parlamentarismo é incompativel com a fórma republicana.
Nem colhe o exemplo da França onde aliás
reina um amor quasi supersticioso a esse regimen, sem embargo de se lhe attribuirem todos
os males que resultam dessa enfermidade en-
demica do systema e que lá se chama a impotencia da camara.

Em 26 annos, de 4 de setembro de 1870 a
29 de abril de 1896, segundo uma estatistica
que tem tanto de interessante quanto de in-
structiva, a França, mudou 39 vezes de governo,
isto é, teve 39 ministerios, sem contar as mudanças operadas nos departamentos ministeriaes
isoladamente e em numero muito superior.
No departamento das finanças, por exemplo,
deram-se 47 mudanças. Mudai 47 vezes, ou
mesmo 39 vezes em 26 annos, pondera judi-
cioso publicista, os administradores, os di
rectores das companhias de estradas de ferro,
dos bancos, dos estabelecimentos industriaes ou
agricolas, dos grandes armazens, e me direis
depois o que foi feito delles! Vereis, antes de

10 annos, a decadencia, a ruina, a fallencia por toda parte, substituindo a mais solida e a mais brilhante prosperidade.

De novembro de 1881 a novembro de 1885, continua a estatistica, sete governos (inclusive os de J. Ferry e Gambetta), ou seja um periodo de sete mezes para cada governo. Sete mezes, exclama aquelle escriptor, não seriam sufficientes para um criado de quarto conhecer bem o serviço de uma casa!

Não será, de certo, por meio de tal apparelho de governo, que uma grande nação, como a nossa, preparada para os mais vastos destinos, hade assegurar o seu desenvolvimento, firmar o seu credito, normalisar a sua administração, disciplinar os espiritos, garantir a ordem moral e fazer-se estimada e respeitada, apoiando-se na efficacia da acção dos seus altos poderes.

E' igualmente evidente que em tal regimen o principio virtual da separação e independencia dos poderes se acha reduzido a uma outra ficção constitucional. O que ahi apparece na realidade, desde que se arma o Executivo do recurso substancial da dissolução em frente do Parlamento, que por sua vez, destróe os governos, é positivamente a mutua dependencia, a reciproca subordinação, reduzindo ambos á impotencia e á esterilidade. E tanto basta para a formal condemnação do systema.

E' evidente, pois, que os revisionistas, que pretendem chegar á republica unitaria e par-

lamentar, **não podem nutrir a esperança de
encontrar em mim um alliado para a realisação do seu ideal politico.**

De accordo com essas idéas, sustento que
o regimen presidencial, tal como eu o comprehendo e deve ser praticado, não comporta a
deliberação do Executivo em conselhos de ministros. Nas monarchias representativas, em
que o *Gabinete* governa, como uma commissão
do Parlamento, os ministros são chamados a
deliberar collectivamente, não por uma simples
questão de esthetica governativa, mas pela necessidade de cobrir a pessoa irresponsavel do
imperante. E' isso que caracterisa o governo
de *Gabinete* no regimen parlamentar. Mas, no
systema presidencial, o governo concentra-se
no depositario unico do Executivo, que assim
se caracterisa pela responsabilidade directa e
pessoal do presidente da Republica, **cuja autoridade legal ou moral jamais deverá desapparecer atraz dos seus ministros.** E' por isto,
certamente, que nos Estados-Unidos, fonte do
nosso direito constitucional, segundo a praxe
estabelecida por WASHINGTON e seguida por
seus successores, o presidente consulta os ministros e ouve-os sobre os assumptos dos seus
respectivos departamentos — separadamente —
por escripto ou de viva voz. Por este methodo
além do mais, resalva-se a autonomia relativa
do chefe de cada departamento, a quem só

compete conformar-se com o pensamento do presidente da Republica, o centro e a unidade da acção governativa, por isso mesmo que é o depositario unico da suprema responsabilidade.

Entrando em detalhes desta ordem, tenho em vista indicar quaes devem ser, no meu conceito, as normas de administração num regimen em que o Executivo não tem propriamente um caracter de collectividade, visto que não é uma commissão delegada pelo Parlamento, nem tão pouco constitue um Conselho, deliberando e agindo em commum   como na Suissa.

Decidido adversario, como sou, do parlamentarismo, reconheço todavia a necessidade de uma perfeita alliança entre o Executivo e o Legislativo para que os esforços coordenados dos dois poderes possam ter a necessaria efficacia em proveito dos grandes interesses da Nação.

Reproduzirei o que disse em 1896.

« Em todos os regimens em que prepondera o systema representativo, seja uma monarchia ou uma republica, seja o presidencialismo ou o parlamentarismo, nenhum governo póde dispensar a collaboração de uma maioria no corpo legislativo, por meio da qual se estabeleçam e se firmem as relações de harmonia e cordialidade entre os dois poderes que se caracterisam por sua indole essencialmente politica. A differença quanto á fórma consiste principalmente em que, no governo de *Gabinete*, o

Parlamento exerce uma influencia directa e preponderante sobre a acção do Executivo, e isto confere-lhe até certo ponto a partilha da funcção governamental. No regimen presidencial, porém, o Executivo desenvolve a sua acção em uma esphera de completa independencia, de tal sorte que o Legislativo, igualmente soberano no exercicio de suas funcções, **não governa nem administra.**»

«Ha, entretanto, medidas legislativas que, por sua natureza e pelos fins a que se destinam, não dispensam, na sua elaboração, a interferencia do criterio do poder encarregado da administração. O Congresso, como todos os corpos deliberantes, disse Carlier, tem necessidade de que a sua iniciativa seja esclarecida e mesmo, a certos respeitos, dirigida. O poder, que, pela natureza de suas prerogativas, se acha em condição de esclarecer e dirigir, é o Executivo. E' daqui que se origina a necessidade de uma maioria, que, pela communhão de vistas e pela intima affinidade das aspirações, constitua um solido laço de união entre os dois poderes, e os conduza com segurança em uma acção conjuncta, evitando rivalidades e conflictos que são absolutamente incompativeis com o funccionamento harmonico e salutar de um governo bem constituido. Os suffragios que elegerem o primeiro magistrado, são os mesmos que devem formar a maioria do Congresso; e ahi está o vinculo de intima e vigorosa alliança entre os dois poderes.»

Por esta fórma julgo ter definido com bastante clareza as relações entre os dois poderes da Republica, aos quaes cabe em partilha igual, embora em espheras bem diversas, a direcção dos grandes destinos da Nação Brasileira.

Habituado a subordinar systematicamente a acção governativa a determinados principios, afim de a tornar continua e logica no seu desdobramento natural, julguei necessario definir por esta fórma as minhas vistas no que concerne ás normas reguladoras da conducta do presidente em suas relações com o partido, com o Congresso, com os Estados.e com os chefes dos diversos departamentos ministeriaes. As normas ahi traçadas consubstanciam em suas linhas geraes a minha orientação de governo.

Mas, desde que, em obediencia á indole do partido e em vista do estado politico do paiz, declarei fóra das aspirações nacionaes as reformas profundas ou de caracter institucional, penso, com a corrente geral da opinião, que a attenção do poder publico deve voltar-se inteira e solicita para a questão financeira, como questão predominante e vital na ordem dos mais elevados interesses da Patria. A influencia que ella exerce, na suprema gravidade dos seus effeitos, dentro e fóra do paiz, é de tal natureza que bem póde ser egualada em seus melindres, pelo patriotismo brasileiro, ás questões de caracter internacional, uma vez que o credito no estrangeiro e o honesto respeito aos compromissos devem ser, perante a moral publica, questões de honra nacional.

Quando na sessão de 1892 se agitava no Parlamento francez a questão do Panamá, os reaccionarios ou restauradores se apressaram a convocar uma reunião dos seus parciaes para o fim de concertarem sobre os meios de melhor explorarem, em proveito da sua causa politica, os grandes escandalos, em cuja rêde se achavam envolvidos homens de alta responsabilidade na republica. Noticiou, então, a imprensa pariziense que nessa reunião o sr. Duque de Broglie, em patriotico protesto contra esse processo politico, que assim acceitava como arma de combate o descredito nacional, declarou, cheio de nobre altivez, que, se a monarchia pudesse ser restaurada, não era pela porta da deshonra da França que o rei deveria entrar. Nobilissimo exemplo de patriotismo! Esperemos que aqui tambem, onde não é menos vivo o amor da Patria, nenhum partido politico pretenda entrar para o poder pela porta da deshonra da Republica. Este dever civico, que pertence a todos os brasileiros, impõe-se com o peso de uma grave responsabilidade, sobretudo á consciencia dos que tomaram a si a obra da fundação da Republica. Demais, a questão financeira, em sua natureza profundamente politica, não póde, entretanto, ser posta nos moldes de oppressivo partidarismo.

Não sou optimista, e infelizmente não ha razão para sel-o, mas, não vejo tambem que haja motivos para desalentos, sobretudo quando se medem os poderosos recursos de um paiz novo, excepcionalmente dotado de agentes na- turaes de riquezas, cujas forças de producção se acham ainda na phase incipiente de sua pro- missora expansibilidade. O restabelecimento do equilibrio financeiro depende antes de tudo e talvez sómente do civismo e clarevidencia daquelles que têm a responsabilidade da di- recção dos destinos da Nação. Assegure o Ex- ecutivo a ordem e a paz e dê-lhe o Legislativo o seu apoio com austera firmeza na execução de um plano, que deve começar pela mais se- vera economia, e estará feito o caminho para o credito nacional e consequentemente para a obra da reparação financeira.

Ha pouco, empresença da ameaça de des- equilibrio nas finanças da França, eminente ho- mem de Estado levantou, em solemne reunião, esta interrogação :

Qual o remedio ?

O remedio, respondeu elle proprio, muito simples e egualmente muito efficaz, é o que em- prega todo particular, quando percebe que as suas despezas excedem ás suas rendas : reduz os gastos domesticos.

Pois bem, appliquemos ao nosso paiz, que é novo, de um organismo economico em plena vitalidade, o energico remedio que, com as suas

grandes virtudes, traz tambem a suave doçura
que nunca deixa de vir depois da pratica de
um acto de severa honestidade. Bastará, para
isso, que governo e camaras assignem este
pacto de patriotismo : — **não tomar a iniciativa
de uma só despeza e votar todas as economias
possiveis.** Esta politica, sustentada com perseverança e tenacidade, daria ao credito nacional a indispensavel elasticidade e após, successivamente, o equilibrio e o saldo, o supremo
ideal financeiro.

Não será, certamente, a obra de um periodo presidencial, e é por isso mesmo que é
preciso leval-a por diante desde já.

O luminoso exemplo do Mexico, que temos
diante dos olhos, é a confirmação mais brilhante
da praticabilidade e da efficacia deste processo.

O largo periodo de agitação continua, que
o Mexico percorreu de 1821 a 1876, caracte-
risado pelas guerras civis e invasões estrangeiras, deixou as suas finanças em deploraveis
condições. Com a ascenção de Porfirio Diaz,
em 1876, iniciou-se o periodo da ordem e com
elle a phase da reparação. O *deficit* sempre
crescente levara a Nação á calamidade extrema
da suspensão de pagamentos, tendo sido o
proprio funccionalismo publico attingido pelos
rigores de medidas excepcionaes. Os emprestimos externos eram realisados ao typo de 70
e juros de 6 até 7%. Em meio de sua afa-
nosa tarefa, foi o poder publico assoberbado

pelas terriveis consequencias de uma secca de
tres annos continuos — 1891 — 1892 — 1893,
coincidindo com a desvalorisação da prata. E
todavia, graças ao periodo de paz que dura
ha 20 annos, graças á acção conjuncta e combinada dos altos poderes da republica, graças
sobretudo á persistente politica da economia,
viu-se entrar o regimen do *deficit* em franco
declinio, até que afinal appareceram o equilibrio no exercicio de 1894 — 1895 e o saldo,
triumpho definitivo do bom governo, no exercicio de 1895 — 1896.

Ao lado da prosperidade do thesouro, a
administração que não ficara inerte, conseguira
gradual e prudentemente realisar importantes
melhoramentos, desenvolvendo as estradas de
ferro, os telegraphos, os canaes, os portos, os
monumentos publicos, a instrucção, emfim, o
progresso em todas as suas manifestações. Eis
os maravilhosos fructos de um periodo governamental de 20 annos de paz e de ordem.

O confronto deve encorajar os brasileiros.
O nosso quadro não é tão sombrio e o nosso
poder é enorme.

Proveitoso ensinamento encerra ainda o
exemplo que nos offerecem os Estados Unidos
nas grandes crises que têm atravessado, le-
vando sempre por diante o seu maravilhoso e
sorprehendente progresso. A primeira, e uma
das mais tremendas, foi a que a nascente nacionalidade recebeu com os pesados encargos

da propria guerra da independencia. Mas,
bastou uma geração de patriotas, essa mesma
que, em lucta tenaz e heroica, conseguira lançar
os fundamentos impereciveis de uma grande
nação, bastou o esforço do bom senso e civismo dessa geração de homens excepcionaes
para que desde logo a situação financeira da
republica americana, cheia de difficuldades, apparentemente invenciveis, fosse gradualmente,
progressivamente, melhorando até attingir o gráo
de rara prosperidade, que a historia do progresso moderno registra com sorpreza do
mundo inteiro.

Veiu depois a crise da guerra da successão.
Esta deixara uma divida collossal e uma verdadeira inundação de papel-moeda tão depreciado, que para cem dollars em ouro se davam
285 em bilhetes. Esta mesma depreciação determinava uma alta consideravel nos artigos de
consumo, particularmente nas mercadorias im-
portadas. O custo da vida dobrava e triplicava.
Toda a moeda metallica, tanto o cobre como o
ouro e a prata, havia emigrado. As rendas
decresciam em consequencia das proprias perturbações da guerra, que devastava as mais
ricas regiões. E estas graves circumstancias
davam á divida publica um caracter de perpetuidade.

Terminada, porém, a guerra, restabelecida
a paz, que viera sellar o pacto definitivo da
indissolubilidade do laço de união entre os Es-

tados, iniciou-se com decisão e energia a gran-
diosa obra da reparação financeira. Ao mesmo
tempo que se dava expansão á renda publica
por uma profunda reforma dos impostos, ope-
ravam-se consideraveis reducções nas despezas.
O exercito, que era de dois milhões, logo
após a tomada de Richmond, foi reduzido a
vinte mil homens, forças ordinarias, volvendo
contentes aos seus labores habituaes da agricultura, da industria e do commercio, aquelles
bravos patriotas que tinham passado quatro
annos nos campos de batalha. O orçamento da
marinha foi igualmente reduzido á metade. Tra-
tou-se tambem de pôr termo ao regimen do
curso forçado.

Para logo vieram os fructos beneficos. Em
fins de 1878 foi negociada em New-York uma
somma de dez mil dollars ao par. E, extraordinario successo, ao fim de cinco periodos presidenciaes, a divida, que ás primeiras previsões
se afigurara perpetua, achava-se reduzida á
metade, o thesouro continha uma grande reserva e o governo de WASHINGTON pedia ao
Congresso um preservativo contra a plethora.

Mas, em que consiste o segredo desta força
verdadeiramente maravilhosa?

No espirito de continuidade do governo, na
unidade da politica financeira, na ordem, na
paz da republica, no patriotismo, em todos os
orgams do poder, na resolução, na coragem,
na firmeza da acção governamental.

Bastante razão teve, pois, quem sentenciou
—que as cifras não governam o mundo, mas
dizem como o mundo é governado.

E' por isso que se me afigura que serão inuteis ou inefficazes os esforços isolados e as
medidas parciaes na obra da reparação financeira que temos em mão. A questão é de
conjuncto e abrange em sua complexidade um
vasto systema de medidas, que deverão ser
realisadas em collaboração harmonica e bem
combinada entre os altos poderes da Republica.
Em verdade, que poderá fazer o Executivo,
isolado nas suas mais patrioticas tentativas,
se o Congresso em vez de prestar-lhe apoio
forte na execução de um programma nacional,
preferir, ao contrario, consultar em suas deliberações os interesses subalternos de campa-
nario, se não os de um partidarismo intransigente e exclusivista ?

A natureza deste documento não comporta
detalhes, que desvirtuariam os seus intuitos.
Direi em synthese que — promover o resgate
gradual do papel-moeda, fiscalisar com severi-
dade a arrecadação, discriminar os serviços
publicos, de tal modo que não pesem sobre o
thesouro da União senão os de natureza estri-
ctamente federal, proscrever das tarifas o principio de inopportuno proteccionismo, eliminar o
deficit dos serviços a cargo da Nação e outras
medidas que devem ser prudentemente applicadas no sentido de reduzir a despeza, desen-

volver a receita, valorisar o meio circulante,
expandir o credito, criar a confiança, estimular
a immigração do capital, são os meios que me
parecem adequados para criar uma situação
financeira bastante solida, afim de que sobre
ella se possa levantar a prosperidade da Patria
e a gloria da Republica.

Eis, em suas linhas geraes, a politica republicana, tal como eu a comprehendo e entendo
dever pratical-a.

No que concerne ás relações externas, não
ha nem póde haver, para os brasileiros, senão
uma politica : **intransigencia absoluta, altiva e
digna em tudo quanto possa affectar á soberania nacional ou à integridade territorial.**

A Constituição de 24 de fevereiro aconselha
o arbitramento antes da guerra. Segundo o
prudente criterio do legislador constituinte, as
contendas se derimem e o bom direito se firma,
sem o sacrificio do brio das nações, não só
pela acção violenta da força material, como
ainda e muitas vezes de preferencia, pelos processos pacificos de justiça, que tambem exerce
a força da soberania nas supremas regiões em
que se exercita a jurisdicção internacional.

Papel proeminente está reservado á Nação
Brasileira no equilibrio americano, sobretudo na
região do sul, onde as relações são mais in-
timas e mais constantes, onde os interesses
reciprocos mais se avisinham e se entrelaçam

M. 3

por virtude da propria proximidade territorial. E', portanto, ahi que se deve desenvolver mais solicita a actividade politica.

Existem, entretanto, interesses de ordem social e economica que reclamam a maior amplitude nas nossas relações diplomaticas. E' dahi que dependem em boa parte os tratados de commercio, a vulgarisação no estrangeiro, do nosso valor moral, do estado de nossa civilisação, do nosso progresso, das nossas riquezas naturaes e das garantias que os nossos costumes e as nossas instituições offerecem á immigração do capital e do braço.

Uma politica de paz, de confraternidade internacional, capaz de desarmar todas ás ambições e eliminar todas as desconfianças, que abra para nossa Patria uma franca corrente de sympathias, é, de certo, a politica que nos conduzirá com mais segurança para um solido entrelaçamento dos grandes interesses, que se encontram além de todas as fronteiras politicas, abrindo espaço ás largas conquistas do progresso social, unicas que a Nação Brasileira póde querer e deve querer. Em synthese: uma nação estimada e respeitada.

Tal deve ser a nossa missão diplomatica.

Presumo ter delineado a obra difficil, mas realisavel de um governo forte, que não adie, mas resolva. Em occasião semelhante eu disse, apropiando-me do pensamento do sr. Waldeck-Rousseau que um bom governo é *aquelle que governa*. Ser um governo é saber o que se quer e querer firmemente o que se póde querer. A antiga formula — governar é prever — está hoje substituida por esta outra — governar é querer.

Um governo de vontade não é, todavia, um governo arbitrario, violento ou despotico; é, ao contrario aquelle que na orbita da lei caminha direito para os seus fins, sem perplexidades nem incertezas, tornando segura a efficacia do direito de cada um pela real efficiencia de todas as garantias. Dentro destes limites, em que a energia não exclue a prudencia e a moderação não é incompativel com a firmeza, é evidente que só a inversão das boas noções poderá fazer suspeitar a existencia de um perigo onde não reside senão a propria garantia. Eis o que eu tenho por um governo forte.

Agora está indicada, e creio que com sufficiente clareza, a significação politica dos votos que me suffragarem. Não fiz, repito, uma profissão de fé: desdobrei ante a Nação a minha fé de officio republicana.

O programma mais exequivel é aquelle que se restringe ás necessidades mais imperiosas de uma situação. O problema financeiro é, no geral consenso, o grande problema nacional. A restauração das finanças é a obra ingente que se impõe ás preoccupações patrioticas do governo da Republica. Não ha, portanto, logar para os vastos programmas da administração, que aliás se incompatibilisam radicalmente com a situação do Thesouro, tal como ella se desenha. Considero, por isso, um dever de lealdade não abrir esperanças nem contrahir compromissos de outra ordem. Muito terá feito pela Republica o governo que não fizer outra cousa senão cuidar das suas finanças.

Meus Concidadãos

Ao encerrar esta exposição, feita com a lealdade de quem na vida publica está acostumado a antepor a todas as responsabilidades a da propria consciencia, consenti que, servindo-me de alheio pensamento, eu vos diga :

Não conheço senão uma familia em que o direito do nascimento nada é, em que o direito da conquista é tudo, em que o homem é julgado por suas proprias acções e não pelas de seus pais, em que cada um faz o seu proprio nome em vez de recebel-o já feito.

Esta familia é o partido republicano; a ella pertenço, vivo no seu seio, ahi tenho luctado, ahi tenho soffrido, ahi morrerei.

MANIFESTO INAUGURAL

———

15 — NOVEMBRO — 1898

A' Nação.

Ao assumir o governo da Republica, cheio de confiança nos poderosos elementos de vitalidade nacional e seguro da dedicação patriotica dos meus concidadãos, cumpre-me expôr á Nação, com sinceridade e clareza, todo o meu pensamento na direcção dos seus altos destinos.

Em presença das urnas, quando o eleitorado brasileiro precisava conhecer para escolher, fallei a linguagem franca e leal, que me dictava a consciencia e me aconselhava o patriotismo. Investido do poder, venho trazer ao paiz, sob o imperio dos mesmos sentimentos, a ratificação solemne de todos os meus compromissos.

Elevado a este posto de honrosa confiança e de incommensuravel responsabilidade, apraz-me, acreditar que, o que pretendeu o voto popular, nos comicios de 1º de março, foi collocar no governo da Republica o espirito republicano, na sua accentuada significação.

E esse intuito é naturalmente presumivel, dada a indole do nosso regimen, que, com a responsabilidade unipessoal, preferiu eliminar a politica de uma collectividade para concentral-a na pessoa da suprema autoridade, em quem reside constitucionalmente o criterio que dirige, delibera e applica.

Mas se os meus antecedentes, em que se caracterisa a firmeza republicana, poderam dar semelhante sentido ao suffragio da Nação, elles mesmos responderão, como seguro penhor, pela correcção da minha conducta no desempenho do mandato.

Com effeito, tendo tomado a minha parte de responsabilidade, primeiro na preparação do sentimento republicano e depois na fundação do organismo institucional da Republica, não perdi jámais de vista o dever, imposto pela honra politica e estimulado pelo proprio patriotismo, de consagrar, na sua conservação, todas as energias e toda a perseverança de uma crença inabalavel.

Temos, felizmente, chegado ao momento em que a existencia da Republica Brasileira não é, não póde mais ser objecto de apprehensões, nem sobresaltos para o espirito nacional. Coube-me a fortuna de vel-a acolhida com as mais penhorantes mostras de affectuosa sympathia por povos e governos estrangeiros, cujos sentimentos, traduzidos por actos reiterados de delicada cortezia, são todos pela prosperidade da nossa Patria, com a qual elles se acham estreitamente relacionados por laços de ordem moral e economica, que se formaram na reciprocidade de consideraveis e legitimos interesses. Firmou-se, portanto, dentro e fóra do paiz, a crença indestructivel de haver a Republica aqui fundado o seu « domicilio perpetuo ».

E' minha convicção por vezes revelada, que as violentas commoções por que tem passado o paiz e que têm sido, para todos os povos, o invariavel legado das grandes transformações politicas ou sociaes, têm, todavia, deixado atravez dos seus effeitos perniciosos a prova irrecusavel de que a fórma republicana tal como a concebeu a Constituição de 24 de fevereiro, é positivamente a que tem de reger para sempre os destinos da Nação Brasileira, pois que é no seu admiravel organismo que reside a mais solida garantia de perpetuo accôrdo entre a unidade nacional e a vitalidade das forças locaes.

Não ha, pois, desse lado, perigos a debellar. As forças sociaes — as unicas que asseguram as victorias fecundas e garantem a perpetuidade das conquistas moraes — estão definitivamente arregimentadas ao lado da Republica. A revolução a proclamou, a perseverança republicana a consolidou e agora responde por ella a vigilante solicitude do sentimento nacional.

Temos, emfim, chegado ao momento em que as estreitezas do exclusivismo, que a si-

tuação geral do paiz não comporta, devem ceder
o logar aos largos horisontes de uma politica
nacional, de tolerancia e concordia, que abra
caminho á convergencia de todos os esforços
para o bem da Patria, generoso e nobre ideal,
em torno do qual póde-se concertar a solidariedade de todas, sem todavia melindrar a dignidade de um só.

Não é que eu pense que os partidos não
devam subsistir. Ao contrario, no regimen democratico, que se caracterisa pelo contraste das
opiniões, como precioso fructo da livre manifestação do pensamento, elles são necessarios
para assegurar o equilibrio politico, garantindo
o progresso nacional pela successão dos principios no governo, uma vez que saibam exercer
uma acção prudente, tolerante e disciplinada
ao serviço de intuitos patrioticos. O que deve
ser proscripto, porque é um mal social e um
grave embaraço ás soluções do presente, é o
espirito partidario com as suas paixões e vio-
lencias, ora perturbando a evolução benefica
das idéas, ora contrapondo-se ao desdobramento tranquillo da actividade governamental.

E' indispensavel, é forçosamente preciso que,
pesando cada um conscienciosamente a sua responsabilidade e medindo a extensão dos males
que os acontecimentos têm acarretado á Republica, façamos appello ás energias do nosso
proprio patriotismo para dar como definitivamente encerrada a phase angustiosa das per-

turbações esterilisadoras e, ao mesmo tempo,
aberto o fecundo periodo das grandes repara-
ções. Urge tambem que, ao influxo de iguaes
sentimentos, elevemos as nossas vistas além
dos estreitos limites que encerram os interesses
locaes, para que o espirito publico não mais se
agite senão em torno das grandes e pesadas
necessidades que opprimem a União, abatendo
o nosso valor moral.

Como quer que seja, affirmarei desde já que
é assim que comprehendo a minha alta missão
e é sob o influxo destes principios que estou
firmemente resolvido o agir no desempenho
das minhas funcções constitucionaes. O homem
chamado ao papel de arbitro — ouvi este elevado conceito a um grande espirito, tambem
num posto de alta responsabilidade—deve fazer
calar as suas preferencias e elevar-se acima da
sua propria fé.

Isento das paixões do espirito de partido, a
autoridade que vou exercer será posta ao serviço exclusivo da Nação.

Entretanto, não basta o esforço isolado do
Executivo para o bom governo da Republica.
Na coexistencia de outros orgams de soberania,
segundo a estructura constitucional, a cohesão
indispensavel ao equilibrio das forças governa-
tivas depende essencialmente da acção combinada e harmonica dos tres poderes, guardadas

entre si as relações de mutuo respeito e de recriproco apoio.

Desde que, sob a influencia de funestas tendencias e dominado por mal entendida aspiração de supremacia, algum dos poderes tentar levar a sua acção além das fronteiras demarcadas, em manifesto detrimento das perogativas de outro, estará nesse momento substancialmente transformada e invertida a ordem constitucional e aberto o mais perigoso conflicto, do qual poderá surgir uma crise cujos perniciosos effeitos venham affectar o proprio organismo nacional.

Este perigo é mais para temer-se nas organizações novas, sobretudo nas phases que precedem ás experiencias definitivas, quando ainda não se tem alcançado, por um longo processo de applicação, estabelecer no proprio terreno, isto é, praticamente, as linhas que separam as respectivas espheras de competencia. Isto indica bem o cuidado, o zelo patriotico, a sincera solicitude, a isenção de animo e o sentimento de justiça que, em cada um dos orgams da soberania nacional, devem presidir o exame e assignalamento das funcções respectivas.

Não ceder nem usurpar.

Fóra d'ahi em vez de poderes coordenados não teremos senão forças rivaes, em perpetua hostilidade, produzindo a perturbação, a desordem e a anarchia nas proprias regiões em que paira o poder publico para vigiar pela tranquillidade e pela segurança da communhão nacional e garantir a efficacia de todos os direitos.

Defendendo intransigentemente e com o mais apurado zelo as prerogativas conferidas ao poder que vou exercer em nome do suffragio directo da Nação, affirmo aqui, desde já, o meu mais profundo respeito ante a conducta dos demais poderes, na orbita de sua soberania. Esta attitude, que será rigorosamente observada, dará forças ao depositario do Executivo para, de seu lado, oppôr obstinada resistencia a todas as tentativas invasoras.

O papel do Judiciario no jogo das funcções constitucionaes torna mais remotas as suas relações com os outros poderes. E' um poder que não lucta; não ataca; não se defende: julga. Sem a iniciativa que aos outros cabe, a sua acção não se manifesta senão quando provocada. Fóra desta região de paz e pureza, a unica em que reina a justiça, o seu prestigio moral desfaz-se ao sopro das paixões.

São mais directas e mais frequentes as relações entre o Executivo e o Legislativo. Estes são os poderes que collaboram em estreita alliança na dupla esphera do governo e da administração; a elles, pois, compete manter, no desdobramento de sua commum actividade, uma continua e harmonica convergencia de esforços a bem da Republica.

E' indiscutivel — pois que é da natureza do regimen — que ao Executivo cabe a iniciativa das medidas legislativas, de caracter administrativo. E' claro, porém, que de nada serviria essa iniciativa, cujo fim é preparar e facilitar a acção conjuncta dos demais poderes, se o Legislativo recusasse o seu accôrdo, tomando orientação diversa ou contraria.

O actual momento assignala-se pela imprescindivel necessidade de franca e resoluta cooperação do Legislativo para que seja adoptada e posta em execução uma politica financeira, rigorosamente adequada ás urgentes exigencias do Thesouro. Ahi está o ponto culminante da administração. Espero muito do patriotismo do Congresso Federal e da austeridade do caracter brasileiro para tornar effectivas as providencias reclamadas pela nossa situação.

Em um documento, que veiu a ter larga publicidade, empenhei a responsabilidade do meu governo na fiel execução do accôrdo financeiro celebrado em Londres. Mais do que a minha responsabilidade, está nisso empenhada a propria honra nacional.

A nossa situação reclama soluções definitivas.

Não podemos deliberar uma só despeza, nem tolerar as que sejam adiaveis, antes de termos posto ordem nos nossos negocios e regulado as nossas contas.

Repito: trata-se de cumprir um dever de honra e não ha sacrificios que devam fazer-nos esmorecer. Nunca se tornou mais necessaria a cooperação do Legislativo. Os negocios da União a reclamam. De resto, não se perca jámais de vista que os membros do Congresso Federal não são advogados de interesses localisados em determinadas circumscripções. Elles representam, antes de tudo e acima de tudo, a Nação, cujos grandes destinos foram confiados á sua solicitude patriotica.

Cumpre proscrever, em definitiva, a politica *particularista* que, podendo até certo limite ter sido justificada pela centralisação oppressora do regimen decahido, não se ajusta absolutamente aos amplos moldes do systema federativo. A missão do representante do Estado, hoje, diversifica consideravelmente na sua natureza e nos seus intuitos, daquella que incumbia ao representante da provincia, outr'ora. Vai de uma á outra a enorme distancia que medeia entre a centralisação e a federação. Na avarenta partilha organisada pelo regimen centralista da monarchia, a provincia, espoliada de todos os recursos, era forçada a bater frequentemente á porta do Thesouro do imperio, conduzida á mão,

como misera mendiga, pelos seus mais solicitos
representantes.

Hoje, porém, que o Estado se acha generosamente dotado dos opulentos recursos que
lhe faculta o art. 9º da Constituição da Republica, gosando ao mesmo tempo das amplitudes
da mais vasta autonomia, dentro da qual póde
garantir a maxima intensidade ás suas forças
productoras, o que convém e o que é reconhe-
cidamente necessario é alliviar-se a União, na
medida constitucional, dos encargos administrativos que por sua natureza devam passar
á responsabilidade dos poderes estadoaes.

E' este o criterio unico que deve dirigir a
conducta do representante no seio do Congresso Federal.

Outro é o papel dos Estados. Valiosa collaboração está-lhes reservada na obra de reparação que preoccupa os poderes da União.

A restauração financeira, supremo objectivo do momento, para que seja solida e
duradoura, depende essencialmente de uma
profunda reconstituição das forças economicas,
de tal sorte que os agentes da riqueza nacional
possam attingir á sua maior capacidade productora, servindo de base a todas as vantagens que possam ser alcançadas nas relações
do commercio internacional.

O estado monetario de um paiz, segundo
opinião auctorisada e apoiada na observação

de um valiosissimo exemplo, depende menos
da sua legislação do que da sua situação economica. Ella é preparada e mantida antes
pela agricultura, pelo commercio e pela industria do paiz, do que pelas leis que o regem.
E' preciso produzir.

O problema da producção, nos paizes novos,
está intimamente ligado ao problema do povoa-
mento. Mas, a Constituição transferiu aos Estados as terras devolutas situadas nos seus
respectivos territorios. Quer isto dizer que os
dois problemas se acham constitucionalmente
affectos á competencia do poder estadoal, na
sua parte essencial.

Ahi desenha-se, portanto, na sua maior
nitidez, o vasto campo em que póde desen-
volver-se a actividade administrativa dos Estados, na mais fecunda collaboração pela prosperidade da Republica. Desde que a industria
indigena, accrescenta a autoridade já referida,
chega a alimentar o consumo interno e offerece
sobras para a exportação, ella consegue não
só impedir que o capital nacional vá ser despendido no estrangeiro, como ainda attrahir
a immigração do capital estrangeiro. E' então
que se estabelece a melhor situação monetaria,
qualquer que seja a legislação.

Nos vastos dominios da competencia estadoal ha, pois, espaço bastante para o desenvolvimento desta politica pratica e fecundante,
simultaneamente favoravel ao progresso da

M. 4

riqueza dos Estados e á consolidação das finanças da União. Serão outros tantos interesses a fortificar os vinculos da unidade nacional sob a influencia vivificante do regimen federativo.

A' communidade de raça, de tradições historicas, de lingua e de religião, gerando a cohesão do sentimento nacional, é preciso accrescentar a communidade economica e financeira, fortalecendo os vinculos de solidariedade entre a União e os Estados.

Faço, portanto, consistir na nossa constituição economica a base de nossa regeneração financeira.

Evidentemente muito resta ainda a fazer para constituir a riqueza nacional na medida dos vastos recursos naturaes que o paiz possue.

A posição do café nos mercados de consumo, quando esse é o principal producto de exportação, denuncia claramente um consideravel decrescimento do nosso poder economico. Sendo, como é, da maior gravidade este facto, todavia, é elle de natureza, antes a provocar a attenção previdente dos brasileiros, do que a produzir-lhes desalentos.

O que cumpre, em semelhante emergencia, é não fechar os olhos á evidencia, nem procurar luctar em vão por meios artificiaes, contra a natureza das coisas, mas sim, encarar o problema com coragem e energia, obedecendo ás leis naturaes.

Mas, o que sobretudo aggrava as preoccupações do poder publico neste difficil momento,
pelo seu caracter extremamente urgente, é a
intensidade da crise financeira. Ella resulta
de erros gravissimos, que vêm de longe,
accumulando progressivamente os encargos dos
seus pesados effeitos, que cumpre reparar quanto
antes pelos meios mais adequados e pelos processos mais promptos, começando por assignalar as suas causas preponderantes, que são
entre outras:

O proteccionismo inopportuno e por vezes
absurdo em favor de industrias artificiaes, á
custa dos maiores sacrificios para o contribuinte
e para o Thesouro; — a emissão de grandes
massas de papel inconvertivel, causando profunda depressão no valor do meio circulante;
— os *deficits* orçamentarios creados pelo funccionalismo exaggerado, pelas despezas de serviços de caracter puramente local, pelo augmento continuo da classe dos inactivos; — as
despezas extra-orçamentarias provenientes dos
creditos extraordinarios abertos pelo Executivo
e das leis especiaes votadas pelo Congresso;
— as indemnisações por sentenças judiciaes,
que sobem todos os annos a sommas avultadas;
— as despezas determinadas por commoções
intestinas; — os compromissos resultantes dos
montepios e dos depositos, dada a pratica de
considerar como rendas ordinarias os valores
que procedem dessas instituições; — o augmento

constante da divida fluctuante, que se origina
dos proprios *deficits*, e consequente augmento
da divida consolidada ; — a má arrecadação das
rendas publicas ; — o effeito moral da má politica financeira, acarretando o descredito ; — o
consequente retrahimento da confiança dos
capitaes no paiz e no estrangeiro ; — a especulação que neste meio se desenvolve como as
parasitas em organismo em decadencia ; — finalmente, a baixa da taxa cambial, synthese e
expressão de todos os erros.

A resumida indicação das multiplas causas
que perturbam a situação financeira e economica
do paiz e que ahi fica, denuncia tambem a
necessidade das medidas complexas, que urgentemente devem ser adoptadas para uma
solução definitiva.

Agir com promptidão, energia e perseverança sobre todos os elementos que acabo de
apontar como agentes de nossa decadencia
economica e financeira, abandonando a politica
dos expedientes e dos adiamentos para tomar
francamente a politica das soluções, é em suas
linhas geraes o programma do meu governo.
Não vejo outro caminho, seguro e honesto, que
possa conduzir ao restabelecimento das relações
normaes com os credores da Republica, suprema
aspiração que o brio e honra nos impõem.

Mas, a politica financeira, tal como a temos
adoptado, para que possa tomar o seu natural
desenvolvimento e attingir aos seus elevados

intuitos, reclama desde logo e imprescindivel-
mente, como condição fundamental, a ordem
interna.

Não se governa nem se administra de modo
conveniente aos interesses dos povos, desde que
a autoridade é forçada a desviar de continuo a
sua attenção para os perigos que ameaçam a
tranquillidade publica.

Felizmente, a indole pacifica e ordeira do povo
brasileiro tem se assignalado, no decurso da vida
nacional, por largos periodos de perfeita calma,
em épochas diversas; e já agora não ha quem
não veja, na angustiosa experiencia trazida pelos
successos mais recentes, que urge retomar a
marcha interrompida e buscar nos inestimaveis
beneficios do socego e da paz o ponto de partida
para as soluções que o paiz aspira ardentemente.

Esta manifestação do sentimento patriotico e
do bom senso nacional desperta as mais solidas
esperanças e dissipa, ao mesmo tempo, as apre-
hensões que acaso possam preoccupar o poder
publico.

O governo, por sua vez, acha-se firmemente de-
liberado a agir, na esphera de sua elevada missão, com a maxima solicitude e com o mais esfor-
çado empenho no sentido de acrysolar e desenvolver este nobre sentimento de ordem, que assim
se revela por louvavel espontaneidade, assegurando a todos os individuos e a todas as classes o
valioso conjuncto de garantias com que a lei pro-
tege a livre expansão de todas as forças sociaes.

Bem compenetrado deste dever e na emergencia de uma necessidade, declaro que não terei fraquezas nem hesitações na acção repressiva, que as circumstancias possam reclamar, contra os elementos perturbadores.

Tenho illimitada confiança na disciplina, na lealdade e no patriotismo das classes armadas, nobres sentimentos esses postos a duras provas, com admiravel correcção e inexcedivel valor, todas as vezes que o serviço da Patria ha reclamado, dentro ou fóra das fronteiras.

Com elementos tão seguros, não hesito em prever o exito do meu programma de ordem e de paz.

No que respeita ás relações internacionaes, estou certo de corresponder ao sentimento nacional, adoptando uma politica, cujo mais vivo empenho consista em manter e fortificar os laços de amisade, que felizmente existem entre o Brasil e as demais potencias. Para a realisação destes intuitos nenhum esforço será poupado, convencido, como estou, de que não ha missão mais nobre, nem tarefa mais grata aos que governam, do que a de assegurar a paz.

Na guarda e defesa dos elevados interesses que me estão confiados, jámais perderei de vista que só um programma de confraternidade internacional póde garantir á Nação Brasileira o logar de honra a que tem incontestavel direito no convivio dos povos cultos.

Num paiz de immigração, como o nosso, que solicita do estrangeiro o trabalho e o capital, cumpre antes de tudo guardar absoluta fidelidade e rigorosa justiça na execução das leis, pois que é ahi que reside a suprema garantia ás pessoas e aos interesses estrangeiros. Grande somma de attritos e reclamações diplomaticas recentes tiraram a sua origem dos desvios da ordem legal, infelizmente motivados por paixões que se desencadearam no meio das agitações intestinas. Cabe á nossa lealdade reconhecer o facto para corrigil-o com a inflexibilidade da nossa justiça.

E' opportuno fazer solemne appello aos governos dos Estados e ás justiças locaes a bem da garantia e da efficacia de todos os direitos. E' nisso que repousa a confiança das potencias amigas e disso depende tambem o successo de uma politica exterior capaz de alargar, no terreno politico e commercial, as fronteiras de nossa influencia

Na phase de expansão em que deve entrar o paiz, como um corollario logico da obra de regeneração economica e financeira, a politica exterior não póde obedecer á lei de inercia e ha de manter *intransigencia absoluta, altiva e digna, em tudo quanto possa affectar a soberania nacional ou a integridade territorial.*

Em relação á outra ordem de interesses, a diplomacia brasileira, isenta de infundados preconceitos, agirá activamente no empenho de secundar o desenvolvimento de nossa riqueza, favorecendo a abertura de mercados aos nossos productos de exportação e concorrendo para maior expansão do nosso commercio internacional.

Esta é hoje a missão mais proficua da diplomacia moderna.

Cabe-me finalmente, registrar, congratulando-me com a Nação, o modo altamente significativo por que recebo das mãos do meu illustre antecessor o governo da Republica.

Vê-se bem nessa cordialidade e fina cortezia, que presidem á passagem do governo, sobresair, como symptoma auspicioso e caracteristico da normalidade de nossa existencia politica, a affirmação da continuidade governativa, tal como a reclamam os interesses permanentes da publica administração e a propria essencia do systema.

Está definitivamente encetada a pratica das boas normas, que favorecem a serenidade da successão nas regiões do poder. Assignalado serviço é esse, que certamente muito contribuirá para elevar o prestigio das instituições democraticas que nos regem.

Quero ver tambem na nobre conducta do eminente cidadão, por uma feliz identificação com os altos interesses nacionaes, o suave reflexo da fraternal convivencia de outr'ora.

Haviamos passado, juntos, a nossa prolongada e trabalhosa vida de combatentes: e hoje, ao impulso dos acontecimentos, encontramo-nos á porta do poder, que, todavia, continúa a ser ainda um posto de combate.

Descendo agora do governo, elle vai seguro de poder pedir á paz da propria consciencia a unica recompensa verdadeira, que em vida alcançam os devotados e bons servidores da Patria.

Quanto a mim, ao subir as escadas que levam o homem publico ao mais alto posto de responsabilidade, não me resta senão pedir ás energias da minha propria fé o valor e a fortaleza de animo de que careço para este novo combate, certamente o mais temeroso de todos, pela grandeza e pela prosperidade da Republica.

MENSAGEM

APRESENTADA NA

TERCEIRA SESSÃO DA TERCEIRA LEGISLATURA

---

3 — MAIO — 1899

Senhores Membros do Congresso Nacional.

Venho, cheio de satisfação, cumprir pela primeira vez o preceito constitucional que me impõe o dever de trazer ao vosso conhecimento as informações e dados que possam habilitar-vos a adoptar, na elevada esphera de vossas prerogativas, as medidas indispensaveis á regular gestão dos negocios publicos.

Chamado a presidir os destinos da Republica pelo suffragio nacional, apraz-me recordar em vossa presença que, em documento politico que antecedeu a eleição de 1º de março de 1898, e que tinha o fim especial de esclarecer a situação eleitoral, procurei desempenhar-me deste dever de lealdade para com os meus concidadãos, iniciando essa pratica, da essencia de todo systema que repousa sobre o principio da electividade e ao mesmo tempo indispensavel como meio de intervir com efficacia no preparo da opinião.

Homologada a decisão das urnas pelo vosso julgamento, que declarou legitimo e de confor-

midade com a lei o processo eleitoral, e ao
receber a investidura do poder no dia 15 de
novembro, ratifiquei todos os compromissos
contrahidos solemnemente ante o eleitorado
brasileiro e procurei de novo definir perante a
Nação, com a precisa clareza, as normas e principios a que teria de subordinar a minha acção
governativa sob o duplo aspecto politico e
administrativo.

Estes dois documentos, que constituem o
meu pacto de honra com a Nação e que contêm
a summa dos deveres moralmente contrahidos,
por isso mesmo que me dão a vantagem de
poder apresentar-me hoje ao Congresso Nacional com uma orientação claramente indicada
e já agora sanccionada pelo suffragio popular
tornam dispensavel qualquer insistencia nessa
ordem de idéas.

Limito-me a dizer que me submetto agora,
de consciencia segura, ao exame e julgamento
dos actos, quando já são passados alguns
mezes de actividade no Governo.

E' grato assignalar que a presente sessão
legislativa se installa sob os favoraveis aus-
picios de uma época de completa tranquillidade, que assegura a precisa calma de espirito
áquelles a cujo patriotismo cabe promover o
bem estar e o progresso da Nação Brasileira,
applicando, sobretudo a sua sabia solicitude no
estudo dos graves problemas da administração,

que devem constituir a suprema preoccupação do actual momento.

Os assumptos de ordem propriamente politica, nos moldes do partidarismo sectario em que elles commummente são lançados, por virtude de habitos inveterados e de uma educação ainda não aperfeiçoada convenientemente, bem podem passar para um plano inferior, desde que, como é evidente, as instituições vão sendo applicadas sem obstaculos e sem despertar, siquer, divergencias sensiveis sobre pontos fundamentaes. A assignalada consistencia, que o regimen de 24 de fevereiro tem adquirido no sentimento nacional, assegura e legitima a esperança de que as vagas aspirações reformistas, porventura existentes, serão eliminadas á medida que o mesmo regimen fôr sendo devidamente praticado.

Significativa prova deste sentimento foi essa que tive occasião de observar nas grandes manifestações a que deu ensejo a minha recente visita ao adiantado e futuroso Estado de Minas Geraes. Por toda parte, em todas as classes e com uma espontaneidade sem precedentes, a Republica era glorificada pelas populações mineiras na pessoa do chefe da Nação.

Coube-me tambem a satisfação de observar, atravez das expansões populares, que os laços da unidade nacional, longe de se enfraquecerem, adquirem absoluta solidez ao influxo vivificante do systema federativo, que, em sua sabia estructura, permitte o maximo desenvolvimento ás forças locaes em perfeita correspondencia com os interesses economicos da União.

E' fóra de duvida que esta parte do nosso organismo institucional será menos discutida quando a Constituição tiver sido mais observada.

Mas, nestes factos, que eu registro com tanto mais desvanecimento, quanto maior é o seu valor, pela natureza absolutamente impessoal de que se revestiram, vê-se bem o reflexo do estado dos espiritos em toda a União. Isto quer dizer que, na consciencia nacional, a Republica, que já não conta adversarios, é a fórma definitiva do governo da nossa Patria.

Dada uma tal situação, que favorece immensamente os intuitos do governo, este se acharia desviado da direcção claramente indicada pela corrente geral da opinião, se não adoptasse a politica de tolerancia, por mim tantas vezes preconisada, como meio de facilitar o aproveitamento de todas as aptidões, attrahindo a boa vontade, o concurso dos esforços de todos os brasileiros para a obra difficil, mas realisavel, da reconstituição economica e financeira desta grande Nação.

O salutar exemplo deve partir dos altos poderes da Republica.

O poder que eu represento, assim como aquelle de que vos achais investidos, tiram ambos a sua existencia do voto directo. Esta communidade de origem nos adverte de que a responsabilidade de um e outro é posta em perfeito pé de igualdade pela soberania nacional, donde nasce a autoridade que cada um exerce na orbita das prerogativas constitucionaes.

Dominado por este principio, o novo regimen eliminou por completo toda a idéa de supremacia, transformando em uma realidade positiva o preceito da independencia reciproca dos poderes, que em outro regimen não era, nem podia ser, senão uma illusoria ficção.

Mas, aceita esta combinação, sómente conciliavel em uma organisação de natureza puramente democratica, como seu primeiro fructo e talvez o mais precioso, deve ter desapparecido o sentimento de rivalidade, que era o incentivo das luctas parlamentares de outr'ora, luctas que se tornariam hoje meramente perturbadoras e estereis, por isso mesmo que jámais poderiam terminar pela victoria de um sobre outro, ou antes, pela supremacia de um e a subordinação de outro.

Ahi está como, nos apparelhos constitucionaes da Republica, o principio da harmonia entre os poderes, guardada a respectiva independencia, póde e deve ter uma applicação pratica.

Esta harmonia só chegará a ser perturbada por tentativas ou processos exorbitantes da

Constituição e fundamentalmente contrarios á indole do systema, qualquer que seja a fórma que revistam e donde quer que surja a iniciativa delles.

A bem dos creditos das nossas instituições e para que ellas possam attingir ao seu maximo de consistencia na estima da Nação, devemos contar com as inspirações do patriotismo de cada um, para que modificados os costumes herdados do velho regimen, sejam em definitiva estabelecidas as boas praticas do systema. E' quanto bastará para que fique plenamente justificada a preferencia que lhe foi dada nas deliberações da constituinte.

Delineada por esta fórma geral a conducta unica que nos é aconselhada pelas urgencias da situação, cumpre-me entrar no exame dos assumptos que reclamam a maior solicitude do vosso patriotismo.

Relações
Exteriores

No que respeita aos interesses exteriores, cabe-me a satisfação de informar-vos que nenhuma alteração têm soffrido as relações de amisade que cultivamos com as nações estrangeiras. Tenho o maior empenho em mantel-as e desenvolvel-as.

E' com sincero desvanecimento que assignalo, como alta prova da estima consagrada á Republica Brasileira, a presença na bahia desta Capital, de navios pertencentes ás marinhas de guerra dos Estados Unidos da America do

Norte, de Portugal, da Inglaterra, da Italia e da Allemanha, no dia 15 de novembro ultimo, data em que a inauguração do meu governo coincidia com a celebração do anniversario da proclamação da Republica.

Registrando este acto de apurada cortezia da parte dos governos daquellas nações amigas, consigno tambem os justos protestos da gratidão nacional.

O facto culminante da politica internacional pelo seu caracter altamente humanitario e civilisador é o movimento que se opera em torno da idéa do desarmamento e no interesse da paz geral. Partiu a nobre iniciativa de Sua Magestade o Imperador de Todas as Russias. O governo brasileiro, por intermedio de seu ministro acreditado em S. Petersburgo, foi convidado para se fazer representar na Conferencia especialmente destinada a tratar do importante assumpto.

Acolhi o convite com a consideração e sympathia que os generosos sentimentos de Sua Magestade despertam geralmente. Todavia, por motivos que são obvios, ficou assentado que o governo brasileiro se absterá de tomar parte na conferencia.

As questões de limites, devidamente tratadas de accôrdo com os interesses nacionaes seguem o seu curso regular.

A da Guyana Franceza está bem encaminhada, assistida pela intelligente vigilancia do illustre brasileiro encarregado de advogar perante o arbitro os legitimos interesses do paiz. No dia 5 do mez proximo passado, foi por elle apresentada, na qualidade de Enviado Extraordinario, a memoria justificativa do nosso direito, acompanhada dos documentos e mappas que a instruem.

Na da Guyana Britanica, verificada a impossibilidade de accôrdo para um ajuste directo, não obstante todos os bons esforços empregados com sincero empenho nesse tentamen, o governo acceitou o alvitre do arbitramento proposto pelo *Foreign Office*. Nutro a esperança de submetter ao vosso exame no correr da presente sessão, o respectivo tratado de conformidade com o preceito constitucional. Para preparar os estudos e organisar os dados que esclareçam e justifiquem o nosso direito, fiz appello aos serviços do eminente brasileiro Dr. Joaquim Aurelio Nabuco de Araujo, que, obedecendo aos impulsos dos seus elevados sentimentos de amor á Patria, acceitou a honrosa missão. Opportunamente será elle proprio acreditado como Enviado Extraordinario e Ministro Plenipotenciario em missão especial, junto ao Arbitro escolhido.

Ainda não está resolvida a divergencia que sobreveiu entre o Brasil e a Bolivia sobre a designação da nascente do rio *Javary*, isto é, sobre a rectificação do erro commettido em 1874 na determinação da respectiva latitude.

No protocollo de 19 de fevereiro dé 1895 adoptou-se ainda, para a nascente do *Javary*, a latitude determinada por computação em 1874. Dahi surgem as exigencias contra o nosso direito que, aliás, não deixa duvidas, segundo as clausulas do tratado de 27 de março de 1867. E' naquelle protocollo que a Bolivia se apoia para não convir na rectificação que lhe foi proposta. O governo brasileiro, porém, allega, e com indiscutivel fundamento, que o protocollo não é de natureza a poder alterar um tratado, unica fonte de direito, na especie, no qual foi definitivamente estipulado que a nossa linha fronteira com a Bolivia termina na nascente do rio *Javary*, só ultimamente explorada.

Num regimen de electividade em que os altos poderes da Nação são constituidos pelo suffragio directo e generalisado, como este que adoptámos, deve ser objecto do vosso mais apurado zelo a legislação eleitoral. Rodear de todas as garantias o livre exercicio do direito de voto e dar a mais completa legitimidade á expressão da vontade popular, importa, ao mesmo tempo, assegurar e fortificar o prestigio moral da autoridade que recebe dos comicios a sua investidura.

Negocios Interiores
Legislação eleitoral

A legislação em vigor contém defeitos gravissimos, indicados pela experiencia, que devem ser corrigidos quanto antes.

Além da revisão geral do alistamento federal, substituidos os actuaes diplomas por

outros que tragam o cunho de authenticidade,
parece indispensavel decretar uma unica lei
sobre o serviço eleitoral, tendo-se em vista,
entre outras necessidades que a vossa observação descortinará: facilitar a organização das
mesas; estabelecer o modo pratico de verificar
com segurança o comparecimento dos eleitores;
remover as causas dos abusos praticados na
distribuição dos titulos; espaçar o tempo para
o comparecimento dos eleitores, tornando o
processo eleitoral extensivo a todas as horas
de trabalho durante o dia; tornar efficaz o direito de representação da minoria, pensamento
culminante no regimen vigente, como garantia
complementar da livre manifestação de todas as
opiniões.

E' indispensavel, é urgente, a bem do prestigio moral do suffragio, convertel-o em uma
realidade por meio de disposições previdentes
e efficazes que eliminem dos processos eleitoraes os vicios repugnantes e os abusos criminosos, que ahi se têm introduzido, dando
facil accesso á fraude, desde o alistamento até
ao voto, em manifesto detrimento da legitima
manifestação da vontade popular. Nada póde
indicar melhor esta situação do que o clamor
geral que desperta cada eleição a que se procede nas circumscripções do Districto Federal.

Assistencia a Alie-
nados

E' tambem de palpitante necessidade uma
lei que uniformise o serviço de hospitalisação

dos alienados e prescreva clausulas assecuratorias da situação legal destes enfermos, de
sorte que nos estabelecimentos particulares
sejam observadas as mesmas condições, não só
quanto á internação nos asylos officiaes, com
a intervenção do Poder Judiciario, como tambem
quanto á inspecção por parte da autoridade
publica.

Na ordem das medidas concernentes á   Saude Publica
saude publica destaca-se uma que mais reclama
o vosso zelo, não só pelo seu caracter de urgencia, como principalmente porque relaciona-se
intimamente com os grandes interesses do commercio internacional.

Em 1895 o governo deliberou ordenar com
urgencia a creação de lazaretos em Pernambuco
e no Pará, notificando officialmente a sua resolução aos representantes das nações amigas,
aqui acreditados. O governo assim procedeu
em vista da reconhecida conveniencia de libertar
os navios com destino aos portos do extremo
norte da vexatoria obrigação de virem, nas
épochas de crise epidemica, purgar quarentena
no lazareto da Ilha Grande, com enorme prejuizo de tempo e de despezas. Além das perdas
que dahi resultam para o commercio nacional,
pois que é á conta delle que se lançam todos
estes pesados encargos, ha a considerar-se o
prejuizo geral para o paiz, proveniente da consequente reducção das communicações com os

nossos portos. O adiamento forçado da conclusão do lazareto de Tamandaré creou sérios
embaraços que devem agora ser removidos.
E' de imprescindivel urgencia que habiliteis o
governo a desempenhar-se com promptidão de
uma promessa solemne.

Reformas   Resta-me, quanto aos serviços deste departamento, communicar-vos que, usando da autorisação contida nos arts. 9º da lei n. 559 e
3º ns. VII, IX e X da lei n. 560, ambas de
31 de dezembro de 1898, reorganizei a Secretaria de Estado da Justiça e Negocios Interiores,
o Museu Nacional, a Assistencia a Alienados e o
Gymnasio Nacional, na conformidade dos regulamentos expedidos com os decretos ns. 3191,
de 7 de janeiro, 3211, de 11 de fevereiro,
3244, de 13 de março, e 3251, de 29 de março,
todos do corrente anno.

Nestas reformas foi rigorosamente attendida
a indeclinavel necessidade de reduzir a despeza
que antes se fazia com aquellas repartições,
sem, entretanto, prejudicar os respectivos serviços, antes melhorando a sua execução.

Justiça   A organisação judiciaria, com o seu duplo
caracter — federal e local — que lhe imprimiu
a propria natureza do regimen, apezar das
difficuldades naturaes na pratica de um systema
novo e que pouco a pouco vão sendo eliminadas
pelas advertencias da experiencia, tem sido e

continuará a ser a poderosa garantia na guarda e observancia dos limites postos pela Constituição á competencia de cada um dos poderes da Republica. Não fôra esta combinação tal como architectou o legislador constituinte, e teria desapparecido a mais segura base do regimen federativo, aliás a concepção fundamental no espirito dos creadores da Republica.

Cabe á vossa sabedoria completar a obra iniciada no Governo Provisorio e adaptada no nosso organismo politico pelo pacto federal de 24 de fevereiro.

Quanto á justiça local, no Districto Federal, a observação feita no periodo de applicação já decorrido, terá talvez indicado modificações, que ao vosso alto criterio cabe apreciar. Na orbita de minha competencia e no empenho de acautelar interesses postos pela lei sob a guarda do poder publico, julguei conveniente fazer expedir novas instrucções para arrecadação dos bens de ausentes.

Parece ser já tempo de entrar em esforços decisivos para dotar a Republica com o seu codigo civil. Codigo Civil

Vem de muito longe esta aspiração nacional. O primeiro passo do poder publico, dando-lhe fórma concreta, foi o accordo celebrado em 1855 com o eminente jurisconsulto dr. Augusto Teixeira de Freitas para colligir e classificar a legislação brasileira, separar e consolidar as leis civis. Seguiram-se a esta tentativa inicial, em 1858, 1872, 1881, 1889 e 1890, os actos do governo promovendo a organisação do projecto de codigo civil.

Bem pouco é, portanto, o que falta para um periodo completo de meio seculo de esforços continuos, consagrados á satisfação de uma necessidade geralmente reconhecida e proclamada por todos os orgams da sociedade brasileira.

Mas, se de tão numerosas tentativas não pôde sahir a conclusão da obra ardentemente ambicionada, é certo, entretanto, que dellas ficaram consideraveis e valiosos subsidios, que podem ser agora applicados, com vantagem decisiva, em ultimo e definitivo certamen.

E tal é o pensamento do governo.

Exemplo animador é esse que nos offerece o Imperio Allemão, onde com a metade do tempo já despendido por nós e tendo de vencer resistencias, que a organisação da Republica não offerece, conseguiu-se a promulgação do codigo civil, que veiu completar a obra da concentração do poder pela unificação do direito. Em uma confederação de Estados soberanos, cada um dos quaes na velha posse da legislação separada, comprehende-se a pertinacia da resistencia á aspiração de um codigo, que devia inutilisar e substituir todos os outros, fazendo desapparecer, ao mesmo tempo, o derradeiro attestado de uma soberania tradicional.

Phenomeno identico é esse que se apresenta, neste mesmo momento, na Republica Helvética. Lá tambem surgiu a aspiração de um *direito nacional*. Está já elaborado um projecto de codigo unificando o direito penal, e o Conselho Federal encarregou, em 1892, o grande jurisconsulto Huber' de organisar um projecto de *codigo civil suisso*. A idéa, porém, permanece estacionaria, não porque ao legislador suisso faltem ricos monumentos de direito para modelar a sua obra, mas porque, como os Estados' germanicos, os Cantões da Suissa defendem com obstinada firmeza o direito que possuem ha seis seculos de existencia nacional.

Estabelecida, como foi, a unidade do direito, o legislador brasileiro não tem encontrado diante de si os obstaculos dessa natureza excepcional, que não significam nem significaram, jamais, a difficuldade de condensar num codigo as clausulas do direito, mas unicamente a difficuldade de destruir um direito tradicional.

Convencido de que é tempo de agir resolutament, resolvi providenciar no sentido de se elaborar um projecto de codigo civil, que vos será opportunamente apresentado. O Ministro da Justiça acaba de confiar esse importante tra balho ao dr. Clovis Bevilacqua, lente da Faculdade de Direito do Recife.

Já tive ensejo de manifestar que não se governa de modo conveniente aos interesses   Ordem Publica

dos povos, desde que a autoridade é forçada
a desviar de continuo a sua attenção para os
perigos que ameaçam a tranquillidade publica.
Felizmente, porém, tem-se assignalado a indole
pacifica dos brasileiros, como indicio de que
entrámos em um periodo de calma, propicio
ao desenvolvimento de todas as forças sociaes
e ao funccionamento normal do mecanismo administrativo ; sendo-me grato assegurar que é
empenho meu imprimir aos actos da administração o sentimento de ordem e de respeito
ao exercicio de todas as liberdades e garantias
constitucionaes.

Salvo os deploraveis acontecimentos de
Matto Grosso, que aliás se circumscreveram a
divergencias da politica local, motivadas pela
eleição do presidente do Estado, e onde felizmente foi, de prompto, restabelecida a ordem,
é geral e completa a tranquillidade publica em
todo o paiz.

Entretanto, as condições especiaes da cidade
do Rio de Janeiro, séde do governo da União,
solicitam, com instancia vossa illustrada attenção
para que o importante ramo do serviço policial
fique dotado com uma lei que, alterando a legislação vigente, melhor garanta a segurança
individual e de propriedade, e torne efficaz a
prevenção dos delictos.

Como assumpto correlato, e que merece
tambem vosso apreço, alludirei á necessidade
de construcção de nova Casa de Detenção, em

logar diverso do em que ora se acha situada, e de edificios apropriados ás estações policiaes nas diversas circumscripções desta vasta Capital.

A paz externa, a tranquillidade no interior e a tendencia geral dos espiritos em busca dos processos pacificos para a solução dos problemas internacionaes, offerecem-nos feliz opportunidade para não sobrecarregarmos o Thesouro Federal com encargos extraordinarios, que só se legitimam lá onde as circumstancias forçam o pé de guerra ou a paz armada.

Exercito

Duas importantes modificações foram feitas na administração do exercito. O seu effectivo acha-se realmente reduzido a 15.000 homens, collocando-se assim rigorosamente dentro da consignação orçamentaria, e está organisado o seu estado-maior, reforma decretada pela lei n. 403, de 24 de outubro de 1896, agora posta em execução com o competente regulamento.

Nos limites desta organização ha tudo a esperar-se do indiscutivel valor do nosso glorioso exercito, sobretudo quando a restricção do numero passa a ser largamente supprida pelo aperfeiçoamento da instrucção, principalmente da instrucção pratica, de modo a ficar constituido um nucleo poderoso pela disciplina e pelo preparo militar, em torno do qual se completem as unidades tacticas, dadas as emergencias que determinem a necessidade de se passar ao pé da guerra.

Medida de elevado alcance e que o governo tem em vista é a da concentração das forças em cada districto militar, com grande vantagem para a administração, instrucção e disciplina e consideravel reducção de despeza.

Apezar dos constantes esforços feitos até agora, não tem sido possivel instituir-se praticamente o sorteio militar, como o exige a Constituição, por virtude dos defeitos da propria lei. Providencias legislativas sobre este assumpto tornam-se da mais palpitante necessidade, visto que dellas depende fundamentalmente a formação do exercito, com uma reserva capaz da garantir efficazmente, em qualquer eventualidade, a defesa da Patria.

Outra necessidade, não menos palpitante e urgente, é a da promulgação de um codigo penal militar, em que sejam observados os principios modernos peculiares ao serviço das armas. Infelizmente prevalecem ainda entre nós as antigas ordenanças e, como subsidiarios, o codigo da armada e o commum da Republica. A vossa attenção deverá abranger tambem a legislação processual, que reclama sensiveis modificações.

A exigencia da reducção das despezas publicas, objecto da principal preoccupação do governo, aconselhava a suppressão dos arsenaes de guerra, cuja producção não correspondia absolutamente ás sommas que nelles eram consumidas. Por decreto de 31 de janeiro do corrente anno foram supprimidos os

que se achavam situados em Belém, Recife e
Bahia. Essa medida, porém, deve ser seguida
de reformas nos arsenaes que ficaram, afim de
que se possam tirar delles todas as vantagens.
Pelos mesmos motivos foram tambem extinctas
as companhias de operarios militares e aprendizes artifices.

A nossa esquadra não póde corresponder   Marinha
a todas as necessidades do serviço a que ella
se destina, no extenso littoral que possuimos
e, no emtanto, o estado financeiro do paiz,
impondo rigorosas economias, não permitte dar-
lhe desde já uma organisação mais completa,
o que, de resto, não é urgente, attenta a situação de paz e tranquillidade em que nos achamos.
Todavia, com os navios que ella possue, alguns
dos quaes dispondo dos aperfeiçoamentos modernos e tendo de ser em breve reforçada com
dois encouraçados e um cruzador-torpedeiro,
em adiantada construcção na Europa, julgo-a
em condições de poder prestar relevantes serviços á Patria, sobretudo tendo em vista o solido preparo, a pericia e a rara bravura de que
tem dado brilhantes demonstrações a nossa
valente marinha nos graves momentos em que
tem sido posto á prova o seu inexcedivel patriotismo.
Em virtude das autorisações concedidas
foram extinctos os arsenaes de marinha da
Bahia e Pernambuco, porque, como os de guerra

não eram senão fontes de despezas superfluas,
e o governo cogita de vender, por concurrencia publica, os terrenos que elles occupavam.

Entre as reformas feitas no intuito de re-
gularisar e melhorar o serviço, realisando economias, salientam-se as do Corpo de Engenheiros Navaes e Escola Naval. A commissão
encarregada de acompanhar na Europa a construcção de navios foi reorganizada e substituida
com reducção de despeza.

Viação   Uma larga experiencia tem demonstrado
que não ha vantagem real em manter emprezas
de estradas de ferro sob a administração do
Estado. Além dos encargos que resultam para o
Thesouro dos seus constantes *deficits*, não podem
ellas, siquer, adquirir, em virtude mesmo da
deficiencia dos recursos orçamentarios, além
dos obstaculos de outra natureza, a expansão
e os melhoramentos que as necessidades do
trafego reclamam, circumstancia esta que muito
concorre para deter ou retardar o progresso
das zonas, que são por ellas servidas. Entre-
gal-as, pois, á actividade fecunda da gestão
estimulada pelo interesse particular, é não só
desaffrontar o Thesouro Federal, substituindo
o regimen do *deficit* pelo da renda segura,
como alargar-lhes as condições de prosperidade
em vantagem da industria e do commercio.

E' com effeito facto sabido que todas as
estradas de propriedade nacional a cargo da

administração publica, á excepção da de Porto Alegre a Uruguayana, viveram sempre no regimen dos *deficits*, para o qual entrou tambem de tempo a esta parte, a propria estrada de ferro Central do Brasil. Verifica-se, entretanto, agora, que, quando entregues á administração particular, todas ellas passam desde logo a assignalar saldos progressivos, prestando promissor concurso ao desenvolvimento das rendas nacionaes.

Assim, por exemplo, a estrada de ferro de Baturité, que accusou em 1896 o *deficit* de 47:396$566 e em 1897 o de 125:922$859; de 1º de maio de 1898, em que começou a administração do seu arrendatario, até 31 de dezembro, deu o saldo de 419:478$825. A estrada de ferro de Sobral teve em 1896 o *deficit* de 77:601$230, e em 1897, de janeiro a outubro o de 69:771$105; no emtanto que, apenas iniciada a administração particular em 1º de novembro, appareceu nos ultimos dois mezes do anno o saldo de 27:351$345, que elevou-se no anno de 1898 á somma de 92:758$120. Na estrada de ferro Central de Pernambuco o balanço da receita e despeza mostra em 1896 o *deficit* de 192:439$372, que em 1897 elevou-se a 596:643$396 e ainda nos mezes de janeiro a abril de 1898 montou a 193:134$529. Entregue em 1º de maio ao arrendatario, o balanço de sua receita e despeza, dessa data a 31 de dezembro do mesmo anno, apresentou o saldo de 86:542$211.

M. 6

Ahi está a eloquente e irresistivel propaganda das cifras.

Em presença de tamanha evidencia, estava indicada a direcção a seguir quanto ás demais estradas da União. Acha-se já aberta a concurrencia publica para o arrendamento das estradas de ferro de S. Francisco, Paulo Affonso e Sul de Pernambuco.

Por considerações, que são obvias, não foi incluida nessa concurrencia a mais importante de todas as estradas de ferro de propriedade da União — a Central do Brasil —. O governo reserva-se para fazer uso da autorisação, que lhe foi concedida pelo Congresso Federal, quando se lhe offerecer opportunidade para uma operação, que, attento o consideravel valor deste importante proprio nacional, deverá exercer uma influencia decisiva do nosso regimen financeiro.

A renda desta estrada, tendo sido de 30.386:487$744 em 1897, elevou-se no anno findo a 34.098:051$515. Não obstante, fechou-se ainda este exercicio com um *deficit* consideravel, aggravando de modo sensivel o estado oppressivo do Thesouro. E todavia, a extensa zona servida por ella, comprehendendo os tres grandes Estados do centro (S. Paulo, Minas Geraes e Rio de Janeiro), offerece as mais favoraveis condições de prosperidade á poderosa empreza. Basta promover a expansão dos variados productos dessa zona. Pela sua parte, e na esphera de sua competencia, o governo iniciou o movimento de animação, decretando sensivel reducção do preço de transporte a favor de certos productos agricolas.

O governo cogita de generalisar providencia identica a todas as vias de transportes terrestres ou maritimos, em que possa ser cabida a sua intervenção nesse sentido.

A politica financeira tem sido e continuará a ser a principal preoccupação do meu governo. Cumpre atacar e resolver os importantes problemas que ella apresenta, em sua complexidade, tanto á acção do Executivo como ás resoluções do Legislativo. Finanças

A primeira questão que surge e que o governo tem como a mais importante, no ponto de vista da rehabilitação economico-financeira, é a da valorisação do meio circulante. Sob o dominio funesto do curso forçado, e, portanto, na falta de indicador directo, que não existe senão quando o papel é convertivel, « o criterio para conhecer a deficiencia ou excesso do meio circulante é o estado do cambio ». Entre nós parece fóra de duvida, observadas as diversas phases por que temos passado, que o nivel da taxa cambial desceu muito além do que poderia ser justificado pela balança internacional ou pelas agitações da politica interna. A explicação do phenomeno encontra-se, pois, na depreciação da moeda.

Em paizes como o nosso, em que circula enorme massa de papel de curso forçado, o ouro abandona a sua importante funcção de agente da circulação e entra na cathegoria de simples mercadoria. Opera-se então a grande transformação, em virtude da qual, deixando de ser unidade para medir os valores, passa elle proprio a ser medido, como todas as outras mercadorias, pela unidade do papel-moeda inconvertivel : donde resulta que, quando os preços das mercadorias se elevam, como actualmente, o preço do ouro, que funcciona como mercadoria, tambem sobe, e o augmento do agio desse metal se traduz pela baixa cambial. Mas, attingidos os limites extremos da depressão, as oscillações as mais insignificantes do cambio se traduzem por grandes differenças no valor do ouro, desafiando todos os estimulos da ambição e elevando a especulação ao seu maximo de intensidade. Esta especulação, gerada pela propria crise, torna-se por sua vez causa productora de maior depressão, e eis como ahi se fórma um verdadeiro circulo vicioso, do qual só se póde sahir atacando em sua raiz a causa originaria — a depreciação do meio circulante.

E' evidente, portanto, que o meio de agir em definitiva e com efficacia contra um excesso de emissão de papel-moeda de curso forçado, é promover uma contracção pelo resgate, para cujo serviço deverá ser constituido um fundo especial. Isto quer dizer que o resgate do papel-moeda constitue um dos pontos capitaes da politica financeira do governo.

Além deste processo indirecto, pelo qual a parte de papel que se retira valorisa a que fica na circulação, podemos tambem realisar a valorisação directa, instituindo um fundo de garantia para este mesmo papel. E' este outro ponto capital da politica financeira do governo.

O fundo de resgate poderá ser constituido pelo producto das estradas de ferro arrendadas, menos a Central, por todos os saldos orçamentarios, pela quantia proveniente de pagamento de dividas de diversos bancos e por todas as rendas eventuaes.

O fundo de garantia da emissão poderá ser constituido com o producto da taxa de mais 5 %, ouro, sobre a importação, e mais o saldo do producto de todas as arrecadações em ouro.

Para o fim de poder attender com a devida amplitude ás necessidades occurrentes, será indispensavel que o governo fique autorisado a empregar o fundo de resgate no augmento do fundo de garantia, e vice-versa, conforme as circumstancias cambiaes e de accordo com a reducção operada na circulação, de modo que o fundo de resgate possa ser no todo ou em parte transformado em fundo de garantia, comtanto, porém, que este nunca seja reduzido a menos de metade do seu valor. Entretanto, dadas as circumstancias excepcionaes, a que allude a lei de 1875 e que até hoje tem tido como unico remedio a emissão autorisada pela propria lei, é de neccessidade que o governo possa retirar deste fundo uma determinada somma, para ser applicada aos fins na mesma lei indicados, com a clausula imperativa de ser restituida, dentro de curto prazo, ao seu primitivo destino.

Mas, para que estas medidas possam trazer resultados solidos e duradouros, é de indiscutivel conveniencia que seja desde já eliminada a faculdade de emissão concedida pela referida lei de 1875 para que, antes de tudo, se ponha termo ao mysterio que tem envolvido o movimento de nossa emissão e que tanto ha concorrido para a deploravel depressão monetaria a que temos chegado. Posta fóra de seus intuitos na applicação, esta lei tem criado uma verdadeira dictadura financeira, transformando em recurso quasi ordinario do Thesouro uma medida de natureza excepcional e provisoria. Reproduzidas em nossa legislação com caracter permanente, as medidas que ella consagra têm dado logar a abusos que se assignalam pela enorme massa de papel que dessa fonte tem vindo para a circulação. A sua conservação, portanto, no corpo de nossas leis será, pelo menos, a permanencia do estado de desconfiança, que só por si bastará para neutralisar os mais sinceros esforços no sentido do resgate.

No empenho de attenuar os funestos effeitos de um tal regimen, sem duvida aggravados pela falta de publicidade, resolveu o governo fazer publicar mensalmente o estado do movimento da emissão.

Por estes motivos o governo propõe, como medida complementar do seu plano, a suppressão do regimen creado pela lei de 29 de maio de 1875 e mantido por actos legislativos posteriores. As providencias de caracter excepcional ahi consignadas ficarão attendidas pelo modo que acima indiquei.

São estes os elementos que me parecem mais seguros para a valorisação do meio circulante. Considero tambem que este será o primeiro passo para o estabelecimento da circulação metallica e da fundação de bancos emissores de bilhetes convertiveis, problema que a Republica não póde nem deve deixar de resolver no mais breve espaço de tempo.

O excesso de papel-moeda de curso forçado, que representa o factor preponderante na nossa crise financeira, actua por sua vez como poderoso agente, na nossa crise economica. Vem dahi a elevação do preço do ouro e o consequente augmento dos preços dos objectos importados, fazendo subir consideravelmente o custo da producção de tudo quanto exportamos. Por outro lado, esse mesmo excesso de papel, gerando a falsa crença da superabundancia de capitaes, produziu a funestissima agitação febril, que penetrou no seio da propria lavoura e deu desenvolvimento demasiadamente rapido á producção do café, abrindo margens á especulação, com grande detrimento do seu preço de venda.

Nas industrias manufactoras a acção malefica daquelle agente tornou-se ainda mais sensivel. A mania das grandezas, engendrada por aquellas emissões, determinou a creação de emprezas industriaes de todas as especies imaginaveis. Não tardou muito, infelizmente, para que a realidade viesse apagar as illusões; e as liquidações bruscas e violentas, produzindo perdas consideraveis, concorreram para destruir grande parte da fortuna particular e publica, empobrecendo cada vez mais o paiz.

Para deter estes desastres foi-se procurar um recurso peior que o proprio mal : creou-se na tarifa aduaneira a taxa ultra-proteccionista para manter industrias completamente artificiaes, elevando-se por essa fórma o preço dos objectos com o sacrificio dos interesses de toda a população em proveito de alguns industriaes. Chegou-se, pela tarifa prohibitiva, ao monopolio de facto, em manifesta desvantagem dos productos agricolas. Isto quer dizer que nos achamos virtualmente desviados da boa direcção economica. E' tempo de tomar a verdadeira orientação e para isso o que nos cumpre é tratar de exportar tudo quanto pudermos produzir em melhores condições que os outros povos, e procurar importar o que elles possam produzir em melhores condições que nós.

Assim, a modificação da tarifa aduaneira para subordinal-a aos principios expostos, é ainda um ponto capital na politica financeira do governo.

Valorisando o nosso meio circulante e dando um regimen de estabilidade á nossa moeda, teremos aberto franca entrada aos capitaes estrangeiros, que aqui virão solicitar a collocação vantajosa que lhe proporcionam as nossas riquezas incomparaveis.

Mas, cumpre tambem cuidar da nossa receita e não perder de vista, jámais, o programma das economias necessarias.

A synopse do exercicio de 1898 demonstra a arrecadação de 307. 623: 291$672, que deve elevar-se a 351. 460: 318$060 com a addição de 43.837:026$388 de renda provavel dos balanços que deixaram de ser enviados ao Thesouro. Reunindo a esta somma a do semestre addicional, calculada pela de igual periodo do anno anterior, 11.401:015$932, teremos 362.861:333$992, que, comparada com a orçada pela lei do orçamento em 342.653:000$, apresenta um augmento de 20.208:333$992.

A despeza votada foi de 372.812:424$169, que ascende a 409.290:706$644 com o accrescimo de 36.478:282$475 dos creditos extraordinarios abertos no respectivo periodo.

Comparada a receita com a despeza, verifica-se um *deficit* de 46.429:372$652, que ficará bastante reduzido com as sobras das verbas

orçamentarias e dos proprios creditos, que se
verificarem na liquidação definitiva do exercicio.

Quanto ao anno corrente, pelos dados até
agora colhidos relativamente á arrecadação do
1º trimestre, attingiu ella a 77.025:309$000, o
que permitte avaliar em 308.101:236$000. Se
a esta somma se juntarem 11.401:015$932,
renda presumivel de semestre addicional, e
40.000:000$, differença proveniente dos 10%
em ouro dos impostos de importação, teremos
como renda provavel deste anno 359.502:251$932.

Deduzindo desta receita a despeza orçada
em 328.623:257$386, teremos um saldo de
30.878:994$546.

O calculo, porém, no que respeita á renda
é pessimista, pois que a diminuição de 11.000:000$
que se nota nas rendas aduaneiras do 1º trimestre
do corrente anno, em confronto com o de igual
periodo do anno passado, não é devido senão a
uma antecipação de importação, resultante do
imposto em ouro, como se verifica facilmente,
comparando a renda de dezembro de 1898 com
a de igual periodo de 1897 e notando que aquella
foi superior a esta exactamente de 11.000:000$.
Justifica-se, portanto, a previsão de uma melhor
arrecadacão nos trimestres subsequentes. Além
disso, o augmento das taxas dos impostos de
consumo já existentes e a creação de novas
taxas só começarão a dar resultados do 2º
trimestre em diante, estando já expedidos quasi
todos os regulamentos que a elles se referem.

E' de bom aviso, entretanto, lembrar que, recahindo sobre este exercicio a terça parte dos encargos do accôrdo de Londres, correspondente ao ultimo semestre do anno passado, e tendo de ser pago durante elle o resto do emprestimo de 2.000.000, de 1897, além do resgate, já realisado, da divida por bilhetes do Thesouro e no Banco da Republica de cerca de 32.000:000$, só no proximo anno poderemos gosar de todas as vantagens provenientes daquelle accôrdo. Lembrarei ainda que, em virtude delle, teremos de resgatar até o fim do anno corrente mais de 40.000:000$ de papel-moeda, estando resgatados até o presente 14.000:000$. Este resgate, porém, além de insufficiente, é feito á custa do augmento da nossa divida externa.

Isto indica a necessidade de reduzirmos os nossos compromissos internos em ouro para, senão neutralisar completamente, ao menos attenuar aquelle augmento. E' o que obteremos resgatando os emprestimos internos de 1868 e 1889, operação essa que exige somma superior a 50.000:000$000.

Como vêdes, tornam-se necessarios recursos de valor consideravel. Mas, sendo evidente que não podemos contar com o alargamento dos impostos, só nos resta appellar para reducções fortes nas despezas, uma vez que não bastam as que estão feitas. Os montepios, como devem ser constituidos, não precisam ser mantidos pelo Estado e nem haveria Thesouro capaz de supportar os pesados encargos que elles vão creando. Convém encarar este problema de frente e resolvel-o. As aposentadorias indevidas constituem outros encargos de que é preciso alliviar o Thesouro. Uma lei de revisão impõe-se como necessidade indeclinavel e como um dever dos poderes publicos.

Finalmente, se aperfeiçoarmos os nossos apparelhos de arrecadação, quer aduaneiros, quer internos, se supprimirmos alguns serviços inuteis, que ainda possuimos, se adiarmos outros, que não são urgentes, se restringirmos as despezas federaes exclusivamente a serviços federaes, se defendermos por meio de leis adequadas os direitos da União em relação a certos impostos quasi absorvidos pelos Estados, entre os quaes salienta-se o imposto do sello, poderemos esperar com confiança a nossa rehabilitação financeira.

No que respeita ao sello, é da maior urgencia uma lei que defina com precisão, dentro do pensamento constitucional, a competencia da União, oppondo efficaz resistencia ás invasões dos poderes estadoaes. Nos arts. 7° e 9° estatuiu a Constituição que, em regra, as taxas de sello só podem ser decretadas pelo poder federal e em beneficio do Thesouro Federal. Só por excepção e nos casos restrictamente especificados é que os poderes estadoaes podem decretal-as. Não obstante a clareza do texto, a desarrasoada predilecção pelos interesses locaes, que por todos os modos se manifesta, achou meios de chegar, atravez de persistentes abusos, á inversão completa dos termos do preceito constitucional, excluindo da regra a competencia da União, para collocal-a dentro dos restrictos limites da excepção e, vice-versa, tirando os Estados da excepção para dar-lhes as amplitudes da regra geral. Muito ha concorrido para isso a arguida obscuridade da lei de 10 de dezembro de 1896.

O certo é que o imposto do sello, que produziu em 1891 a renda de 10.400:118$073, em vez de apresentar, como geralmente acontece, um augmento progressivo nos exercicios subsequentes, tem, ao contrario, apresentado resultados muito inferiores. Isto quer dizer que o Thesouro Federal está sendo, todos os annos, desfalcado de uma consideravel porção das suas rendas, e que esta excepcional solicitude por parte dos orgams dos interesses locaes deve servir de estimulo á vigilancia daquelles, a quem cabe velar pelos negocios da União.

Urge que a União reivindique os seus direitos.

SENHORES MEMBROS DO CONGRESSO NACIONAL.

Estou convencido de que a solução da questão financeira depende menos das forças naturaes do paiz, do que do acerto das medidas que o poder publico tiver de adoptar.

A situação acha-se sufficientemente esclarecida em toda a sua intensa gravidade e ella propria

encarrega-se de indicar a necessidade de uma
acção energica, sem hesitações nem adiamentos, na qual as urgencias do Thesouro
Federal sejam resolutamente postas no ponto
culminante dos interesses nacionaes, como o
criterio superior de todas as deliberações.

Se em vossa alta sabedoria resolverdes
adoptar as providencias legislativas que ora
submetto ao vosso exame, além de outras, que
possam ser suggeridas pela vossa experiencia e
pelo vosso patriotismo, não hesitarei em assumir,
na execução, a responsabilidade do exito de
nossos communs esforços.

Uma conducta de firmeza e perseverança,
tendo em vista produzir e economisar, conduzirá
a Republica á conquista segura do supremo
ideal financeiro, nunca até hoje attingido — o
equilibrio orçamentario sem emissão nem emprestimo.

MENSAGEM

APRESENTADA NA

PRIMEIRA SESSÃO DA QUARTA LEGISLATURA

3 — MAIO — 1900

Senhores Membros do Congresso Nacional.

Em minha primeira mensagem occupei-me largamente, e com a maxima sinceridade, da exposição das normas e principios a que teria de subordinar a minha conducta no desempenho das funcções do alto cargo que me foi conferido pelo suffragio da Nação. Expostas as vistas geraes do governo, coube-me tambem pedir-vos, na conformidade do preceito constitucional, as providencias legislativas que me pareciam mais urgentemente reclamadas pelas necessidades da administração da Republica.

Venho hoje dar-vos conta do modo por que interpretei o vosso pensamento na applicação das medidas que me foram concedidas, com superior patriotismo, pela vossa alta sabedoria.

Continuam em pé de boa amisade as nossas relações com as potencias estrangeiras. <small>Relações Exteriores</small>

Assignalo, com a mais viva satisfação, o grato acontecimento da visita, que me fez no mez de agosto ultimo, o Exm. Sr. General Julio Roca, Presidente da Republica Argentina. Foi a primeira vez que coube ao Brasil a honra de receber um chefe de Estado.

M. 7

O governo, correspondendo ao sentimento nacional e aos seus proprios desejos, procurou demonstrar, em respeitosas e significativas homenagens, quanto era profundo o seu reconhecimento a esse acto de cortezia e estima por parte do supremo magistrado da nobre nação amiga e visinha. O povo brasileiro, por sua vez, associando-se com rara espontaneidade ás manifestações officiaes, achou occasião de mostrar, nas calorosas expansões do seu justo jubilo, toda a sinceridade dos sentimentos que o ligam ao povo argentino.

Foi assim que os inolvidaveis dias da permanencia do illustre presidente da Republica Argentina na capital da Republica Brasileira poderam assumir o significativo caracter de verdadeiros dias de festa nacional, affectuosa consagração da tradicional cordialidade, que domina nas relações dos dois povos.

Abrindo espaço ao desenvolvimento da alliança moral, a que intencionalmente alludiu o illustre Sr. General Roca, este memoravel acontecimento exercerá, por certo, benefica e extensa influencia nos destinos de uma larga politica de solidariedade americana, como aconselham os grandes interesses e as legitimas aspirações do nosso continente.

Utilisando-me da licença que me concedestes, espero retribuir em breve a honrosa visita, retribuição que não pôde ser feita com a devida pontualidade, porque as exigencias da publica administração não me permittiram ainda ausentar-me do paiz.

A questão dos nossos limites com a Guyana Franceza foi, como sabeis, submettida de commum accôrdo á decisão do governo da Confederação Suissa. Para defender perante elle o direito do Brasil está acreditado como Enviado Extraordinario e Ministro Plenipotenciario em Missão Especial o bacharel José Maria da Silva Paranhos do Rio Branco, antes com justa razão escolhido para organisar os elementos indispensaveis a esta nova e importante tarefa. Digo — com justa razão — porque para ella estava naturalmente indicado pelo relevante serviço prestado em Washington em assumpto semelhante. De conformidade com o seu compromisso, já ambas as partes apresentaram ao Arbitro as respectivas memorias.

Nas do Brasil está o seu direito exposto e provado com tanta clareza, que confiadamente aguardo favoravel decisão.

Pelo protocollo de 10 de abril de 1897, data em que se assignou o compromisso de arbitramento, convieram o Brasil e a França em preparar os elementos necessarios para que, proferida a sentença arbitral, se proceda á demarcação da fronteira sem demora e de conformidade com essa sentença; e para isso organizaram uma commissão mixta destinada a explorar os rios que possam interessar á questão.

Já se começou a exploração. Com prazer com-
memoro aqui o valioso concurso que a commissão brasileira tem recebido do Dr. Paes de
Carvalho, governador do Estado do Pará.

A questão dos limites com a Guyana Ingleza tão importante como a dos limites com a
Franceza, tem sido objecto de constante attenção. O Sr. Souza Corrêa, nosso Ministro em
Londres, cujo fallecimento todos deploram, estava encarregado de negociar e concluir com o
governo britannico um compromisso de arbitramento, cuja idéa, suggerida por esse governo, tinha sido acceita sem hesitação. Foi necessario nomear novo plenipotenciario e a minha
escolha recahiu na pessoa do bacharel Joaquim
Aurelio Nabuco de Araujo, que estava incumbido de preparar a defesa do nosso direito.
Dei-lhe, como Enviado Extraordinario e Mi
nistro Plenipotenciario em Missão Especial, os
poderes necessarios para todos os actos relativos á questão pendente e elle ha de corresponder, estou certo, a essa prova de merecida
confiança.
A Legação em Londres é regida por ora
pelo respectivo 1º secretario, na qualidade de
Encarregado de Negocios.

Venezuela e a Grã-Bretanha submetteram a
sua questão de limites a um Tribunal Arbitral
que se reuniu em Paris. Julguei conveniente re-

salvar perante elle os direitos do Brasil que pudessem ser envolvidos nas pretenções das duas partes litigantes. Para isso foi o nosso Ministro naquella capital incumbido de dirigir-se ao Presidente do dito Tribunal. Elle o fez em nota de 25 de julho do anno proximo passado.

O Tribunal proferiu a sua sentença, em 3 de outubro, e nella fez a seguinte declaração:

« Ficando entendido que a linha determinada por este Tribunal reserva e não prejudica qualquer questão actualmente existente ou que venha a existir entre o governo de Sua Magestade Britannica e a Republica do Brasil, ou entre esta ultima Republica e os Estados Unidos de Venezuela. »

Apezar dessa declaração, que me pareceu e é insufficiente, resolvi protestar contra a sentença, em circular dirigida pelo Ministerio das Relações Exteriores ás legações brasileiras e por estas communicada, como cumpria, aos governos junto aos quaes mantemos representação diplomatica.

Por meio de um protocollo, aqui assignado em 30 de outubro do anno proximo findo, está resolvida a divergencia que havia entre o Brasil e a Bolivia, relativamente á nascente do Javary.

A latitude dessa nascente foi determinada em 1874 pela commissão mixta que concluiu a demarcação dos limites entre o Brasil e o Perú. Para poupar tempo e despeza — ao menos foi esse o pensamento do governo brasileiro, quando, em 1895, se tratou de demarcar a linha divisoria entre o Madeira e o Javary — adoptou-se a operação feita por aquella commissão; mas, levantando-se duvida sobre a exactidão da latitude achada, pareceu necessario verificar se realmente tinha havido engano. O governo da Bolivia não se prestou a essa verificação, por entender que a latitude de 1874 estava adoptada definitivamente e que della devia partir a raia para o Madeira. Fez-se a verificação, sem o seu concurso, e achou-se differença que causa ao Estado do Amazonas a perda de 242 leguas quadradas.

Ajustou-se no referido protocollo que se organizaria uma commissão mixta para verificar a verdadeira posição da nascente ou da principal nascente do Javary e para demarcar a fronteira, partindo da latitude que se achar. Até a conclusão desse trabalho fica adoptada como limite provisorio a linha tirada do Madeira á latitude determinada pelo commissario brasileiro que procedeu sem o concurso da outra parte. A commissão brasileira está nomeada e unir-se-ha á boliviana logo que o Congresso Nacional votar o necessario credito.

O governo boliviano estabeleceu, como sabeis, uma alfandega sobre o rio Acre ou Aquiry, no logar chamado Puerto Alonso. Segundo estudos a que procedeu, o engenheiro que se encarregou desse trabalho julga que essa alfan-

dega está em territorio boliviano; mas como se
tem pretendido o contrario, ajustou-se no men-
cionado protocollo que ella fique onde se acha,
até ser concluida a demarcação da fronteira na
parte respectiva, sendo então removida, no caso
de se reconhecer que occupa territorio . brasileiro.

Assim ficam amigavelmente resolvidas duas
difficuldades que pareciam invenciveis. Havia,
porém, outra que felizmente cessou : refiro-me
á fundação do pretenso Estado Independente do
Acre.

O territorio cortado por esse rio e por outros que vêm da Bolivia é habitado quasi exclusivamente por brasileiros, que se empregam
na exploração dos seringaes. Nesta circumstancia e no presupposto de pertencer elle ao
Brasil até ao parallelo de 10° 20' Sul, buscaram
os revolucionarios pretexto para o seu procedimento.

Os revolucionarios, porém, já depuzeram as
armas, deixando de existir o pretenso Estado
Independente; está estabelecida a alfandega em
Puerto Alonso e já ahi se acha o Consul Brasileiro; mas o governo da Bolivia não tem naquella região, nem em outra parte do territorio,
força que faça respeitar a sua soberania e as
suas autoridades.

O tratado de amisade, commercio e navegação, concluido em 1883 com o Paraguay, foi

denunciado pelo seu governo e cessou em setembro de 1898. Para negociar outro tratado, o governo paraguayo enviou a esta capital um Ministro Plenipotenciario, que propoz a renovação do primeiro com addições e novos artigos. A estipulação mais importante para o Paraguay era a do livre cambio entre elle e o Estado de Matto-Grosso, o que não convinha ao Brasil. A exportação daquelle Estado para a Republica visinha consiste quasi exclusivamente em gado ; não haveria, pois, reciprocidade e a União ficaria privada de parte da sua renda. O Paraguay gosou das vantagens do livre cambio durante mais de 26 annos, sem que melhorassem as condições do Estado de Matto-Grosso. Por estas razões adiou-se a negociação, declarando-se ao mesmo tempo que o governo brasileiro applicará a taxa minima aos productos do solo e da industria do Paraguay, importados directamente pelo Estado de Matto-Grosso, se o governo paraguayo corresponder a essa prova de boa vontade no tratamento dos productos do solo e da industria daquelle Estado, exportados directamente para o seu paiz.

O regimen da tarifa dupla, autorisado pelo Congresso Nacional, originou a negociação de ajustes commerciaes com a França e a Italia.

A' França pediu o governo brasileiro a reducção de 30 por cento nos direitos a que actualmente está sujeito o café brasileiro, isto é, 156 francos por 100 kilogrammas. O governo francez offereceu successivamente a de 10, 14 e 15 francos. A sua offerta não foi acceita e as negociações não têm progredido.

Tambem pedimos á Italia a reducção de 30 por cento e ella offerece reduzir os direitos de 150 a 120 liras, com alguns favores que não compensam a differença entre o pedido e o cóncedido. Apenas me refiro ao ponto principal. Estão em andamento as negociações.

Com a Hespanha ha apenas troca de informações.

Tambem com a Legação dos Estados Unidos da America se tem tratado de ajuste commercial, mas a negociação ainda não tem caracter definido.

Nesta Capital como nos Estados a ordem publica manteve-se sem alteração, não obstante o plano de uma conspiração aqui descoberto e que tinha por fim attentar contra o regimen republicano. Esta occurrencia, porém, longe de produzir desassocego e inquietação no espirito publico, trouxe, ao contrario, na sua propria inanidade, mais uma prova irrefragavel da indestructivel solidez e da absoluta estabilidade das institu:ções.

Negocios Interiores
Ordem Publica

O poder publico não sentiu, sequer, a necessidade de fazer uso dos meios extraordinarios, que a lei faculta, dada a imminencia de uma séria perturbação da ordem publica.

Apezar da gravidade do facto, em sua natureza, elle não sahiu dos dominios communs da policia, senão para ser entregue, com os esclarementos colhidos no respectivo inquerito, á competencia da Justiça Federal, onde o processo vai seguindo o seu curso.

A actividade publica ou particular não soffreu, em qualquer das suas espheras, a mais ligeira interrupção ; e já agora o paiz inteiro aguarda com a mais serena confiança a efficacia da acção normal da Justiça. Isto quer dizer que, atravez das difficuldades por que temos passado, já chegámos ao estado tranquillisador, em que os apparelhos mais energicos de governo, destinados á acção rigorosamente decisiva das occasiões extremas, podem felizmente repousar, por isso mesmo que, nestes momentos de calma e de confiança, a guarda dos direitos da sociedade é funcção exclusiva de outro orgam do poder publico.

Legislação Eleitoral   Na mensagem de 3 de maio do anno passado referi-me aos defeitos gravissimos da vigente legislação eleitoral, defeitos indicados pela experiencia e que devem ser eliminados quanto antes a bem do prestigio moral do suffragio.

A imminencia da eleição federal tornava menos opportuna a discussão de um assumpto, que precisa antes de tudo ser examinado de um ponto de vista geral e superior aos interesses subalternos que se contêm nas restricções dos casos particulares. Bem inspirado andou, pois, o Congresso deixando de examinar na ultima sessão os caracteres de uma reforma de tanta relevancia, como esta, que reclama da parte do legislador a mais absoluta isenção de animo, ao lado de um grande sentimento de tolerancia partidaria e de liberalismo politico.

Ao demais, cada eleição que corre é uma nova propaganda pela reforma.

Cumpre dar execução sincera e leal ao sabio preceito constitucional, que manda garantir. a representação da minoria. E' minha convicção inabalavel que, quando essa clausula fôr traduzida em realidade, estarão, desde esse momento, definitivamente banidos dos comicios eleitoraes os excessos da violencia, que perturba, ou os ardis da fraude, que escandalisa, manifestações mais ou menos attenuadas pelo desalento, em que se encontram aquelles que julgam nada poder esperar dos processos regulares.

O inicio desta legislatura abre auspiciosa opportunidade para a urgente reforma.

A policia do Districto Federal, com os elementos deficientes de que dispõe, não póde corresponder de modo completo a todas as necessidades da missão que lhe incumbe, ainda que, na Brigada Policial, o espirito de boa disciplina dos commandados e os louvaveis esforços do digno commandante e seus auxiliares tenham concorrido em. grande parte para supprir essa

Policia

deficiencia. Nunca será demais encarecer os serviços que a mesma brigada tem prestado.

E' evidente, porém, que a grande população da Capital da Republica, disseminada por uma superficie territorial tão extensa, reclama recursos de policiamento muito mais consideraveis. Não ha vigilancia nem solicitude que baste, ante tal escassez de meios, para assegurar a efficacia da acção preventiva da policia, sem duvida a mais salutar, em todos os logares e em todos os momentos em que ella possa ser solicitada.

Cumpre, portanto, dar maior desenvolvimento aos recursos de que dispõe a policia, ao mesmo tempo que uma organisação mais de accôrdo com a natureza de suas funcções venha apparelhal-a para satisfazer ás multiplas exigencias da sua importante missão.

Saude Publica   Em relação á saude publica, o anno de 1899 ficou tristemente memoravel. Em data de 14 de agosto recebeu o governo, da Legação em Lisboa, aviso telegraphico de se haver manifestado a epidemia da peste na cidade do Porto. As relações do Brasil com Portugal, tanto no ponto de vista do commercio, como no do movimento de passageiros, produziram no animo publico o fundado receio de que o nosso paiz viesse a ser contaminado.

Conscio das suas responsabilidades, apressou-se o governo em pôr em pratica todas as medidas de prophylaxia maritima que a gravidade do momento reclamavà, aproveitando-se mesmo da faculdade que lhe offerecia o art. 64 do regulamento sanitario, para adoptar providencias de rigor excepcional.

A 21 de setembro foi confirmada a noticia do apparecimento de casos de peste em Assumpção. A necessidade de defesa das fronteiras de Matto-Grosso e do Paraná impunha-se, e, mediante requisição dos governos desses Estados, resolvi intervir nos actos da administração sanitaria local, para o fim exclusivo da mesma defesa.

Infelizmente a existencia da peste no Porto fôra tardiamente notificada ; de modo que, no periodo de cerca de dois mezes, que decorreu entre a época em que se produziram os primeiros casos e aquella em que a molestia foi reconhecida e diagnosticada, muitas embarcações procedentes de Leixões tiveram livre entrada.

E assim, a 19 de outubro era annunciada a contaminação da cidade de Santos. Não precisarei referir a dolorosissima impressão que tamanho infortunio produziu no espirito publico. A urgencia de medidas adequadas á circumscripção da epidemia na cidade invadida era patente, e, por isto, decidiu o governo isolar o porto de Santos, fechando-o aos navios procedentes dos outros portos da Republica. Não seria prudente outra resolução naquelle instante.

A falta de meios sufficientes para a defesa dos Estados e o pavor gerado pela divulgação da occurrencia, tornaram indispensavel o emprego de uma medida radical.

O governo de S. Paulo — ao qual, em nome da Nação, protesto agora o mais vivo reconhecimento pelos esforços extraordinarios que empregou para extinguir a molestia no fóco inicial, beneficiando assim o paiz inteiro e merecendo os melhores applausos dos brasileiros —, nenhum sacrificio poupou, quer para debellar a epidemia em Santos, e posteriormente na capital do Estado, quer para harmonisar os processos de expurgo e da administração de hygiene com as vistas e desejos do governo federal.

Apezar das precauções tomadas para resguardar esta Capital da infecção imminente, foi aqui verificado um caso de peste, no dia 8 de janeiro. O governo entendeu acertado intervir no serviço de hygiene municipal, e, ouvido o Prefeito do Districto, o fez por decreto de 13 daquelle mez, subordinando os respectivos funccionarios, temporariamente, á autoridade da Directoria Geral de Saude Publica.

Tivemos a felicidade de impedir a diffusão da molestia, assim reduzida áquelle caso isolado, e a 27 de janeiro foi declarada limpa a cidade do Rio de Janeiro.

Comquanto nessa época a epidemia já estivesse realmente extincta na cidade de Santos, a de S. Paulo podia ainda ser reputada suspeita, e por isso, só a 10 de fevereiro foi expedido o acto declaratorio de completo expurgo do territorio nacional.

Posteriormente, em abril, verificaram-se novos casos; mas, graças á efficacia das providencias promptamente tomadas, foi de novo extincto o mal na sua origem.

O governo está convencido de haver cumprido o seu dever durante o periodo de afflicções que a contaminação do paiz produziu; e, como as decisões officiaes tiveram então a mais larga publicidade, prescindo de expôr minuciosamente os pormenores da administração sanitaria, con signados aliás no relatorio do Sr. Ministro da Justiça e Negocios Interiores.

Devo, entretanto, solicitar a vossa attenção para a urgente necessidade de dotar a Repartição de Saude Publica com recursos de acção mais amplos e efficazes, principalmente nos Estados, bem como para a conveniencia de serem definidas as condições em que, dado o caso de calamidade publica, a intervenção do governo federal nos actos da administração estadoal se poderá realisar.

A administração da justiça local solicita ainda a decretação de medidas complementares, que deverão fazer parte da lei de reorganisação judiciaria, já em elaboração no Congresso Federal.

Justiça

Em mensagem especial, que vos dirigi na sessão passada, a 2 de setembro, coube-me dar-vos conhecimento da exposição do Sr. Ministro da Justiça, na qual foram lançados os principaes lineamentos da reforma. Nesse documento, assim como no recente relatorio daquelle ministerio, encontrareis, claramente exposto, o pensamento do governo relativamente a este palpitante objecto, que, certamente, occupará a vossa solicitude no curso da presente sessão legislativa.

Codigo civil

Na minha anterior mensagem tive occasião de manifestar-vos o particular empenho do governo em satisfazer á necessidade, geralmente reconhecida e urgentemente reclamada, da decretação do codigo civil, accentuada e velha aspiração da sociedade brasileira. E'-me grato póder annunciar-vos hoje que o projecto está concluido e foi submettido ao estudo de uma commissão especial de jurisconsúltos. Nutro a esperança de sujeital-o em breve ao vosso esclarecido exame.

Codigo do processo civil

Está tambem em elaboração o projecto do codigo do processo civil, que opportunamente será levado á vossa presença.

Exercito

A reducção do effectivo do Exercito, tornada uma realidade no exercicio que findou, foi rigorosamente subordinada ao limite da dotação orçamentaria, como convinha aos altos interesses do Thesouro Federal.

A consequencia da manutenção desta medida, imposta pela situação economica do paiz, tem sido o desaccôrdo que se nota entre o estado completo dos differentes corpos, segundo o quadro actual da organização da força armada de terra, e o que é possivel conservar-se em proporção ao numero de praças legalmente autorisado.

Do facto, aliás, não têm provindo outros embaraços que não sejam os da conservação de todos os serviços inherentes ao estado militar, com a mesma regularidade e presteza das épochas anteriores, e a impossibilidade de ministrar á tropa, sem interrupções, a pratica que lhe é tão necessaria para o aperfeiçoamento gradual e continuo da instrucção e disciplina.

Os acontecimentos, tanto quanto é dado logicamente prevel-os, não indicam a necessidade de alterar o que está estabelecido, uma vez que a tranquillidade no interior é garantida pela indole pacifica dos brasileiros, neste momento entregues ao desenvolvimento das forças productoras da Nação, e a paz externa é a resultante do bom estado das nossas relações internacionaes.

Se, pois, o conjuncto de circumstancias, que podem motivar uma onerosa somma de sacrificios ao erario publico e o pesado imposto do serviço das armas a grande parte da população,

M. 8

offereçem favoravel ensejo para nos alliviarmos
de um e outro tributo, deveremos conservar
este nucleo numericamente reduzido, tornan-
do-o porém, forte e poderoso pelo aperfeiçoamento d 's elementos constitutivos de seu valor.

Estes elementos, considerados de um modo
generico, comprehendem os que procedem da
solida e completa instrucção, ministrada nos institutos officiaes de ensino; da pratica adquirida nos frequentes e methodicos exercicios
com as pequenas e grandes unidades de combate, desde a simples escola de batalhão ás
complicadas evoluções nos grandes campos de
manobras; dos conhecimentos alcançados nas
linhas e polygonos de tiro; do estabelecimento
de uma organização militar consoante aos mais
modernos principios da sciencia da guerra; e,
finalmente, da acquisição dos mais aperfeiçoados
armamentos, munições, artificios e material exigidos para o serviço de campanha, prepa-
rados e preferidos pelas potencias que conser-
vam a supremacia nos assumptos deste genero.

Para attender aos diversos aspectos sob que
se apresenta o problema da remodelação or-
ganica do Exercito, tem o governo procurado
agir de modo systematico, afim de que sua acção
seja efficaz, e os resultados correspondam ás
normas de uma boa administração.

Das importantes modificações por que tem
de passar a nossa instituição militar, de harmonia com estas ideias, uma já teve sua con_

sagração pratica na reforma decretada pela lei n. 403, de 24 de outubro de 1896, relativamente á creação do estado maior do Exercito; — a outra já por vós autorisada, poderá ainda este anno tornar-se effectiva. Com effeito, acham-se sufficientemente adiantados os trabalhos referentes á reorganização do Exercito, elaborando-se o projecto que terá de ser em breve submettido ao vosso juizo.

A instrucção do Exercito merece do governo a mais solicita attenção. O regulamento para os institutos militares de ensino, que tive o ensejo de submetter á vossa consideração com a mensagem de 17 de julho do anno findo, convém ser examinado na presente sessão legislativa, pois que traduz o empenho que tem o governo de seguir sem vacillações o programma traçado para a reorganisação e aperfeiçoamento do nosso Exercito. Não bastam, entretanto, estas reformas, embora de grande alcance, para que possamos julgar resolvidas as principaes difficuldades do assumpto. E' mister examinar detidamente a questão do alistamento.

Já tive occasião de salientar perante vós a urgente e indeclinavel necessidade da adopção de um codigo penal militar na altura das exigencias do moderno serviço das armas e a conveniencia de modificar a respectiva legislação processual. Sem uma equitativa distribuição da

justiça em todas as suas manifestações, não se
mantêm e fortalecem efficazmente os laços se-
veros da disciplina, cuja existencia é principio
fundamental dos exercitos bem constituidos.

Apezar de bastante adiantados os estudos
para a concentração das forças em uma só lo-
calidade de cada districto militar, medida de
que, com fundadas previsões, resultarão excepcionaes vantagens de ordem administrativa e
economica, ainda não foi possivel executal-a
praticamente. Emprehendimento de tamanha
magnitude, para ser judiciosamente levado a
effeito sem occasionar perturbações, carece que
o tempo exerça sobre elle a sua acção preponderante, já que o estado economico-financeiro
do paiz é obstaculo insuperavel á sua immediata realisação. Com perseverança e tenacidade é de presumir que possamos em época
proxima resolver esta importante questão.

A defesa nacional é assumpto de minha
particular preoccupação.

Comprehendendo a necessidade e importancia de dotar os nossos portos com os mais
modernos e aperfeiçoados meios de defesa,
tem o governo procurado impulsionar as obras
em execução e determinar outras, tanto quanto
permittem os recursos orçamentarios. Assim é
que se está construindo uma bateria mascarada
na fortaleza de S. João, procede-se a estudo
para defender Belém e Obidos, no Estado do
Pará, acham-se quasi concluidas as obras de

construcção da importante fortaleza de Imbuhy,
e muito adiantadas as da Lage.

Comquanto estes dois formidaveis elementos
de defesa sejam por si só poderosissimos obstaculos a um ataque naval a esta Capital, considerações estrategicas reclamam tambem a construcção de identico forte na ponta da Copacabana e a terminação do de Imbetiba, afim de
completar o systema projectado, sendo que os
planos e orçamentos daquelle, já organisados
e approvados, aguardam, apenas, a opportunidade para a execução.

A par da defesa de nosso littoral, não tem
sido esquecido que a força armada, para prestar
proficuamente os serviços que lhe são exigidos
nos momentos difficeis, deve estar provida do
conjuncto de elementos que lhe permittam agir
intelligente e prestamente. Entre outros, os indispensaveis á mobilisação e aos multiplos e
complicados trabalhos que se apresentam nas
campanhas de hoje, mereceram cuidados especiaes, providenciando-se sobre a acquisição do
material de transporte e do serviço sanitario e
estudando-se o systema preferivel de apparelhos
electricos apropriados á rapida correspondencia
e transmissão do pensamento a grandes dis-
tancias.

O problema da reorganização da esquadra,   Marinha
que se contêm no transcendente problema da
defesa e da integridade da Patria, tem sido e

jámais deixará de ser objecto de cuidadoso estudo por parte dos altos poderes da Republica. A sua solução radical, dadas as condicções do paiz, não poderá deixar de ser lenta, mas, ha de vir a seu tempo.

Do confronto das condicções actuaes com as do anno passado, na data de minha primeira mensagem, verifica-se um progresso sensivel nos melhoramentos que vai recebendo a nossa esquadra, já agora de animador aspecto no conjuncto geral dos elementos de actividade, de que dispõe.

Proseguem com assiduidade os trabalhos de reparação, de que ainda carecem alguns navios, e até o fim do anno corrente, com os que já se acham promptos, teremos em condições de entrar em serviço: — no porto desta capital 20 navios, além dos tres de instrucção e de tres torpedeiras; — na flotilha do Amazonas, cinco; — na do Rio Grande do Sul, dois; — na de Matto Grosso, tres; — na do Alto Uruguay, dois.

Desde já, porém, o governo está habilitado a fazer sahir, a qualquer hora, do porto da Capital da Republica, uma esquadra composta de unidades modernas de combate.

Instrucção profissional   Proporcionar os meios para que a instrucção profissional dos nossos officiaes e marinheiros encontre os necessarios factores de desenvolvimento, é medida que considero de grande relevancia e indispensavel ao desempenho cabal da ardua e nobillissima tarefa da Marinha de guerra.

São valiosos ensinamentos para as nações maritimas os ultimos acontecimentos que, no findar do seculo, vieram demonstrar a influencia do poder naval, decidindo rapidamente da sorte das nações.

A revisão do quadro dos officiaes da Armada, com o intuito de fazer desapparecer os que se acham aggregados, é indispensavel para que os 1ᵒˢ tenentes não encontrem obstaculos ás suas justas aspirações, sendo promovidos e, portanto, libertos da reforma compulsoria, inadmissivel para aquelles de quem a Patria póde ainda esperar relevantes serviços, e que se recommendam pela aptidão adquirida com grande labor nos primeiros annos da carreira militar. *Revisão do quadro*

Reclama a attenção do governo o estado em que se acham as capitanias de portos, desprovidas em geral de material fluctuante e de pessoal para a fiscalisação de interesses que affectam muito de perto a Fazenda Nacional. As scenas passadas aqui no porto do Rio de Janeiro, em occasião de naufragios, bastam para mostrar a necessidade urgente de ser reorganisado o serviço de — Soccorro Naval — que poderá ser auxiliado por uma taxa destinada especialmente para esse fim e calculada pela *Capitanias de portos* tonelagem dos navios de commercio, *ad instar* do que se pratica com os pharóes.

Viação
Estradas de Ferro

Proseguindo na execução do programma traçado — de transferir a emprezas particulares a gestão das estradas de ferro de propriedade da União — o governo arrendou, em concurrencia publica, a *Estrada de Ferro de S. Francisco*, na Bahia, e promove o arrendamento da *Estrada de Ferro Sul de Pernambuco* e da *Paulo Affonso*, para as quaes não foram apresentadas propostas acceitaveis.

A *Estrada de Ferro Central do Brasil* não foi, por emquanto, objecto de nenhuma operação.

Começam a produzir os seus beneficos effeitos os melhoramentos realisados neste importante proprio nacional, no decurso destes ultimos annos, com pesado sacrificio para os cofres publicos. No estado de franca prosperidade em que elle se acha, é evidente que, cessando progressivamente as despezas extraordinarias, na maior parte reclamadas por obras novas ou reconstrucções, deixa de ser um encargo para o Thesouro e passa a tomar posição entre as diversas fontes da renda publica.

Já no ultimo anno as despezas de custeio ficaram limitadas á cifra de 27.584:094$175, ao passo que a receita foi — 32.527:860$715.

A reducção de tarifas para os cereaes e outros productos da pequena lavoura, deliberada pelo governo, no intuito de favorecer e animar a producção, deu o resultado esperado, fazendo desenvolver o plantio nas zonas servidas pela estrada e trazendo a abundancia e a barateza desses generos aos mercados de consumo.

Tambem o café foi beneficiado com uma reducção de 10 por cento nas tarifas, auxilio esse indispensavel no periodo critico em que se achou a lavoura. Seria para desejar que as emprezas particulares, sobretudo as que só podem prosperar com a prosperidade da agricultura procurassem fazer concessões identicas em suas tarifas.

Só por falsa comprehensão dos phenomenos que affectam á economia geral se póde attribuir exclusivamente ao poder publico o dever de crear compensações para as actividades productoras na sua phase de crises perigosas. A's industrias particulares, que dellas vivem, cumpre igualmente não as deixar perecer ao desalento e á falta de compensadora remuneração.

De conformidade com as autorisações legislativas foram reformados os contractos das companhias de gaz e de esgotos da Capital Federal, tendo em vista o desenvolvimento desses serviços, que não podem ficar estacionarios em uma cidade cujo crescimento é continuo.

O serviço de abastecimento de agua, a cargo do Estado, precisa igualmente de algum

Agua, esgoto e gaz

desenvolvimento em ordem a ir preparando o futuro em uma questão vital, como é esta.

Minas

E' urgentemente reclamada uma lei que regule de modo claro e preciso as relações de direito sobre as minas, na conformidade do que preceitua o art. 72 § 17 da Constituição. Essa providencia concorrerá, certamente, para facilitar o desenvolvimento da mineração, que, sem duvida, entre os obstaculos á sua expansão, encontra o que resulta das incertezas juridicas, difficultando o concurso do capital.

Finanças

A gestão economico-financeira do regimen decahido não foi de molde a favorecer a expansão da riqueza nacional na medida correspondente ao densenvolvimento progressivo da despeza publica, nem tão pouco a fazer conter esta nos limites da receita. Dahi a instituição do *deficit* permanente.

Para combater o desequilibrio e dominar as crises, não encontrava a administração publica senão os processos empiricos, que se circumscreviam a dois unicos recursos — o emprestimo e a emissão.

Os emprestimos successivos, que acarretavam ao Thesouro novos encargos, aggravando o proprio *deficit* de anno para anno, iam produzindo lentamente, mas em progressão continua, os seus naturaes effeitos — a ruina das finanças e a debilitação do credito.

Por outro lado, a emissão, prestando o seu fatal concurso a esta obra de decadencia e lançada, as mais das vezes, fóra das exigencias naturaes da fortuna publica, perturbava o organismo economico da Nação, desvalorisando o meio circulante.

Foi por este caminho, aberto pela imprevidencia e trilhado com a cegueira da mais comdemnavel obstinação, que o governo brasileiro chegou á contingencia de celebrar, em Londres, o accôrdo de 15 de junho de 1898, fructo inevitavel da politica financeira daquelles mesmos que hoje o condemnam com maior vehemencia.

Tendo de iniciar o meu governo debaixo da influencia oppressiva desta situação, sem duvida grave e anormal, não hesitei em assignalar como suprema preoccupação minha, pois que tal devêra ser tambem a aspiração nacional, o prompto levantamento do credito brasileiro, que assim viera a receber tão rude golpe, preparado de longe por essa paciente e descuidosa accumulação de erros.

Entretanto, collocado em presença desta ordem de cousas, pareceu-me clara e palpitante a necessidade de uma orientação financeira inteiramente desligada daquellas tradicções. Cortar despezas e promover o desenvolvimento da renda — eis a unica vereda indicada pelo bom senso e pelo patriotismo, sobretudo quando as imperiosas exigencias da situação não permittiam esperar a acção tardia de processos menos energicos.

Mas, extirpar abusos e estabelecer as boas praticas, eliminar a confusão e fundar o methodo, encerrar a phase dos adiamentos e iniciar o periodo das soluções, ferir interesses que se julgavam legitimados pela acção tolerante do tempo, pedir ao contribuinte as sommas que o credito já não podia fornecer, resgatar em vez de emittir, solver velhos compromissos sem contrahir outros, finalmente, realisar uma vasta obra de reparação, é de certo empreza demasiadamente custosa, que governo algum jámais conseguirá levar a cabo, sem primeiro ter de vencer as pertinazes resistencias dos interesses contrariados.

O certo é que não têm sido improficuos os esforços empregados.

Posso annunciar, com verdadeiro contentamento, que a administração da Republica entra agora em uma phase francamente auspiciosa, graças á collaboração do Congresso Nacional, que tem prestado, com patriotica firmeza e orientação segura, o seu indispensavel concurso para o desenvolvimento de uma politica financeira, amoldada ás exigencias excepcionaes da situação.

A solidariedade dos esforços, a conformidade de vistas, a unidade de acção dos dois poderes têm sido e espero que continuarão a ser a origem fecunda de largos beneficios, que

bem cedo farão sentir o reflexo de sua acção reparadora em todas as regiões da vida nacional.

O governo aguarda confiante a approximação da data de 1º de julho de 1901, termo
do prazo fixado para a volta aos pagamentos
em moeda.

E'-me grato poder assegurar-vos, não mais
ante a simples perspectiva de lisongeiras pre-
sumpções, mas em presença da garantia positiva
dos meios accumulados, que o Thesouro se
encontrará solidamente preparado para corresponder de prompto a todas as exigencias do
vencimento, voltando ao regimen de indefectivel
pontualidade.

Para isto não será preciso pedir mais sacrificios nem submetter o credito publico a
novas provas. O que cumpre agora é perse-
verar na pratica de rigorosas economias, dar
estabilidade ao regimen fiscal estabelecido e
imprimir a todas as espheras da administração
esse caracter de permanencia e de continuidade, que assignalam as situações definitivas e
preparam a realisação das grandes obras de
governo.

A diminuição evidente da intensidade da
crise financeira e economica indica, de modo
incontestavel, o acerto do ponto de vista em
que os poderes publicos encararam a questão
e a excellencia das medidas postas em pratica
para debellal-as.

A valorisação do meio circulante, traduzida pela elevação lenta, mas segura, e sobretudo pela fixidez relativa do cambio, indica claramente que o resgate do papel-moeda, realisado não só pelas verbas destinadas a satisfazer os compromissos do contracto do *funding-loan*, mas ainda pelas obras provenientes das economias nas despezas publicas, está produzindo os effeitos que delles se esperavam e se deviam esperar.

A quantidade de papel moeda, que em agosto de 1898 elevara-se á enorme cifra de 788.364:614$500, estava reduzida em 31 de março findo a 716.705:618$, havendo-se, pois, resgatado até esta data a quantia de 71.658:996$500; sendo 55.000:000$ por conta do accôrdo do *funding-loan* e 16.658:996$500 por conta de debitos do Banco da Republica e desconto de notas.

Realisada com toda a prudencia e cautela, a reducção na circulação se fez sem perturbações prejudiciaes e, ao contrario, com vantagens reaes e positivas.

O resgate deve ser este anno mais amplo, em virtude dos recursos creados pela lei que estabeleceu um fundo especial para esse fim.

A lei já em execução, estabelecendo um fundo de garantia para o papel-moeda, vem, sem duvida, desenvolver a acção do resgate na valorisação do meio circulante e a que extingue a faculdade emissora creada pela de 1875 vem dar estabilidade áquella valorisação e confiança na permanencia de seus resultados.

Mas a massa de papel-moeda não é o unico factor da taxa cambial: o valor da nossa exportação é outro e não menos importante; dahi a influencia notavel que a crise economica exercia sobre a crise financeira.

A elevação do preço do nosso principal producto de exportação veiu por isso combinar a sua acção com a do resgate na valorisação da nossa moeda.

Os resultados obtidos neste ponto demonstram quanto foi acertada a politica economica do governo, tão mal comprehendida e por isso tão censurada a principio. Sem o emprego de meios artificiaes, condemnados entre nós tantas vezes pela experiencia, a lavoura vai se lévantando pouco a pouco e tudo nos leva a crer que breve a crise estará conjurada.

A melhora que acabamos de notar na situação geral do paiz observa-se igualmente na situação do Thesouro.

As dividas de exercicios findos têm sido fortemente reduzidas. As lettras do Thesouro emittidas o anno passado, no valor de 11.000:000$, foram todas resgatadas dentro do exercicio.

As indemnisações em virtude de sentenças federaes foram liquidadas em alguns milhares de contos de réis e todas ellas com reducções extremamente favoraveis ao Thesouro.

Liquidando as dividas passivas, o governo tem procurado liquidar tambem as dividas activas.

Foi assim que, usando da autorisação legislativa, liquidou os debitos do Banco da Republica, colhendo por essa fórma recurso para os fundos de garantia e resgate do papel-moeda.

Esses debitos, de liquidação demorada e sujeita a todos os azares das operações bancarias, em prazos extremamente longos, foram liquidados por meio de descontos identicos aos estabelecidos pelo governo passado para casos analogos, e perfeitamente semelhantes aos descontos commerciaes e aos das proprias lettras do Thesouro.

Se debaixo do ponto de vista commercial a operação foi vantajosa para o Thesouro, sob o ponto da vista da administração e da politica os seus resultados não foram inferiores.

As ligações que existiam entre o banco e o Thesouro geravam uma situação igualmente perniciosa para ambos: de um lado emissões repetidas de papel-moeda para emprestar ao banco; de outro lado immobilisação dos capitaes do banco em fundos publicos, sob a pressão do governo.

Foi a esta situação que se pôz fim, com a operação realisada.

Os titulos de divida do Uruguay, recebidos por encontro de contas com o Banco da Republica, foram, por meio de uma operação feliz, trocados por titulos brasileiros em condições muito vantajosas, sendo os uruguayos cotados a 59 e os brasileiros a 60 ; o que produz uma amortisação em nossa divida em ouro, dos emprestimos de 1879, 1883 e 1888, de perto de 700.000 libras esterlinas.

Esta amortisação, reunida á dos titulos de 1868 e 1889, serviram, senão para annullar de todo, ao menos para diminuir os nossos encargos em ouro, provenientes da emissão de titulos do *funding-loan*.

Não se realisaram felizmente as apprehensões daquelles que, attendendo á pobreza do paiz, em virtude do forte abaixamento do preço do café, acreditavam que os impostos em ouro nas alfandegas acarretariam uma diminuição notavel nas rendas aduaneiras.

Ao contrario, ellas foram além de todos os calculos optimistas.

Com effeito, só a renda de importação para consumo attingiu ao algarismo de 18:483:225$ ouro e 181:529:507$ papel, o que dá, reduzindo tudo a papel, á taxa de 7 $^{7}/_{16}$, média do anno, a quantia de 248.628:274$, superior de 2.416:014$ á do anno de 1896, considerada a maior renda de importação nas alfandegas do Brasil.

A renda total arrecadada nas alfandegas elevou-se a 18.897:217$, ouro, e 201.151:153$, papel, ou, reduzido tudo a papel, a . . . . 269.752:815$000.

O imposto de consumo, que em 1898 produziu 14.648:175$, deu em 1899, 24.930:246$, isto é mais 10.382:071$000.

A renda do imposto de sello elevou-se a 9.088:057$; a renda total interior, a 78.600:000$ e a extraordinaria, a 17.342:000$000.

O total das rendas da União em 1899, pelos dados que possue o Thesouro, que não são ainda completos, eleva-se a 302.693:000$, papel. Se accrescentarmos a esse total a renda do semestre addiccional, calculada pela arrecadação em igual periodo do exercicio anterior em 11.561:000$, teremos 314.254:000$, papel.

A renda em ouro elevou-se nas alfandegas a 18.897:217$, que, reunida á de 520:489$296 de outras origens, produz 19.417:706$296.

A despeza em papel para o mesmo exercicio elevou-se a 225.942:225$ e a feita em ouro attingiu a 14.092:046$000.

Deduzindo as despezas das rendas da mesma especie, ter-se-ha um saldo de 88.311:775$, papel e 5:325:660$296, ouro.

Os creditos abertos nos diversos ministerios em 1899 elevaram-se a 34.314:408$668; dessa quantia, porém, deve-se deduzir 7.253:591$102, que representa apenas movimento de fundos na estrada de ferro Central; ficando, pois, o valor desses creditos reduzido a 27.060:817$566.

Se deduzirmos esta quantia e mais a de 45.000:000$, proveniente do resgate do papel-moeda, em virtude do accordo do *funding-loan*, do saldo em papel acima demonstrado, teremos como resultado final: saldo em papel: 16.250:957$434, e em ouro, 5.325:660$296.

Quanto ao corrente anno, nada de positivo se póde affirmar.

De um lado, os dados que possuimos sobre o 1º trimestre são extremamente incompletos; de outro lado, as rendas aduaneiras nesse peê riodo, com a antecipação da importação em dezembro do anno findo, não exprimem de modo algum a fracção correspondente da renda do actual exercicio.

O estudo, porém, das condições geraes do paiz e do movimento das rendas nos leva a crer, com convicção, que não teremos no actual exercicio renda inferior á do anno findo.

Em resumo:

Valorisação lenta, mas gradualmente progressiva. de nossa moeda, manifestada pela subida e fixidez do cambio;

Valorisação de nossa exportação e consequente augmento da fortuna publica, manifestada pela alta do preço do café;

Restabelecimento cada vez maior do credito do Brasil, manifestado pela alta notavel dos nossos titulos no exterior e pela tendencia que se vai accentuando da entrada de capitaes estrangeiros;

Saldos orçamentarios provenientes de reducção de despezas e de augmento sensivel das nossas rendas;

Certeza da parte do governo e confiança cada vez mais accentuada dos nossos credores da volta ao pagamento em especie de nossos compromissos no exterior ;

Taes são os resultados do esforço e da dedicação, não só do Congresso e do governo, mas tambem, é justo dizel-o, do povo brasileiro, que não se tem negado aos grandes sacrificios a elle pedidos para o restabelecimento do credito da Republica.

SENHORES MEMBROS DO CONGRESSO NACIONAL:

São estas as informações que ora me cabe apresentar-vos ; outras mais minuciosas encontrareis nos relatorios dos senhores Ministros.

Desta exposição vereis que, de um ponto de vista de conjuncto, o governo tem procurado attender a todas as necessidades da administração, applicando a sua particular solicitude áquellas que se assignalam por seu caracter de maior urgencia.

Com o auxilio das luzes de vosso patriotismo, que, espero, nunca faltará, e guardada a necessaria perseverança nessa salutar combinação de esforços, que constitue a nossa melhor força, é minha fé inabalavel que a Nação Brasileira attingirá, em rapido progresso, o maximo de prosperidade, desenvolvendo a sua riqueza e dando expansão ao seu poder moral, sob a influencia geradora e impulsiva da liberdade e das garantias do regimen republicano.

MENSAGEM

APRESENTADA NA

SEGUNDA SESSÃO DA QUARTA LEGISLATURA

———————

3 — MAIO — 1901

Senhores Membros do Congresso Nacional.

Cumprindo o dever constitucional a que corresponde este documento, não deixarei de consignar, antes de tudo, que ides legislar para o ultimo anno do presente periodo presidencial.

O que está feito e a segurança já agora adquirida de que faremos o que nos resta fazer, evidencia bem quão fundadas eram as esperanças que eu depositava na exacta applicação deste regimen, que se caracterisa pela necessidade de uma acção conjuncta, combinada e harmonica dos diversos orgams de governo. Para que o principio assim concebido pudesse produzir os beneficios que de suas illusorias ficções jámais pudera obter o regimen decahido, foi bastante cimentar a solidariedade de todas as forças constitucionaes, dando expansão ao sentimento de confraternidade entre os que se acham ao serviço da Republica. Dahi o auspicioso advento de uma politica que, substituindo inuteis agitações por uma phase de calma laboriosa e de facunda actividade, pôde chegar, apenas em metade do tempo assignado para sua appli- cação e desenvolvimento, a resultados que a muitos espiritos se afiguravam irrealisaveis nos proprios limites do periodo quatriennal.

Concorreu poderosa e efficazmente, para dar consistencia aos vastos designios desta politica, a acção superior do Congresso Nacional, em cujo alto criterio não puderam, nem poderão jámais penetrar os incitamentos a uma rivalidade que por vezes tenho indicado como absurda, por isso mesmo que é fundamentalmente incompativel com a essencia do sabio systema que providen- temente proscreveu os pleitos de supremacia entre o poder que legisla e o poder que admi- nistra, uma vez que — nunca será demais repetir esta ponderação — não possuindo este a prero- gativa absorvente da dissolução, aquelle, a seu turno, não se acha armado da faculdade preponde- rante de destituir os membros da administração.

Extinctas as causas que outr'ora, em re- gimen radicalmente diverso, estimulavam as luctas no seio das assembléas legislativas, gerando sentimentos e aspirações rivaes, nada impede que, debaixo de influencias moraes de ordem mais elevada, sobretudo nos momentos graves de crise, venham todas as consciencias politicas collaborar na obra commum.

O que cumpre, portanto, é que, sem nos determos a procurar perigos onde elles não existem, perseveremos nesta mesma direcção

que vamos dando aos nossos esforços e na affirmação de uma politica de calma, labor e concordia, para que continuemos, sem interregno,
a colher os fructos que a Republica pede á
abnegação e ao patriotismo dos brasileiros.

Confirmo hoje, após um estadio de accentuada actividade administrativa, que para dar
espaço ás expansões das forças impulsivas do
paiz, basta que este tenha governo: quer dizer,
um poder capaz de desdobar a sua acção inflexivel em um meio de imperturbavel tranquillidade,
superior á influencia agitadora das facções e
inaccessivel á imposição de interesses inferiores.

O momento que atravessamos, os obstaculos
que ainda temos a superar, reclamam mais o
criterio previdente, methodico e coordenador
do estadista, do que o espirito de agitação politica, fatalmente exclusivista e dispersivo.

Nestes conceitos não faço mais do que repetir
agora, debaixo de uma responsabilidade infinita-
mente maior, aquillo mesmo que venho dizendo
desde a primeira hora da fundação do novo regimen.

E' ahi que vejo a grande estrada por onde
chegaremos a collocar a Republica ao abrigo
de todos os ataques, afagada pela estima nacional e apoiada na sinceridade de convicções
puras e honestas.

São de boa amisade as nossas relações com
as potencias estrangeiras ; e o governo não ha
Relações
Exteriores

revelado em seus actos senão o constante empenho de desenvolvel-as, dando-lhes o cunho da mais perfeita cordialidade.

Coube-me a satisfação de retribuir, em outubro do anno passado, a honrosa visita do Exm. Sr. General Julio Roca, Presidente da Republica Argentina.

Assignalo com verdadeiro desvanecimento que não podiam ter maior esplendor, nem mais alta significação as extraordinarias demonstrações de carinhoso affecto, com que fui acolhido no seio da grande nação amiga, onde o povo, profundamente identificado com o seu governo, e na expansiva espontaneidade dos seus sentimentos, prodigalisou as mais honrosas homenagens á Republica Brasileira na pessoa de seu primeiro magistrado.

Estes actos de mutua cortezia, proporcionando a troca de cordial hospitalidade e a retribuição de amistosos comprimentos, exercerão salutar influencia na vida dos dois povos amigos e nas soluções da politica internacional, de cujas regiões emerge, sob o alto patrocinio de grandes potencias, a generosa aspiração da paz geral.

Ao deixar a Republica Argentina, sob as vivas impressões das festas grandiosas celebradas por um povo amigo em honrade nossa Patria, protestei ante o seu illustre Presidente o meu imperecivel reconhecimento pelo carinhoso agasalho e fidalga hospitalidade com que

fui recebido no caracter de supremo magistrado do meu paiz.

A Nação Brasileira tem justos motivos para
registrar com ufania, nas melhores paginas da
historia de sua politica externa, o grandioso
acontecimento que exprime, nos seus altos intuitos, uma obra de affectuosa affinidade — entre
duas nações que se estimam — em beneficio da
paz, da justiça e da civilisação.

Ainda no intuito de retribuir os actos de
cortezia de que tem sido alvo a Republica Brasileira, determinei que o encouraçado *Floriano*
se dirigisse aos portos de Italia, Portugal, Allemanha e Inglaterra, e que o navio-escola *Ben-*
jamim Constant, em viagem de instrucção, fosse
aos Estados-Unidos da America do Norte, com
a missão de agradecerem aos respectivos governos a visita naval, que mandaram fazer ao
porto desta Capital, por occasião da minha
posse no governo da Republica a 15 de novembro de 1898, acto aquelle de elevada e significativa sympathia, que bastante penhorou a
nossa gratidão.

Dentre as nações com as quaes cultivamos
relações de estreita amisade, a Grã-Bretanha
e o Reino da Italia soffreram perdas dolorosas
nas pessoas de Sua Magestade Graciosa a
Rainha Victoria e Sua Magestade o Rei Um-
berto I. Os dois soberanos conquistaram no

mundo inteiro a maior sympathia e admiração pelas suas altas virtudes. O governo federal e o povo brasileiro acompanharam com sinceridade o pezar que por aquelle motivo affligiu as duas nações.

A questão dos limites com a Guyana Franceza foi resolvida, como sabeis, com a imparcialidade que caracterisa o Conselho Federal Suisso e tanto honra os altos funccionarios encarregados de estudal-a. A decisão arbitral, que poz termo a um litigio secular, não só contribue poderosamente para a conservação das nossas amigaveis relações com a França, mas tambem, o que é de grande importancia, anima a confiar na efficacia do principio do arbitramento. O governo francez acceitou-a immediatamente, e de accôrdo com elle foi o territorio do litigio entregue logo á jurisdicção brasileira.

Durante o prazo do arbitramento esteve no territorio neutralisado uma commissão mixta encarregada de explorar os rios que por elle correm e ahi manter a ordem. Entre as duas commissões que a compunham houve sempre a maior harmonia e assim se conseguiu que a acção do Arbitro não fosse embaraçada por incidentes que compromettessem as relações dos dois governos interessados.

A commissão franceza recolheu-se a Cayenna e a brasileira foi dissolvida. Outra será organizada quando os dois governos resolverem proceder á demarcação dos limites.

Cessou a revolução do Acre. Os revolucionarios submetteram-se, acceitando a amnistia decretada pela competente autoridade boliviana. Faço votos para que a paz seja duradoura.

Tenho a satisfação de communicar-vos que Sua Santidade Leão XIII elevou a categoria da sua legação, restabelecendo a antiga Nunciatura e conferindo a alta dignidade de Nuncio a Monsenhor Macchi, até então Internuncio Apostolico e Enviado Extraordinario.

A ordem publica manteve-se sem alteração em todo o territorio da Republica.

Interior

Tendo sido a lei n. 28, de 8 de janeiro de 1892, revogada pela de n. 342, de 2 de dezembro de 1895, subsiste apenas, de par com o preceito do art. 73 da Constituição, que prohibe as accumulações remuneradas, a lei n. 44 B, de 2 de junho do primeiro dos citados annos, a qual garantiu os direitos adquiridos por empregados vitalicios e aposentados e permittiu o exercicio simultaneo de serviços publicos comprehendidos, por sua natureza, no desempenho da mesma funcção de ordem profissional, scientifica ou technica.

Accumulações

A excepção, nos termos em que se acha expressa, tem dado logar a abusos, duvidas e reclamações. Definindo, de modo explicito, quaes os cargos que o alludido preceito não attinge, e prescrevendo os vencimentos devidos pela accumulação, preencherá o Congresso Nacional sensivel lacuna em nossa legislação.

Saude Publica   A saude publica soffreu em 1900 uma nova crise epidemica. A 18 de abril foram verificados, nesta Capital, tres casos de peste bubonica devidamente comprovados pelo exame bacteriologico. O inquerito a que se procedeu para determinar a origem da molestia, autorisou a presumpção de que ella fôra importada em bagagens procedentes de Portugal, já então officialmente livre da epidemia que o invadira.

A energia da aggressão hygienica empregada contra o fóco fez com que a molestia fosse suffocada ao nascer. Muitos dias, com effeito, se passaram, sem caso novo notificado; mas no correr do mez de maio, dois novos doentes de peste appareceram.

Fiel á norma de conducta que se inspira na lealdade administrativa, não hesitou o governo em declarar a existencia da peste nesta cidade, ainda que prevendo os graves prejuizos que ao paiz acarretaria a execução das medidas sanitarias aconselhadas pelas circumstancias.

Todavia, querendo minorar quanto possivel esses prejuizos, limitou-se a determinar que as

embarcações sahidas do porto do Rio de Ja-
fossem apenas submettidas á desinfecção no Lazareto da Ilha Grande. Foram, porém, tantas
e tão insistentes as reclamações da maioria dos
Estados maritimos para o estabelecimento das
quarentenas, com a allegação de não se acharem
elles providos dos recursos indispensaveis para
a sua defesa sanitaria, que o governo se viu
forçado a modificar nesse sentido a sua primitiva resolução

Entretanto, a proscripção das quarentenas
está sendo exigida pelas necessidades geraes.
Ellas já não têm aliás a importancia de outr'ora :
os povos vivem hoje preoccupados com a expansão do seu commercio e encontram sempre
meios de illudir as medidas que contrariem
essa expansão. O que é mister é sanear as cidades, tornando-as inaptas para a disseminação
das molestias ; é organizar os serviços de hygiene sobre uma base larga de autoridade e
de poder, dotando-as de pessoal idoneo e de
material abundante ; é uniformisar entre nós as
praticas sanitarias creando o codigo federal
de saude, molde das organizações e dos trabalhos locaes, visto que a Constituição veda a
centralisação dos serviços de hygiene publica.

Essas reformas parecem urgentes, e espero
que o Congresso Nacional, nos limites da sua
competencia, dirigirá para ellas a sua attenção.

Embora fosse opinião corrente que a cidade
do Rio de Janeiro não se libertaria facilmente

M. 10

da peste que a invadira, tantos os seus defeitos
hygienicos, ha mais de meio seculo indicados e
infelizmente não corrigidos ainda, a epidemia
durou apenas quatro mezes, de junho a setembro,
tendo em outubro e nos mezes subsequentes até
fevereiro apparecido sómente casos esporadicos
na phase terminal.

Ensino

Pelo decreto n. 3890, de 1º de janeiro ultimo, promulgou o governo o codigo dos institutos officiaes de ensino superior e secundario,
dependentes do Ministerio da Justiça e Negocios
Interiores.

O codigo antigo, de 3 de dezembro de 1892,
tinha sido expedido, como norma geral, para
todas as faculdades e escolas superiores;
porém actos posteriores do Congresso e do
Poder Executivo subtrahiram ao seu regimen,
em pontos capitaes, as faculdades de direito e
a Escola de Minas, além de que a reforma das
faculdades de medicina, em 1893, e a da Escola Polytechnica, em 1896, vieram por sua vez
derogar muitas das disposições que lhes eram
applicaveis.

Assim mutilado, restringido a uma parte
limitada da vasta e complexa organização dos
institutos de ensino, o codigo de 1892 deixara
de ser uma consolidação das disposições communs
a todos os estabelecimentos.

Não havia razão, entretanto, para se regular
diversa ou separadamente o processo de actos

escolares de igual natureza nas faculdades da Republica; pelo contrario, era da maior vantagem para o serviço que todos os dispositivos de caracter geral fossem uniformisados e unificados em um regulamento commum.

Assim entendeu tambem o Congresso Nacional, que já na lei n. 652, de 23 de novembro de 1899, art. 3°, n. V, auctorisara o governo a rever os regulamentos das faculdades de medicina e da Escola Polytechnica, adoptando o regimen que mais conveniente julgasse ao ensino, e que no art. 3°, n. II, da lei n. 746, de 29 de dezembro do anno passado, ampliou aquella autorisação á revisão do codigo de 1892, fazendo-o comprehender as disposições communs a todos os estabelecimentos, e á revisão dos regulamentos especiaes, restringindo-os ao que fosse peculiar aos institutos respectivos.

Foi o que fez o Poder Executivo.

Encontrareis amplamente desenvolvidas no relatorio do Ministro da Justiça e Negocios Interiores as outras modificações feitas pelo novo codigo na regulamentação do ensino.

Resta-me apenas sobre este assumpto affirmar a minha convicção de que a reforma trará reaes beneficios á organisação e elevação do ensino.

De accôrdo com os votos manifestados em minha ultima mensagem, tive a honra de submetter em novembro ultimo ao vosso esclarecido exame o projecto de codigo civil brasileiro, *Codigo civil*

elaborado pelo Dr. Clovis Bevilaqua, lente da
Faculdade de Direito do Recife, e revisto por
uma commissão especial de jurisconsultos, sob a
presidencia do Ministro da Justiça.

Trabalho de elevado merito, prestigiado pelos
applausos de eminentes juristas nacionaes e estrangeiros, elle procurou consorciar as tradições
do nosso direito com as conquistas que mais recentemente têm vindo enriquecer o patrimonio
juridico dos povos cultos; e aguarda apenas a
vossa consagração legal para attender a essa
aspiração nacional que ha quasi meio seculo reclama insistentemente a codificação das nossas
leis civis.

O codigo das ordenações philippinas, por
mais previdente e completo que tenha sido ao
tempo da sua promulgação, já não póde traduzir
as necessidades, os interesses, as idéas e os
sentimentos da época actual. Por outro lado os
actos legislativos, tão numerosos e tão diversamente orientados, com que temos procurado
supprir essa lacuna, têm creado para o nosso
direito privado um estado de perturbação e
anarchia que está a reclamar dos poderes competentes remedio prompto e efficaz.

A approvação do projecto tal qual vos foi
apresentado ou com as modificações que, a bem
do seu aperfeiçoamento, a vossa alta sabedoria
porventura aconselhar, virá pôr termo a esse
estado de vacillação e de incerteza e imprimir
ao direito civil brasileiro a unidade de orien-

tação, a simplicidade e a energia que fortalecem a lei e a tornam duradoura e fecunda.

Nutro, pois, a esperança de que não deixareis encerrar-se a presente sessão legislativa sem levar a termo a obra patriotica de dar á Republica o seu codigo civil.

Não se póde desconhecer que a opinião do fôro desta Capital se tem manifestado pela reforma da actual organização judiciaria do Districto Federal. Elaborada por mim, no momento em que o regimen politico da Nação soffria uma transformação radical, preoccupou-me então o pensamento de dar applicação pratica ás novas instituições no tocante á Justiça. A reforma, modificando de modo tão completo o systema que então vigorava no Districto Federal, parece ter sido mais profunda do que devera sel-o. Dahi as continuas .manifestações em favor de uma organização que mais se approximasse do que era anteriormente estabelecido nesta circumscripção judiciaria.

Já tive occasião de solicitar, em mensagem especial, a vossa esclarecida attenção para esse assumpto, e de novo o faço confiante em que examinareis, com cuidadoso interesse, as bases da reforma de que vos fallei naquella mensagem.

A policia do Districto Federal, como vos disse em minha ultima mensagem, não está sufficientemente apparelhada para desempenhar-se com

Justiça local

Policia

exito da missão que lhe está confiada. Todas as dependencias da repartição central reclamam largas modificações em sua estructura, e meios de acção imprescindiveis para a prestação dos serviços que lhes estão affectos.

Objecto de especial solicitude do poder publico em todos os grandes centros de civilisação, é de lamentar que a nossa policia esteja ainda desprovida de elementos essenciaes em uma cidade como a Capital da União que, pela vastidão e condições peculiares do territorio em que assenta e em que labuta uma população numerosa e activa, exige maiores garantias de ordem social e segurança individual.

A ultima reforma não deu nem podia dar grandes resultados, talhada como foi nos estreitos limites da autorisação legislativa.

No que diz respeito principalmente ao policiamento das ruas, a nossa situação é a mais precaria. A Brigada Policial não dispõe de pessoal sufficiente para esse mister, e mal poderá attenuar esse estado de cousas o augmento de 400 praças votado na sessão passada. A' iniciativa particular que creou as guardas nocturnas se deve, sem duvida, o não ser mais lacunoso o policiamento da cidade. Mas nem esse contingente é bastante nem está elle á inteira disposição da autoridade policial.

A creação de uma guarda civil seria um poderoso auxilio á brigada, melhoraria consi-

deravelmente o serviço de vigilancia e, posta
á disposição da primeira autoridade policial,
collocal-a-hia em situação de agir com maior
efficacia e desembaraço.

Pedindo a vossa particular attenção para
assumpto de tanta relevancia, conto que ado-
ptareis medidas capazes de dar á administração
policial uma organização compativel com as
nossas necessidades.

A par das difficuldades apontadas e com
que lucta a policia para dar cabal desempenho
á sua tarefa, surgem outras de natureza diversa que lhe entorpecem a acção.

Estabelocimentos
correccionaos

Expurgar a população do Districto Federal
dos elementos deleterios que insensivelmente
a ella se têm vindo incorporar, oriundos alguns
do estrangeiro e dos Estados, é medida irrea-
lisavel nas condições actuaes, pela carencia
absoluta de recursos adequados a esse fim.

O espectaculo da vadiagem ostensiva e
impune de menores nos pontos mais frequen-
tados da cidade, alliado ao que offerecem os
falsos mendigos, continuará a depôr contra a
nossa civilisação, se energicas e promptas medidas de repressão não forem adoptadas pelos
poderes publicos.

O regimen commum da prisão não é para
taes casos o mais proveitoso, nem o que aconselha a sabedoria dos que se têm dedicado
ao estudo dos systemas penaes ou está em

uso nos paizes adiantados, onde ha o mesmo mal a combater. O aproveitamento e correcção desses individuos pelo trabalho da lavoura ou da industria, em estabelecimentos apropriados, seria de efficazes e proveitosos resultados.

Muito se poderia conseguir nesse particular com a fundação de um estabelecimento disciplinar industrial nesta cidade para os menores de desesete annos, e com a creação de uma colonia penal agricola e industrial para os individuos que excedessem aquella idade, providenciando-se administrativamente acerca dos estrangeiros que por sua conducta se tornassem passiveis de expulsão do territorio nacional.

Mas do mesmo modo que esta ultima providencia não póde estar dependente de um prévio processo judiciario, assim tambem a reclusão em estabelecimentos disciplinares e em colonias penaes, precisa ser regulada sem delongas de complicadas fórmas processuaes que retardem e prejudiquem as vantagens da sua execução.

Marinha   A reorganização da esquadra é objecto que se impõe ás preoccupações do poder publico, e o governo tem prestado solicita attenção a esse importantissimo assumpto, convencido como está da necessidade, não só da reparação do material fluctuante como da preparação do pessoal. Alguma cousa se tem feito nesse duplo ponto de vista, sobretudo no que respeita ao material fluctuante, de modo que o governo já possue felizmente valiosos recursos de acção, que antes escasseavam por completo.

E' indispensavel, todavia, a acquisição de novos elementos, que venham consolidar o nosso poder naval. Felizmente os progressos que tem feito o trabalho da reorganização financeira deixam prever que em um futuro proximo os altos poderes da Nação estarão habilitados a adoptar providencias correspondentes a necessidades geralmente reconhecidas e proclamadas.

No intuito de melhorar as aptidões praticas dos nossos jovens officiaes de Marinha, o governo tem procurado dar mais activo movimento á esquadra, proporcionando-lhes opportunidade para estudos e exercicios praticos, que são indispensaveis. Foi este um dos intuitos com que o navio-escola *Benjamin Constant* partiu do nosso porto a 28 de março ultimo, em viagem de instrucção para os portos dos Estados-Unidos da America do Norte, de onde se dirigirá, em regresso, para alguns portos militares da Europa. Depois de uma longa interrupção nessa pratica de incontestavel utilidade, é esta a primeira viagem de instrucção que se emprehende na nossa Marinha de guerra.

Insistirei em salientar a deficiencia do pessoal e material de que se resentem as capitanias dos portos. Cumpre não perder de vista a importancia destas repartições, onde os interesses da Fazenda Nacional estão vinculados aos do commercio. E' tempo de melhorar esse importante ramo da administração da Marinha.

Julgo igualmente necessario manter a verba decretada no orçamento em vigor para a montagem do serviço de Soccorro Naval em todos os portos da Republica. Essa dotação deve permanecer por alguns annos, afim de ser levado a effeito tão humanitario serviço.

Exercito

No relatorio do Ministerio da Guerra vereis quanto é encarecida a necessidade de um codigo penal militar, assumpto para o qual tenho pedido o vossa attenção. O regimen — que não póde deixar de ser de caracter provisorio — da lei de 29 de setembro de 1899, estendendo ao Exercito o codigo penal da Armada, de modo algum póde attender a todas as exigencias de uma boa justiça, em vista das grandes deficiencias de que se resente. Seria util, portanto, dar o conveniente andamento ao projecto que em tempo foi submettido ao vosso exame.

No mesmo caso se acha o novo regulamento para os institutos militares de ensino, sujeito ao vosso estudo desde 1899. A sua adopção parece-me que trará consideraveis vantagens, garantindo maior solidez aos conhecimentos theoricos e praticos.

A creação de cursos preparatorios nas sédes dos districtos, sem augmento nos quadros dos professores, concorrerá evidentemente para melhorar a situação das praças de pret, que possam desejar fazer estudos preparatorios, afim de se habilitarem á matricula nos cursos superiores, sem prejuizo do serviço da fileira.

Continúa a ser mantido o mesmo effectivo do anno precedente, visto subsistirem os motivos que determinaram a medida de restricção, embora o desequilibrio dos quadros — real e completo — dahi resultante. Sem embargo, convém não descurar os elementos constitutivos de uma boa organisação militar, de modo que, mesmo com um nucleo assim reduzido, constitua elle uma base poderosa e forte pela instrucção e pelos meios materiaes de acção.

Na ultima mensagem tive occasião de referir-me ao adiantamento dos trabalhos concernentes ao projecto de reorganização do Exercito. Esses trabalhos estão concluidos. Sua importancia é fundamental e espero poder apresental-o no curso da presente sessão.

As nossas condições politico-sociaes são um factor muito ponderavel na adaptação ao nosso Exercito, numericamente inferior, das linhas geraes referentes á composição dos que são mantidos pelas potencias de primeira ordem.

A situação geographica e a configuração topographica do paiz, a qualidade e extensão de suas vias de communicação, o regimen agricola-industrial, e tantos outros elementos influentes, não podiam escapar á attenção do governo.

Resistindo a quaesquer tendencias á introducção de todos os aperfeiçoamentos julgados imprescindiveis nos estados militares, onde as exigencias da paz armada obrigam a ingentes sacrificios, apresentava-se ainda o inconveniente do accrescimo de despezas.

Felizmente puderam ser attendidas estas circumstancias, e uma commissão de officiaes competentes cumpriu a ardua tarefa que lhe foi affecta, sem gravame para os cofres publicos e attendendo a todas as modalidades da questão.

Tereis opportunidade de verificar que o plano elaborado, não só abrange o Exercito activo e territorial, como as respectivas reservas. Complementarmente foram revistas e modificadas as leis referentes a promoções e reformas, e ao recrutamento nos termos da Constituição.

E' objecto de minha preoccupação o estado precario das fortificações existentes ao longo do nosso extenso littoral.

Tenho instantemente providenciado no sentido de activar-se, com os recursos ordinarios, as obras de defesa iniciadas no porto desta Capital. Das cupolas encouraçadas adquiridas para dois pontos determinados, estão completamente montadas e promptas para funccionar as da ponta do Imbuhy, aguardando as da

Lage a conclusão das alvenarias necessarias ao seu assentamento.

Não se deve, entretanto, julgar sufficientemente defendida a entrada da barra, por mais poderosos que sejam estes dois elementos aperfeiçoados de resistencia e ataque. A despeito de outros coexistentes, mais antigos ou menos efficazes, os quaes tém sido convenientemente apparelhados para em momento de perigo impedir um accesso ao ancoradouro interno, convém cuidarmos em levar ávante o projecto já estudado e approvado, da construcção de um forte semelhante áquelles na ponta de Copacabana.

Outros portos, sobretudo os das cidades de primeira ordem, por seu grande commercio, precisam urgentemente ser providos de meios defensivos. Ligada á defesa do littoral está a das fronteiras.

A deficiencia das nossas vias de communicação, principalmente as estrategicas, creando difficuldades para a concentração de forças nas linhas divisorias, no caso de ameaça á nossa soberania, aconselha a construcção de grandes arterias, que proporcionem a rapidez e relativa commodidade das marchas, e a reunião da tropa e seus recursos materiaes, em condições de poderem entrar immediatamente em acção num determinado ponto.

O aproveitamento da força armada em trabalhos desta natureza, praticado ha longos annos por outras nações, é de grande alcance economico e de real utilidade á sua instrucção technica.

Com tal intuito, seguirá brevemente o 1º batalhão de engenharia para construir a estrada de ferro estrategica que, partindo de Guarapuava, ligará os Estados do Paraná e Matto-Grosso.

Viação
Estradas de Ferro

De conformidade com o plano que adoptou e pôz em execução, o governo procurou arrendar as estradas de ferro *Sul de Pernambuco* e *Paulo Affonso*, sem, entretanto, ter podido realizal-o por não lhe parecerem acceitaveis as propostas que foram apresentadas.

A importante operação do resgate das estradas de ferro, já effectuada quanto ás da *Bahia a S. Francisco*, e do *Recife a S. Francisco*, as quaes, na conformidade do accôrdo estabelecido, deverão passar para o dominio da União a 1º de julho proximo, veiu modificar as condições em que deva ser arrendada a *Sul de Pernambuco*, obedecendo a um conjuncto de interesses mais amplos.

Feliz opportunidade se offerece agora para completar-se a rêde de viação ferrea, que deve ligar os Estados de Pernambuco, Parahyba e Rio Grande do Norte. Este grande commettimento, de indiscutivel utilidade, poderá ser levado a effeito sem prejuizo do pensamento dominante de transferir a emprezas particulares a administração dessas estradas.

A estrada de ferro *Central do Brasil* continúa a prestar á vasta região do paiz por ella servida o inestimavel beneficio de suas moderadas tarifas de transporte. A modificação, para melhor, da taxa cambial, accentuada a contar de junho do anno passado, permittiu que se fizesse uma reducção de 10°/₀ nas tres principaes classes da tarifa. Essa reducção, que tambem aproveitou ao café, fez com que este artigo ficasse gosando de um abatimento total de 19 °/₀ sobre as taxas normaes da estrada.

E' evidente que toda a reducção na tarifa do café affecta directa e sensivelmente a receita da estrada; apezar disso, porém, tendo em consideração as mutiplas difficuldades que neste momento assoberbam a lavoura, o governo teve por conveniente elevar a reducção da tarifa ao total de 25 °/₀ para o café em grão e 30°/₀ para o café em côco, e ao mesmo tempo fixar o maximo de 1$200 por arroba que transitar nesta estrada, qualquer que seja a distancia.

Além disso promoveu o governo um accôrdo em virtude do qual será tambem fixada a tarifa maxima de 1$500 por arroba para o café que transitar pelas linhas da *Leopoldina Railway Company*, a partir de qualquer ponto até o Rio de Janeiro.

Estes actos provam bem o vivo interesse que ao governo inspira esta questão. Mas não se deve perder de vista que é este um dos casos em que a autoridade publica póde menos do que a iniciativa particular.

Na minha mensagem anterior, referindo-me ás companhias particulares, fiz sentir que na somma geral dos seus proprios interesses ellas encontrariam bem ponderados motivos para fazer justas e talvez indispensaveis concessões em favor de um producto da agricultura nacional, que é incontestavelmente a base mais solida e mais fecunda da prosperidade de suas proprias rendas. Bem sei que este não é o unico remedio, mas é, sem duvida, um dos que podem ser applicados com mais promptidão em seus effeitos. Na distribuição da competencia constitucional cabe muito pouco á União no que respeita á sua acção indirecta em favor dos productos de exportação; dentro dessa esphera o poder federal tem feito e fará o que puder, convencido, como está de que ahi encontra o paiz o eixo de todo o seu poder economico.

No exterior já se fez sentir a intervenção do governo, procurando limitar os encargos que naturalmente tendem a embaraçar o desenvolvimento do consumo. Nessa ordem de providencias a actividade governativa não cessará. Mas, outras medidas, seguramente de uma efficacia mais immediata e mais energica, pertencem aos Estados, e, sobretudo, á propria iniciativa particular.

O que cumpre é antepôr á influencia ani-
quilladora do desalento a energia da resistencia na grande lucta de concurrencia em que
entramos, tendo a nosso favor os mais seguros
elementos de triumpho.

Teve grande impulso, durante o anno, a   Mineração
industria da mineração, principalmente no Estado de Minas Geraes, graças aos fretes reduzidos para minerios de manganez, ferro e outros
na estrada Central.

Não cessarei de salientar a necessidade de
uma lei que regule os direitos estatuidos pelo
art. 72, § 17, da Constituição, conforme já fiz
sentir na minha mensagem anterior.

As grandes vantagens proporcionadas á na-   Portos
vegação pela installação conveniente dos portos
estão postas em brilhante evidencia pelas obras
realisadas no importante porto de Santos. O
commercio daquella praça começa a colher os
largos beneficios desse melhoramento, que fa-
cilita a navegação internacional, conseguindo
para alli fretes inferiores aos exigidos para
esta Capital.

Este facto, em sua eloquencia, deve estimular o emprehendimento de obras semelhantes no porto da Capital da Republica. O
governo tem nisso o maior empenho e en-
vidará os esforços que lhe cabem fazer nesse
sentido.

M. 11

Secca do Ceará

Mais uma vez foram alguns dos Estados do Norte, sobretudo o do Ceará, flagellados pela calamidade da secca. O governo procurou levar allivio áquellas populações estabelecendo desde logo um serviço de transporte gratuito para os que quizessem emigrar, em busca de abrigo em qualquer outra região do paiz, á escolha dos retirantes.

Além desta medida, mandou o governo executar obras de utilidade permanente, taes como: o serviço de irrigação do açude do Quixadá e conclusão de suas muralhas; construcções dos açudes de Acarahi-mirim, Jordão e outros; auxilio pecuniario para soccorro dos necessitados no hospital de caridade da capital do Estado.

Felizmente vieram abundantes chuvas, que puzeram termo á calamidade, reduzindo de suas proporções os sacrificios impostos ao Thesouro Federal para attenuar-lhe os tristes effeitos.

Recenseamento

De accôrdo com o preceito constitucional mandou o governo proceder ao recenseamento geral da Republica a 31 de dezembro de 1900.

O resultado da apuração das listas collectadas nesta Capital induz a crer que houve grande deficiencia nesse trabalho, resultante provavelmente da reluctancia, por parte da população em fornecer os elementos necessarios. O governo, depois de ter procedido á necessaria verificação, resolveu mandar cancellar o recenseamento.

O estado geral do paiz apresentava um as- Finanças
pecto accentuadamente animador, quer pela
elevação do nivel da taxa cambial, quer pelos
progressos reaes que já se assignalavam na
ordem financeira, quer, finalmente, pelas manifestações da confiança alcançada dentro e fóra do
paiz, quando a suspensão de pagamentos do
Banco da Republica do Brasil, em setembro do
anno passado, veiu trazer serios embaraços ao
commercio da Capital Federal, com repercussão,
felizmente attenuada, em algumas outras praças.

Dadas as relações que anteriormente vin-
culavam aquelle instituto á administração publica, e ainda não extinctas de todo as ligações
de mutuo interesse, entendi que o governo não
podia tomar attitude de impassivel indifferença
ante o grave acontecimento.

Se, á luz de seu proprio criterio, esta era a
melindrosa posição em que se encontrava o governo, mais ella se aggravava sob a malefica
influencia do meio social, em que uma educação
viciada por praxes e instituições intervencio-
nistas tem habituado a opinião a esperar e a
exigir tudo do poder publico e, assim tambem,
a attribuir só á sua imprevidencia todo o máo
exito da propria acção particular, seja ella individual ou collectiva. Ao governo, porém,
cabia achar a justa medida de uma prudente
conducta para não deixar ao abandono os avultados interesses que alli se accumularam, nem
tão pouco comprometter o patrimonio nacional

nas eventualidades que ameaçavam a fortuna particular.

No empenho de concorrer para evitar a suspensão de pagamentos, e accedendo ás solicitações da directoria do banco, o governo deliberou fazer-lhe um emprestimo de £ 600.000 no mez de junho, e mais o de £ 300.000 em principio de setembro, de accôrdo com o que é facultado pela lei de 20 de julho de 1899, além de 10.000:000$ em bilhetes do Thesouro, que em fevereiro tinham sido depositados em conta corrente para reforçar a caixa do banco. Nem assim puderam ser conjurados os perigos. Veiu a suspensão de pagamentos com as consequencias já conhecidas.

Em conjuncturas semelhantes, por occasião da crise de 1864, o governo do antigo regimen, além do decreto dictatorial de 17 de setembro, que suspendeu os vencimentos e consagrou outras medidas de excepção, conferiu ao Banco do Brasil autorisação para elevar a sua emissão ao triplo do fundo disponivel. Estas providencias, porém, que traziam em sua propria natureza os germens de males mais graves e mais extensos, não tiveram o esperado poder magico de deter a crise em seu curso, manter a confiança, preservar o credito, impedir a paralysação dos negocios, sustentar a cotação dos titulos e das acções e menos ainda evitar os desastres de fallencias successivas, acarretando graves prejuizos em suas ruinosas liquidações.

A crise de 1875 gerou o regimen da lei de 29 de maio daquelle anno — ainda a emissão para salvar os bancos — cuja influencia perniciosa perdura ainda nas desordens da circulação monetaria.

As successivas emissões de março de 1892 a junho de 1898, feitas á sombra deste funesto regimen, felizmente agora proscripto, e a titulo de auxilio ao Banco da Republica, montaram a 179.956:000$, que, com as notas emittidas para a substituição dos *bonus*, de conformidade com o decreto de 15 de dezembro de 1896, na importancia de 79.999:200$, representam um total de 259.955:200$ de papel, que as allegadas necessidades daquelle instituto levaram para a circulação nesse curto periodo de seis annos.

Foi, portanto, ás exigencias destes velhos preconceitos, legados por uma serie de abusos tradicionaes, que o governo da Republica teve de oppôr, em presença da crise bancaria de setembro ultimo, todas as energias da resistencia, afim de impedir que ella viesse a transformar-se em uma crise de mais vastas proporções, affectando o proprio Thesouro Federal.

Sob a influencia oppressiva de tão graves preoccupações, no momento em que não era possivel ter a exacta previsão dos effeitos daquelle acontecimento, formou-se, entretanto, uma corrente de opinião pela emissão de papel-moeda, cuja somma nem ao menos podia ser precisada, mas que fôra estimada pela propria directoria do banco em um minimo de 50.000 contos de réis e que podia ser progressivamente elevada, segundo a elasticidade das exigencias e a tyrannica pressão dos interesses. O governo, sentindo quanto era difficil romper a funesta tradicção e proscrever praxes abusivas, invocadas agora com a autoridade de precedentes, não hesitou, todavia, em manifestar desde o primeiro instante a inabalavel resolução de não augmentar sequer de uma nota a circulação fiduciaria. Tal era a obrigação decorrente, ao mesmo tempo, das clausulas de um contracto, da obediencia devida á expressa prescripção da lei e da honesta fidelidade a principios solemnemente adoptados como compromissos moraes de minha administração.

Deste ponto de vista, o governo limitou-se ás providencias obtidas do Congresso Nacional, com as leis de 20 de setembro e de 10 de outubro do anno passado : — a primeira autorisando o governo a recolher ao Banco da Republica, em conta corrente, até a somma de um milhão esterlino ; a emittir apolices nominativas ou ao portador a juro annual de 3 % para serem dadas em pagamento aos credores ; a abrir uma conta corrente até 25.000:000$; finalmente, a assumir a administração do banco até o resgate definitivo das apolices com a liquidação do seu acervo : — a segunda concedendo favores de ordem juridica aos outros bancos nacionaes.

Ao influxo benefico destas medidas estabeleceu-se a calma nos espiritos e, aproveitando-se desse precioso momento de tranquillidade, puderam os bancos regular a nova situação, que, se não excluia a probabilidade evidente de prejuizos, todavia organizava os meios de reduzir o mais possivel as suas proporções. Assim, graças á efficacia das medidas adoptadas e á promptidão com que ellas foram applicadas, póde-se prever que a recente crise chegará á sua terminação definitiva sem os graves desastres acarretados por outras, que a precederam.

Determinou a lei de 20 de setembro que o resgate das apolices emittidas se effectuasse á razão de 20 % da emissão por anno. Quer dizer que, sendo de 114.355:000$ o total emittido, o resgate annual deveria attingir a cerca de 23.000:000$000.

Entretanto, tendo o banco em sua nova phase recomeçado as operações em novembro do anno passado, conseguiu realisar, até o dia 31 de março ultimo — apenas quatro mezes decorridos —, o resgate da importante somma de 33.941:400$, facto que certamente autorisa a lisongeira previsão de que, em um prazo menor do que o calculado pelo legislador, estará finda a laboriosa liquidação e libertado o Thesouro de todas as responsabilidades contrahidas, sem, todavia, ter de registrar as perdas que o pessimismo systematico se comprazia em annunciar nos seus sombrios prognosticos.

Externando as minhas previsões e animado pela perspectiva, já então lisongeira, que apresentava o quadro de nossas finanças, antecipei-me, na mensagem anterior, a annunciar-vos que o Thesouro se encontraria devidamente preparado, por occasião do vencimento do prazo convencionado em Londres, para corresponder de prompto a todas as obrigação decorrentes do accôrdo, voltando ao regimen de indefectivel pontualidade nos pagamentos.

Embora bem fundadas, não deixavam de ser simples previsões, que, se puderam tranquillisar os espiritos menos apprehensivos ou menos abatidos pelo desanimo, não tiveram, comtudo, a virtude de vencer por completo a incredulidade pertinaz daquelles a quem se afigurava que o Brasil permaneceria perpetuamente arrolado entre os paizes de *finanças avariadas*.

Pois bem, temos afinal chegado ao termo do prazo prefixado e é com a mais viva satisfação que trago ao vosso conhecimento a grata noticia de que o governo, graças ao vosso sabio e prudente concurso e ao patriotismo dos brasileiros, não experimentará a pungente necessidade de solicitar de novo as condescendencias do credor estrangeiro.

O paiz está devidamente preparado para a volta ao regimen normal do pagamento em moeda.

A somma total a pagar de 1º de julho proximo ao fim do presente exercicio é de

£ 1.700.000; ora, naquella data — 1° de julho
— terá o governo á sua disposição em Londres
a somma de £ 2.300.000. Haverá, portanto,
uma sobra de £ 600.000. Acrescentando-se a
importancia de £ 1.800.000, producto minimo
da arrecadação dos direitos em ouro, correspondente ao ultimo semestre do presente exercicio, ter-se-ha um saldo total de £ 2.400.000,
a passar para o exercicio de 1902.

Garantida esta folga ao Thesouro, é evidente que nenhum embaraço virá perturbar a
regular continuidade dos pagamentos.

Ao demais, no regimen que temos organizado e que certamente constitue uma das mais
uteis reformas do presente periodo presidencial
com o duplo orçamento — ouro e papel — attribuindo a cada despeza respectivamente a receita na moeda que lhe corresponde, ficou
previdentemente constituido o mecanismo, em
virtude do qual está *à priori* assegurada a
acquisição do ouro necessario para a continuidade ininterrupta destes pagamentos. Este
mesmo mecanismo, cuja base é a arrecadação
em ouro de 25 % dos direitos das alfandegas,
do modo como se acha combinado, collocará
o Thesouro a salvo das variações do agio,
causa outr'ora de todo o desequilibrio e voraz
sorvedouro da receita publica.

E' simples a demonstração do que fica dito.

Os vencimentos annuaes nesta especie, ahi
comprehendidos juros da divida e garantias de

juros, montam ao total de £ 3.357.163. Ora, a renda correspondente aos 20 % em ouro —exceptuados os 5 % que têm destino especial ao fundo de garantia — calculada para o actual exercicio em 36.000:000$ corresponde a £ 4.050.000, somma mais que sufficiente, como se vê, para serem regularmente attendidas todas as necessidades do futuro exercicio, sem computar o saldo de £ 2.400.000, que acima assignalei. Ahi está a garantia de continuidade nos pagamentos.

Emfim, a Republica desempenha-se correctamente dos seus graves compromissos, e sobram-nos motivos de justo contentamento por uma tão viva manifestação da vitalidade do seu organismo economico e do vigor de sua energia moral.

Não se realisaram felizmente as prophecias pessimistas dos que acreditavam em forte diminuição das nossas rendas.

A de importação attingiu a 22.889:000$, ouro, e 136.616:000$, papel.

A renda total das alfandegas elevou-se a 23.303:598$, ouro e a 162.708:236$, papel.

O imposto de consumo que em 1898 produziu 14.548:175$ e em 1899 attingiu a 24.930:000$, elevou-se em 1900 a 38.120:000$000.

O imposto do sello que em 1899 produziu 9.088:000$, em 1900 attingiu a 15.020:000$000.

A renda em papel do interior que em 1899 attingiu a 78.600:000$, elevou-se em 1900 a

84.770:000$, e a extraordinaria que deu em 1900
17.342:000$, em 1900 produziu 21.654:000$000.

O total das rendas da União, pelas informações que possue o Thesouro, eleva-se a 281.217:000$, papel. Se accrescentarmos a essa quantia a renda do semestre addicional, que calcularemos apenas em 8.000:000$, quando nos annos anteriores ella tem sido estimada em 11.561:000$, teremos para renda total em papel 289.217:000$000.

A renda em ouro elevou-se nas alfandegas a 23.303:598$, que reunida ás de outras origens produziu para a renda total em ouro a quantia de 27.277:000$000.

Se compararmos as rendas-papel de 1900 e 1899 teremos:

	1900	1899
Importação. . . .	136.616:000$000	181.529:000$000
Consumo	38.120:000$000	24.930:000$000
Interior	84.770:000$000	78.600:000$000
Extraordinaria. . .	21.654:000$000	17.342:000$000

A confrontação da renda de importação mostra uma differença para menos em 1900 de 44.913:000$, differença devida não tanto á diminuição na importação do paiz, mas a uma antecipação de importação em novembro e dezembro de 1899 com o fim de evitar o imposto em ouro.

A comparação das outras rendas mostra, entretanto, um augmento notavel em todas ellas, principalmente na de consumo, de sorte que a somma desses accrescimos no valor de 23.672:000$ neutralisa em grande parte a differença para menos na renda de importação, reduzindo a 21.241:000$ a differença para menos na renda em geral em papel.

Si compararmos a renda em ouro em 1900 e 1899 teremos:

1900	1899
27.277:000$000	19.417:000$000

o que produz a differença para mais em 1900 de 7.860:000$, que reduzido a papel á taxa de $9^{1}/_{2}$ produz 22.279:000$, quantia esta que annulla a de 21.241:000$, differença para menos na receita-papel, deixando ainda um excesso de 1.038:000$ em favor do anno de 1900.

Vê-se, pois, que a diminuição na renda de importação em 1900, devida a uma antecipação, foi annullada completamente pelo augmento de todas as outras rendas em papel e em ouro.

Se compararmos agora os saldos orçados com os arrecadados em 1900 veremos que a receita ouro havia sido orçada em 28.348:000$ e a despeza em 9.014:000$, havendo um saldo de 19.334:000$000.

A receita arrecadada em ouro foi de 27.267:000$ e a despeza, incluindo os creditos, não vai além de 10.000:000$, havendo, pois, um saldo de 17.277:000$000.

A receita em papel foi orçada em . . . . 314.418:000$ e a despeza em 267.109:000$, havendo um saldo de 47.309:000$000.

A receita arrecadada, como atraz ficou indicado, elevar-se-ha a 289.217:000$ e a despeza poderá attingir a 268.877:000$, incluindo 21.877:000$ de creditos abertos durante o exercicio, ficando um saldo de 20.340:000$000.

A differença de 2.057:000$, ouro, entre o saldo orçado e o arrecadado, tem sua origem principal no credito aberto, no valor de 1.638:445$, ouro.

A differença de 26.969:000$, papel, entre o saldo orçado e o arrecadado, é devida parte ao facto de não haver sido emittida a somma de 20.000:000$ de moedas de nikel e parte á abertura de creditos, grande numero dos quaes foram destinados a solver antigos compromissos da União.

Apezar, porém, dessas despezas extraordinarias conseguimos com a reducção na despeza e boa arrecadação das rendas obter os saldos de

Papel . . . . . 20.340:000$000
Ouro . . . . . 17.277:000$000

ou reduzido tudo a
papel á taxa de $9^1/_2$ 69.228:000$000

Quanto ao corrente exercicio, apezar da insufficiencia dos dados colhidos pelo Thesouro, verifica-se que a renda papel de importação do 1º trimestre já excede de mais de 2.000:000$ a do periodo corrrespondente ao exercicio passado.

A renda em ouro que no 1º trimestre de 1900 attingiu a 4.514:000$ já se eleva no 1º trimestre deste anno a 8.036:000$000.

O imposto de consumo, de janeiro a março, já vai além de 8:000$000, e a renda do interior no mesmo periodo já se eleva a mais de 18.000:000$000.

Com estes elementos não será optimismo acreditar que as rendas do actual exercicio serão superiores ás do exercicio passado.

SENHORES MEMBROS DO CONGRESSO NACIONAL.

O que ahi fica demonstra que, preparando a satisfação dos nossos compromissos, conseguimos tambem banir o regimen do *deficit*, creando para o Thesouro a situação de prosperidade que tem por base os saldos orçamentarios. Por outro lado observa-se com satisfação a marcha continua e segura com que progride a valorisação do nosso meio circulante, graças á politica perseverante do resgate do papel-moeda, ao augmento constante do fundo de garantia e, como factor não menos preponderante, á confiança cada vez maior que inspira uma administração honesta e economica.

As dividas de exercicios findos acham-se fortemente reduzidas; as que procedem de in-

demnizações por sentenças judiciaes, ou de rescisão de contractos antigos e onerosos acham-se
liquidadas em milhares de contos; todos os pagamentos estão em dia e não existe em circulação uma só lettra do Thesouro.

Tal é a situação em que hoje se encontra a
administração da Republica.

MENSAGEM

APRESENTADA NA

SESSÃO EXTRAORDINARIA

———

25 — FEVEREIRO — 1902

Senhores Membros do Congresso Nacional.

Como sabeis e consta do decreto de 18 de janeiro ultimo, a sessão legislativa extraordinaria, que ora se installa, foi convocada especialmente para o fim de ser submettido á vossa sabia deliberação o projecto de codigo civil, acompanhado do parecer da commissão especial da Camara dos Srs. Deputados. E', portanto para dar satisfação a uma antiga e justa aspiração nacional, que vos achais reunidos.

Só a um dos poderes da Nação, ao Executivo, tem sido dado por emquanto promover, na orbita de sua competencia, a realisação desse grandioso *desideratum*; agora, porém, a questão passa para o dominio do Poder Legislativo, visto que a este pertence, no exercicio de sua alta prerogativa, dar-lhe a necessaria solução.

Não seria demais consignar que a necessidade do codigo civil começou a fazer-se sentir desde o momento em que se lançavam os fundamentos de nossa nacionalidade, accentuando-se iá então as graves difficuldades que, para a regular applicação do direito, deviam resultar do regimen de uma legislação « esparsa, antinomica, desordenada e numerosissima », tal como o que fôra instituido pela lei de 20 de outubro de 1823. Adoptando esta providencia, todavia registrou a mesma lei a primeira promessa de codificação, declarando de modo explicito que « as ordenações, leis, regimentos, alvarás, decretos e resoluções promulgados pelos reis de Portugal, etc., ficavam em inteiro vigor *emquanto se não organizasse um novo codigo*». A carta outorgada ratificou o compromisso. Era, pois, o proprio legislador, que, condemnando em sua origem o regimen inaugurado sob o imperio das circumstancias da época, apressava-se a dar-lhe um caracter meramente transitorio.

Perdura, entretanto, o condemnado systema e é força reconhecer que a elaboração da reforma vai sendo feita com demasiada lentidão.

A promessa da Assembléa Geral Constituinte de 1823 só teve inicio de execução a 15 de fevereiro de 1855, data em que no Ministerio da Justiça, sob a gestão do conselheiro Nabuco de Araujo, foi celebrado o contracto, em virtude do qual ficou o eminente jurisconsulto Teixeira de Freitas encarregado do trabalho da classificação systematica das leis, sob a fórma de *Consolidação*.

Era, como se vê, um trabalho preliminar, o ponto de partida para a obra de codificação.

Com effeito, a 15 de janeiro de 1859 um segundo contracto era assignado entre o governo
e o mesmo jurisconsulto, a quem desta vez foi
commettida a incumbencia de redigir o projecto
de codigo civil. O acto do governo, acolhido
com geral contentamento, despertara as mais
fundadas esperanças. Infelizmente, porém, não
obstante os ingentes esforços, cujos fructos
ainda hoje attestam a rara competencia do pre-
claro brasileiro, não poude este levar á dese-
jada conclusão a obra, que emprehendera com
o mais devotado patriotismo e á qual consa-
grara com estremecido ardor os ultimos lam-
pejos de sua poderosa mentalidade.

Em 1872 teve de ser rescindido este contracto, e em seguida foi celebrado um outro
com o conselheiro Nabuco de Araujo, estabelecendo o prazo de cinco annos, a partir do 1º
de janeiro de 1873, para organisar o projecto
de codigo civil.

Para empreza de tal magnitude nenhum
nome, naquelle momento, poderia preceder o
do notavel estadista do Imperio, que havia sido
um dos mais esforçados paladinos da idéa e a
quem, como ministro da Justica e conselheiro
de Estado, coube tirar a questão dos dominios
de uma simples aspiração abstracta para impri-
mir-lhe o cunho positivo dos actos da publica
administração.

Ainda desta vez o commettimento não poude
ser levado a termo, tendo sobrevindo o falle-

cimento do conselheiro Nabuco de Araujo, jus-
tamente quando elle devia entrar na phase
mais fecunda do seu trabalho.

Mallograda esta segunda tentativa, seguiu-se
um intervallo de completa paralysação até o
anno de 1881, em que foi constituida uma commissão, que se dissolveu sem ter tambem conseguido chegar a seus fins.

Abriu-se outro periodo de interrupção que
se prolongou até 1889, sendo então por acto do
Executivo organizada nova commissão.

Havia já iniciado e proseguia ella em seus
trabalhos na Secretaria da Justiça, quando sobreveiu a 15 de novembro de 1889 a revolução
que proclamou a Republica, sorprehendendo o
governo da monarchia antes que ella houvesse
conseguido enriquecer o seu espolio com esse
monumento da legislação patria.

Ministro da Justiça no Governo Provisorio,
tive de expedir o acto que dissolveu aquella
commissão, afim de poder resolver opportunamente, como melhor conviesse, em presença da
radical transformação por que acabavam de
passar as nossas instituições.

Convencido de que esta questão estava
posta na linha das que maior solicitude reclamavam da parte do poder publico, exigindo
prompta solução, promovi a celebração de um
contracto, fixando o prazo de tres annos para a
conclusão do trabalho. Este contracto traz a

data de 1º de julho de 1890. Apresentado o projecto, o governo de então teve por conveniente não submettel-o á vossa apreciação.

Desde então, nas regiões do poder, a questão volveu de novo á inactividade.

Esta simples exposição de factos adverte de um modo bem significativo que, toda vez que se interrompe um esforço encetado, sobrevem fatalmente o esmorecimento e segue-se o abandono.

Assumindo o governo da Republica a 15 de novembro de 1898, apezar das instantes preoccupações que naturalmente despertava a excepcional gravidade da situação financeira, tal como a encontrei, reflectindo-se intensamente no estado geral da administração, comprehendi que me incumbia volver solicita attenção para este momentoso assumpto. Foi assim que já em minha primeira mensagem pude communicar-vos que pelo Ministerio da Justiça tinha sido confiada ao illustre professor Dr. Clovis Bevilaqua a tarefa de elaborar um projecto, que opportunamente seria submettido ao vosso exame. Confirmou-se, felizmente, a minha previsão.

Foram estas as minhas palavras na referida mensagem:

« Parece ser já tempo de entrar em esforços decisivos para dotar a Republica com o seu codigo civil.

« Vem de muito longe esta aspiração nacional. O primeiro passo do poder publico,

dando-lhe fórma concreta, foi o accôrdo celebrado em 1855 com o eminente jurisconsulto
Dr. Augusto Teixeira de Freitas para colligir
e classificar a legislação brasileira, separar e
consolidar as leis civis. Seguiram-se a esta
tentativa inicial, em 1858, 1872, 1881 e 1890
os actos do governo promovendo a organização
do projecto de codigo civil.

« Bem pouco é, portanto, o que falta para
um periodo completo de meio seculo de esforços
continuos consagrados á satisfação de uma necessidade geralmente reconhecida e proclamada
por todos os orgams da sociedade brasileira.

« Mas se de tão numerosas tentativas não
poude sahir a conclusão da obra ardentemente
ambicionada, é certo, entretanto, que dellas
ficaram consideraveis e valiosos subsidios, que
podem ser agora applicados, com vantagem decisiva, em ultimo e definitivo tentamen.

« E tal é o pensamento do governo.

« Exemplo animador é esse que nos offerece o Imperio Allemão, onde com a metade do
tempo já despendido por nós, e tendo de vencer
resistencias que a organização da Republica
não offerece, conseguiu-se a promulgação do codigo civil que veiu completar a obra da concentração do poder pela unificação do direito.
Em uma confederação de Estados soberanos,
cada um dos quaes na velha posse da legislação
separada, comprehende-se a pertinacia da resistencia á aspiração de um codigo, que devia

inutilisar e substituir. todos os outros, fazendo desapparecer, ao mesmo tempo, o derradeiro attestado de uma soberania tradicional.

« Phenomeno identico é esse que se apresenta, neste mesmo momento, na Republica Helvetica. Lá tambem surgiu a aspiração de um *direito nacional*. Está já elaborado um projecto de codigo unificando o direito penal, e o Conselho Federal encarregou, em 1892, o grande jurisconsulto Huber de organizar um projecto de *codigo civil suisso*. A idéa, porém, permanece estacionaria, não porque ao legislador suisso faltem ricos monumentos de direito para modelar a sua obra, mas porque, como os Estados germanicos, os Cantões da Suissa defendem com obstinada firmeza o direito que possuem ha seis seculos de existencia nacional.

« Estabelecida como foi, a unidade do direito, o legislador brasileiro não tem encontrado diante de si os obstaculos desta natureza excepcional, que não significam nem significaram jámais a difficuldade de condensar num codigo as clausulas do direito, mas unicamente a difficuldade de destruir um · direito tradicional.

« Convencido de que é tempo de agir resolutamente, resolvi providenciar no sentido de se elaborar um projecto de codigo civil, que vos será opportunamente apresentado. O Ministro da Justiça acaba de confiar esse importante trabalho ao Dr. Clovis Bevilaqua, lente da Faculdade de Direito do Recife. »

Na mensagem seguinte, guardada a indispensavel continuidade de esforços, podia eu dar conta da conclusão do projecto nos seguintes termos:

« Na minha anterior mensagem tive occasião de manifestar-vos o particular empenho do governo em satisfazer a necessidade geralmente reconhecida e urgentemente reclamada da decretação do codigo civil, accentuada e velha aspiração da sociedade brasileira. E'-me grato poder annunciar-vos hoje que o projecto está concluido e foi submettido ao estudo de uma commissão especial de jurisconsultos. Nutro a esperança de sujeital-o em breve ao vosso esclarecido exame. »

Finalmente, na mensagem do anno passado, assim me exprimia sobre o mesmo objecto:

« De accôrdo com os votos manifestados em minha mensagem anterior, tive a honra de submetter em novembro ultimo ao vosso esclarecido exame o projecto de codigo civil brasileiro, elaborado pelo Dr. Clovis Bevilaqua, lente da Faculdade de Direito do Recife, e revisto por uma commissão especial de jurisconsultos, sob a presidencia do Ministro da Justiça.

« Trabalho de elevado merito, prestigiado pelos applausos de eminentes juristas nacionaes e estrangeiros, elle procurou consorciar as tradições do nosso direito com as conquistas que mais recentemente têm vindo enriquecer o patrimonio juridico dos povos cultos, e aguarda apenas a vossa consagração legal para attender a essa aspiração nacional que ha quasi meio seculo reclama insistentemente a codificação das nossas leis civis.

« O codigo das ordenações philippinas, por mais previdente e completo que tenha sido ao tempo da sua promulgação, já não póde traduzir as necessidades, os interesses, as idéas e os sentimentos da épocha actual. Por outro lado, os actos legislativos, tão numerosos e tão diversamente orientados, com que temos procurado supprir essa lacuna, têm creado para o nosso direito privado um estado de perturbação e anarchia que está a reclamar dos poderes competentes remedio prompto e efficaz.

« A approvação do projecto tal qual vos foi apresentado ou com as modificações que, a bem do seu aperfeiçoamento, a vossa alta sabedoria porventura aconselhar, virá pôr termo a esse estado de vacillação e de incerteza e imprimir ao direito civil brasileiro a unidade de orientação, a simplicidade e a energia que fortalecem a lei e a tornam duradoura e fecunda.

« Nutro, pois, a esperança de que não deixareis encerrar-se a presente sessão legislativa sem levar a termo a obra patriotica de dar á Republica o seu codigo civil. »

Como vêdes, a questão tem já feito o vasto e lento percurso, que uma sabia prudencia re-

clama em obra de tanta grandeza, para o poder
chegar a uma conclusão compativel com as
necessidades de nossa civilisação e com as
luzes do estado social moderno. Ella tem passado successivamente dos dominios de uma
vaga aspiração do paiz para os actos do poder
publico, e é fazendo esse largo trajecto que ella
agora chega a ser submettida, em ultima instancia, á consagração do vosso voto.

SENHORES MEMBROS DO CONGRESSO NACIONAL.

Permitti que, ao fechar esta exposição, eu
vos dirija as proprias palavras de Teixeira de
Freitas, quando exhortava o Ministro da Justiça
de 1858 a apressar por seus mais energicos esforços a conclusão da obra que de suas proprias
mãos recebera vigoroso impulso:

« Aproveitai o tempo e não percais um
momento em concorrer com os grandes meios
ao vosso alcance para vos cobrirdes de gloria
dotando o paiz com uma obra monumental. »

MENSAGEM

APRESENTADA NA

TERCEIRA SESSÃO DA QUARTA LEGISLATURA

———

3 — MAIO — 1902

Senhores Membros do Congresso Nacional.

Cumpro pela ultima vez o preceito do art. 48 n. 9 da Constituição.

Antes, porém, de dar-vos conta da situação geral do paiz, sinto a necessidade, senão de justificar, ao menos de esclarecer os moveis e os intuitos da politica que adoptei e á qual tenho subordinado a administração da Republica.

Quasi chegado ao termo de minha missão no governo e quando já se começa a deliberar para o futuro quatriennio, ninguem poderá attribuir-me intenções veladas nem suspeitar de minha sinceridade.

Fallo com o desprendimento de um espirito absolutamente emancipado das suggestões do egoismo politico.

Subi á cadeira da suprema magistratura do paiz trazendo bem funda a consciencia de minha grande responsabilidade, decorrente da parte que me coube nas luctas contra o Imperio, na revolução que proclamou a Republica, no governo dictatorial que a fundou e na constituinte que a organisou. Não podia, portanto, deixar de consagrar-lhe, neste ultimo posto, toda a dedicação e o principal das energias de um republicano leal e sincero.

Nutro a convicção de haver tudo feito para bem cumprir o meu dever.

E' preciso recordar as circumstancias em que nos achavamos no momento de ser-me entregue o governo da Republica. Gravissimas como eram as difficuldades que eu teria de enfrentar, não cheguei todavia a ver nellas o que ainda hoje a declamação enferma diz ser o *descalabro* da Republica. Apenas se me afigurou que, do que precisava o paiz era de governo; isto é, cabia-me encerrar a politica dos adiamentos e abrir resolutamente a phase das soluções.

Acabavamos de assignar uma concordata com os nossos credores externos; e só um facto desta natureza, de tão pungente anomalia na vida de um povo, basta para caracterisar uma situação de excepcional gravidade. O certo é que, quando eu disse, em meio de geral desalento, que o governo da Republica possuia os meios necessarios para desempenhar-se com honra e sem humilhação dos seus pesados compromissos, é de justiça confessar que bem raros foram os que não levaram esta minha confiança á conta de méra phantasia optimista, tão duvidoso parecia no primeiro instante que pudessemos chegar á satisfação pontual das nossas obrigações.

Com effeito, para mostrar em quadro succinto quanto era onerosa a herança de erros, que vinham de bastante longe, para poder abranger quasi toda a vida nacional, será sufficiente consignar que o que eu encontrei foi o seguinte:

Pagamentos suspensos;

A circulação de papel-moeda elevada a 788.364:614$500;

Resgaste a realisar-se em virtude do convenio de Londres — 115.997:710$000;

Média annual da taxa cambial 7 $^{3}/_{16}$;

Os titulos da divida publica com uma depreciação, nas cotações da bolsa estrangeira, de cerca de 50 %;

Resto do emprestimo externo de 1897 por lettras do Thesouro, pagaveis mensalmente e a liquidar-se no exercicio de 1899 — £ 1.122.083;

Lettras do Thesouro emittidas por antecipação de renda e em circulação — 20.350:000$000;

Saldo contra o Thesouro em conta corrente do Banco da Republica — 11.000:000$000;

Prestações a pagar por material de guerra em virtude de encommendas — £ 274.694;

Importancia de contractos a pagar, tambem por material de guerra — 832:386$726.

Em face destes encargos encontrei:

No Thesouro — 5.492:854$000;

Na agencia de Londres — £ 81.713;

Finalmente, avultados *deficits* orçamentarios nos exercicios anteriores.

Em presença de uma tal situação o programma do governo para o periodo quatriennal que se inaugurava a 15 de novembro de 1898 estava virtualmente traçado: o problema financeiro era inilludivelmente posto no primeiro plano.

Obedecendo ao imperio destas circumstancias e tomando como dever primordial resguardar a honorabilidade da Nação Brasileira na execução dos seus compromissos, declarei de modo categorico, que não nos seria licito votar novas despezas nem mesmo tolerar as que fossem de caracter adiavel, antes de termos posto ordem nos nossos negocios e regulado as nossas contas.

Este programma, que francamente se caracterisava pela exigencia de pesados sacrificios, visto que se baseava antes de tudo em profundas restricções, devendo ainda ser completado pela evidente necessidade de medidas que produzissem o alargamento da receita publica, não era certamente de molde a preparar a popularidade do governo, que se propunha a executal-o com intransigente firmeza. Eu bem sabia que não é sem grandes difficuldades e sem excitar desgostos e resentimentos, embora injustificaveis, que se eliminam abusos inveterados, que se supprimem erros tradicionaes e que se deslocam interesses radicados pelo uso de longo tempo.

Mas, eu sabia tambem que não é permittido aos que governam, antepondo o egoismo individual à suprema razão de Estado, requestar a benevolencia do sentimento publico com o sacrificio do interesse nacional. Estou com os que pensam que uma das mais estimaveis qualidades do homem de governo é a que consiste na sua coragem; não essa coragem vulgar, que todos podem ter em presença dos perigos materiaes, mas a coragem moral de affrontar a propria impopularidade para fazer aquillo que se lhe afigura ser o bem de sua patria.

Não desconheço que em um regimen de pura democracia, ao governo assiste o dever de collocar a sua acção na linha do sentimento nacional, até porque elle precisa exercer sobre a opinião uma influencia que lhe facilite o desempenho de sua alta missão; mas, cumpre reflectir, como já advertiu um grande espirito, que nem todos os ruidos da imprensa .ou da tribuna podem ser tidos por genuinas manifestações da opinião publica. As mais das vezes elles não exprimem, siquer, os arrebatamentos dessas paixões varonis, que ennobrecem os combatentes e dão elevação moral ás luctas; mas, ao contrario, representam intuitos e sentimentos, que abatem e degradam esses poderosos instrumentos da opinião. Neste caso não resta ao depositario do poder publico senão voltar para outro lado a sua attenção.

Sem desconhecer, portanto, os obstaculos dessa natureza que eu iria fatalmente encontrar no caminho que me tracei, tomei a resolução de executar firmemente esse programma que, como disse, não fôra por mim meditado e formulado, visto que o encontrei imposto ao governo da Republica em nome da honra nacional.

Não fôra isto, não houvesse eu trazido para o governo um compromisso de consciencia, uma deliberação ou uma vontade, poderia sem duvida aguardar indifferentemente a acção legislativa, com as facilidades que proporciona a commoda doutrina do *laissez faire*, que aliás só póde ser preconisada por quem não tenha um pensamento a fazer vingar na alta administração. Nestas condições é evidente que eu não teria tido a necessidade de aproximar-me do Congresso e menos ainda de interessar-me pela orientação de seus trabalhos.

Do meu ponto de vista, porém, reconheci desde logo que a ingente tarefa não era sómente minha; mas reclamava a collaboração constitucional dos legisladores, e essa só poderia ser obtida mediante um accôrdo de vistas, capaz de produzir a indispensavel convergencia de esforços pela unidade de pensamento.

E' nisto exactamente que consiste a superioridade do nosso systema. O depositario unipessoal do Executivo sente-se á vontade quando se aproxima do poder que faz a lei para solicitar o concurso de sua alta sabedoria.

E' a propria soberania que se exercita, uma ao lado da outra, quando um laço de harmonia liga entre si os orgams dos dois poderes politicos em patriotica communhão de esforços pelo bem publico.

Entretanto, o Congresso achava-se dividido em dois grandes agrupamentos, que os successos politicos do periodo anterior tinham collocado em vehemente antagonismo, medindo-se as forças em pé de quasi igualdade. Os dois lados representavam em seus membros valiosas tradições de serviços á Republica. Pareceu-me desde logo que se enganaram os que tinham visto no incidente da scisão politica de 1897 o inicio da formação de partidos regulares. A accentuada modificação que se manifestava em todos os espiritos, no momento em que assumi o governo, e a manifesta tendencia, que em tudo se revelava, para uma nova orientação, tornavam clarissimo que aquelle incidente não tivera por causa efficiente a divergéncia de principios fundamentaes na gestão dos negocios publicos. Atravez dos movimentos de reciproca e apaixonada hostilidade podia-se observar que, tanto de um como de outro lado, não se havia apagado a fé republicana, nem era menos vivo o sentimento de patriotismo. Todos prestavam espontaneamente e lealmente a sua collaboração á obra de restauração do credito nacional.

Quer isto dizer que não havia então, para servir de fundamento ás luctas partidarias, o contraste das aspirações na esphera dos principios.

Este phenomeno politico tem sua origem nos effeitos inevitaveis da revolução de 15 de novembro, que, destruindo a monarchia, produziu logicamente a dissolução dos partidos que antes existiam.

Ao contrario do que succedeu na formação da grande republica norte-americana, onde os partidos sahiram organizados do seio da Convenção de Philadelphia representando as diversas correntes de idéas, entre nós os homens politicos que, vindos de procedencias diversas e representando tambem tradicções diversas se acharam pela primeira vez congregados na constituinte, não encontraram razões de fundamental desaccôrdo no que era concernente á essencia do regimen que se elaborava.

Dentre os constituintes nenhuma controversia surgiu, que podesse servir de fundamento inicial á organização de partidos politicos.

A divergencia só appareceu, dividindo quasi ao meio a grande assembléa republicana, não a proposito de uma idéa, mas em presença de um

pleito — a eleição do primeiro presidente constitucional da Republica — divergencia de consequencias funestissimas, porque é nella que a
verdade da historia irá encontrar a causa originaria dessas agitações sem objectivo na ordem
das idéas e que têm sido a fonte fecunda de
tantas calamidades.

Filiadas a essa viciosa origem e obedecendo
aos mesmos estimulos, as luctas posteriores, que
têm agitado os espiritos e os movimentos armados, que têm perturbado a paz, jámais tiveram por causa o antagonismo das idéas.

O tempo decorrido de 1889 até hoje teria
sido sufficiente para a nossa reconstrucção politica, se acaso uma melhor previsão do futuro
houvesse evitado que no seio da constituinte
se lançassem os germens das desordens que se
desencadearam com tanta violencia, perturbando a vida da Republica e impedindo-a de
cuidar detidamente, tranquillamente, do aperfeiçoamento dos novos apparelhos de governo.
Eis porque não existem ainda agremiações politicas com a indispensavel cohesão e constituindo, pela rivalidade dos intuitos, essas forças
poderosas que estabelecem o salutar equilibrio
da acção governativa e preparam a successão
natural e pacifica das aspirações legitimas nas
regiões do poder.

Nestas condições e dada a excepcional gravidade do momento, eu me consideraria o
menos patriota de todos os brasileiros se acaso

houvesse enveredado pelo caminho das se-
lecções partidarias. Semelhante politica, estreita, imprevidente e impatriotica só poderia
ser concebida e praticada por quem jámais
houvesse comprehendido ou sentido a responsabilidade do poder.

Repudiei-a sem hesitação.

Dada esta situação, evidentemente caracterisada pela ausencia de partidos regulares,
comprehendi que a unica solução indicada pelas
necessidades da administração seria a de uma
politica de concordia, visando a reconciliação
de elementos que, na essencia de suas aspirações, não se haviam incompatibilisado entre si,
afim de que pudessem todos prestar a indispensavel collaboração na obra patriotica que
o governo encetava.

Confesso que, procurando antever os
effeitos desta politica, nunca cheguei a suppôr
que ella pudesse satisfazer a systematica intransigencia dos adeptos do partidarismo exclusivista, nem tão pouco a vivaz combativi-
dade dos que se habituaram a não ver na calma
dos espiritos, senão um symptoma inquietador
de torpor e lethargia na politica; mas eu estava bem seguro de que ella correspondia em
seus elevados intuitos á suprema gravidade do
estado geral do paiz.

Demais, eu sentia-me completamente livre
para desprender-me das intransigencias parti-

darias. Fallando ao eleitorado brasileiro, a quem eu procurava esclarecer para o consciente pronunciamento das urnas, declarei, com franqueza e lealdade, que não traria para este posto o compromisso de ser o « superintendente de interesses partidarios », visto que, « quaesquer que fossem os vinculos preexistentes, no criterio do governo a dedicação ao partido jámais poderia substituir a dedicação ao Estado » ; e accrescentei, sublinhando o meu pensamento, que « a questão financeira, em sua natureza profundamente politica, não podia, entretanto, ser posta nos moldes oppressivos do partidarismo ».

E' claro, pois, que recebi das urnas plena liberdade para a minha acção politica.

Não foi, portanto, de dissolução ou desaggregação o processo politico que adoptei : foi, sim, de união e coordenação. Em vez de dividir forças, separar os elementos politicos e enfraquecel-os pela dispersão, afim de crear em proveito do Executivo uma supremacia illegitima, procurei, ao contrario, promover a união desses elementos, no intuito de constituir uma grande força de apoio á administração da Republica na phase melindrosa que ella atravessava.

Foi assim que comprehendi as minhas responsabilidades, foi assim que procurei desempenhar-me dellas. A prova de que não me enganei na escolha desta politica ahi está nos resultados que ella tem produzido.

Restabeleceu-se a serenidade nos espiritos e abriu-se uma época de salutar actividade legislativa, que tem permittido a adopção de medidas de transcendente utilidade, que em seu conjuncto formam o vasto programma de administração do actual periodo presidencial. Por outro lado, a tranquillidade nos Estados, fructo desta mesma politica de concordia e tolerancia, em contraste com a incandescente politica da aggressão e da represalia, produziu a calma geral, a cujo influxo têm conseguido os poderes federaes desdobrar a sua acção reparadora.

Neste regimen, é minha convicção inabalavel, a verdadeira força politica, que no apertado unitarismo do Imperio residia no poder central, deslocou-se para os Estados. *A politica dos Estados*, isto é, a politica que fortifica os vinculos de harmonia entre os Estados e a União, é pois, na sua essencia, a *politica nacional*. E' lá, na somma dessas unidades autonomas, que se encontra a verdadeira soberania da opinião. O que pensam os Estados, pensa a União.

Modificada a athmosphera politica, poude o governo desdobrar a sua acção administrativa, imprimindo-lhe desde o ponto de partida vigorosa e energica actividade, graças ás medidas que o Congresso poude conceder, prevalecendo-se com patriotica solicitude da calma que reinava nos dias da sessão de 1898, após a inauguração do periodo presidencial.

Perseverando nestes esforços o governo e o Congresso, conseguimos nas sessões que se seguiram lançar na legislação da Republica os principios organicos da administração financeira e as bases estaveis do regimen fiscal.

Se uma politica só póde ser julgada pelos seus fructos, ahi estão os que pude colher.

Já disse como encontrei o paiz a 15 de novembro de 1898, ao assumir o governo da Republica. Ser-me-ha permittido dizer tambem as condições em que elle agora se acha, ao terminar-se o actual periodo presidencial. O simples confronto dessas épocas bastará, creio eu, para esclarecer os moveis e os intuitos de minha politica, sinão tambem para assignalar a sua efficacia.

As condições de hoje, em frisante contraste com aquellas que vim encontrar, são estas:

Os pagamentos em especie, restabelecidos no prazo preciso do convenio de 15 de junho de 1898, vão sendo feitos com rigorosa e ho_nesta pontualidade;

A circulação do papel-moeda, alliviada pelo resgate de 107.913:356$, acha-se reduzida a 680.415:258$000;

Taxa cambial ao nivel de 12;

A grande massa de papel em circulação, que em sua primitiva totalidade apenas representava o valor de £ 23.500.000 representa hoje, após a reducção — £ 34.000.000 — fracções despresadas;

Os titulos brasileiros alcançaram uma alta de cerca de 35 % nas cotações da bolsa estrangeira;

O resto do emprestimo de 1897 — £ 1.122.083 — foi pago por prestações mensaes no decurso do exercicio de 1899, na fórma estipulada;

Os debitos por encommendas e contractos estão pagos;

Não existe em circulação um só bilhete do Thesouro;

O nosso deposito em Londres é de 2.000.000 (que se restaura pelas remessas mensaes quando desfalcado pelos pagamentos) e mais £ 1.000.000 em consolidados;

Na conta corrente do Banco da Republica (excluida a conta da líquidação antiga que apresenta £ 300.000 a nosso favor), temos 12.000:000$000;

Por conseguinte, a somma dos saldos actuaes reduzido o ouro a papel ao cambio do dia, é de 80.000:000$000;

Finalmente, baniu-se o *deficit* e instituiu-se o regimen dos saldos orçamentarios.

Para completar estas informações referirei como uma nota altamente significativa, que o meu governo já remetteu em cambiaes para Londres, até abril ultimo, a somma de £ 9.000.000.

Outras providencias foram ainda adoptadas em ordem a melhorar as condições do Thesouro.

Entre estas salientam-se o resgate de titulos, ouro, no valor de £ 4.400.000, e apolices internas papel, na importancia de 6.200:000$000.

Addiccionados estes valores ao disponivel em Londres, verifica-se que a divida publica, mesmo computando-se os novos encargos provenientes do *funding* (£ 8.700.000), não chegou a ter um accrescimo de dois milhões esterlinos. Se porém se computar a somma correspondente ao resgate do papel-moeda, que certamente constitue um dos mais pesados encargos da Nação, verificar-se-ha uma consideravel differença em allivio do Thesouro.

Para mostrar quanto custou em esforços de economia, methodo e fiscalisação esta obra de reparação financeira, é imprescindivel recordar que no periodo presidencial que me antecedeu (1894-1898), não bastaram ás necessidades da vida nacional os recursos orçamentarios : o governo utilisou-se, a mais, dos emprestimos, ouro, £ 7.000.000 em 1895, e £ 1.122.080, parte do de 1897 ; contrahiu emprestimos, papel, na importancia de 160.000:000$; emittiu lettras do Thesouro (sómente as que deixou em circulação) na somma de 20.350:000$; deixou, no Banco da Republica, um debito em conta corrente de 11.000:000$; tentou o resgate retirando 30.000:000$ da circulação, mas fez emissões na importancia de 55.000:000$, o que redunda no accrescimo de 25.000:000$ destinados ás urgencias da administração ;

vendeu navios de nossa marinha de guerra, re
colhendo desta operação £ 457.194; percebeu
pela venda das *debentures* da companhia Leopoldina £ 560.000. Quer isto dizer que a administração anterior, além da renda publica
arrecadada durante aquelle quatriennio, lançou
mão de recursos extraordinarios, que attingiram
á importancia total de, ouro, £ 9.139.000 e
papel, 216.350:000$000.

Tenho a satisfação de assignalar que con-
segui na minha administração os resultados que
ahi ficam mencionados sem emissões, antes effe-
ctuando o resgate de uma somma consideravel;
sem emprestimos, antes solvendo compromissos
e restabelecendo o regimen da pontualidade
dos pagamentos em especie; sem desfalcar por
alienação o patrimonio nacional, antes adqui·
rindo cerca de 1.970 kilometros de estradas
de ferro para a União, conforme mostrarei
em seguida.

Antes, porém, de passar a este assumpto
parece de alguma utilidade registrar mais que,
ao abrir-se o periodo de 1894-1898, o cambio
apresentava a taxa média de $10^3/_{32}$, entrando
desde logo em baixa continua até que, no
ultimo anno do mesmo periodo, desceu á média
de $7^3/_{16}$. No decurso do actual quatriennio,
porém, que assim abriu-se com esta média de
$7^7/_{16}$, entrou o cambio em movimento progressivo de alta até attingir o nivel de 12^d.
Se se ponderar agora que o mesmo movimento

de desvalorisação e valorisação se operou
quanto aos titulos brasileiros, nas mesmas
épochas, chegar-se-ha á consoladora evidencia
de que, para honra da Republica, ao penoso
movimento de decadencia do credito nacional
succedeu o da sua rehabilitação.

Repito agora, com applicação aos factos
que ahi ficam expostos, aquelle alheio conceito
de que me utilisei no meu manifesto eleitoral:
— As cifras não governam o mundo, mas
dizem como o mundo é governado.

Deve ser capitulada na ordem dos mais
importantes beneficios realisados em favor do
erario publico a dupla operação da encampação
e arrendamento das estradas de ferro com
garantia de juros.

Impugnada embora com a vehemencia e a
paixão que aos seus propugnadores ordinari-
amente despertam os interesses particularistas,
quasi sempre observados de um ponto de
vista tão estreito, que não permitte ver em
sua sobrepujante grandeza o interesse nacional,
é tal a minha convicção acerca das vantagens
que dessa operação ha de auferir o governo
da União, que, com absoluta serenidade de
animo o declaro, ainda hoje eu encetaria as
mesmas negociações para chegar a igual solução desse problema da administração federal,
se acaso fosse possivel restabelecel-o nos seus
primitivos termos.

Com o fim de attrahir capitaes estrangeiros para a construcção de vias ferreas o governo adoptou em 1852 o systema de garantir sobre o capital nellas empregados o juro de 7 %, por 90 annos, e nesse teôr foram feitas as concessões ás emprezas das estradas do Recife ao S. Francisco, da Bahia ao S. Francisco e de Santos a Jundiahy. Esta ultima renunciou depois a garantia.

A lei n. 2450, de 1873, e seu regulamento de 28 de fevereiro de 1874, alteraram alguns pontos principaes do regimen existente, mas conservaram outros que a experiencia veiu demonstrar serem muito lesivos ao Estado. Se o periodo da garantia foi reduzido de 90 a 30 annos, as disposições concernentes á desapropriação das vias ferreas ficaram virtualmente intactas. As primeiras concessões foram outorgadas quando suppunha-se que as emprezas aufeririam das estradas renda liquida superior á garantia annual, como aconteceu unicamente com a estrada de Santos a Jundiahy. Nesse presupposto, não foram tomadas providencias quanto a um fundo para amortisar os adiantamentos do Estado, fundo, que, accumulado no mesmo periodo da garantia, viesse alliviar o Thesouro dos sacrificios anteriores. O Estado reservou-se apenas o producto liquido das vias ferreas, depois de deduzidas até as despezas de administração na Europa, e deste modo, como as estradas ou têm tido *deficits* no custeio, ou saldos pequenos, ao governo tem custado este regimen enormes sacrificios.

Se ao menos, finda a garantia, a lei tivesse prescripto um meio justo de desapropriação, podiamos esperar no futuro algum equivalente para os adiantamentos dos 30 annos das garantias. Mas a lei e o decreto citados e o ulterior decreto n. 6995, de 10 de agosto de 1878, estabelecendo o direito do resgate na base do *rendimento liquido* do septennio e do quinquennio anterior, declararam que esse rendimento liquido não só incluia a garantia mas « não será inferior ao capital affiançado ou garantido » (clausula XIII do ultimo decreto citado) ; e por este regimen se fizeram as concessões existentes. De modo que a peior das estradas com capital garantido tinha e tem o direito, não só de reclamar a garantia integral até extinguir-se em 30 annos, como tambem se o governo quizesse resgatal-a, exigir titulos, de divida publica que lhe continuem a dar a mesma garantia até serem extinctos taes titulos por via da amortisação, — isto é, por 30 ou 40 annos, além dos 30 da garantia.

Quando se ultimaram os 30 annos depois das primeiras concessões, das estradas do Recife e da Bahia, o governo cogitou sériamente do seu resgate e a lei do orçamento de 3 de setembro de 1884 autorisou-o a effectuar a transacção, — autorisação que foi renovada annualmente até 1900. Surgindo duvidas sobre o

M. 14

que era *rendimento liquido*, que constituia a
base do resgate, foram ouvidas as secções
reunidas dos negocios do Imperio e Fazenda
do Conselho de Estado e o seu aliás luminoso
parecer de 30 de outubro de 1884 opinou que,
se o governo resgatasse essas vias ferreas,
deveria entregar ás respectivas emprezas titulos
que continuassem a dar-lhes « a mesma renda
que dantes », isto é, 7 % correspondentes ao
total dos juros garantidos. Para effectuar o
resgate das duas estradas nesta base o governo nomeou em 1888 um agente, que nada
fez por entender que a base era onerosa. Em
1890 ainda o mesmo agente novamente nomeado para estudar o assumpto das garantias,
propoz o resgate de todas as estradas, o que o
governo não tentou por circumstancias inde-
pendentes de sua vontade.

Pareceu ultimamente ao governo que o
assumpto reclamava séria attenção e, após
indagações preliminares, solicitou a autorisação
que lhe foi dada pela lei n. 146, de 29 de
dezembro de 1900, art. 29, clausula 25, para
o resgate de todas as estradas com garantia de
juros, constituindo ao mesmo tempo uma caixa
de amortisação dos titulos, dados em pagamento das emprezas, com o producto do seu
arrendamento e com a differença entre a garantia vigente e as taxas do juro e amortisação
ordinaria dos mesmos titulos. Para esse fim
foi nomeado o mesmo agente referido, Sr. Dr.

José Carlos Rodrigues, que ha pouco voltou de sua missão, da qual desempenhou-se de modo o mais satisfactorio.

O governo contractou o resgate das estradas de ferro do Recife ao S. Francisco, da Bahia ao S. Francisco, da empreza do Ramal do Timbó, da Natal á Nova Cruz, da Parahyba ao Pilar e Cabedello (Conde d'Eu), Central da Bahia, Minas e Rio, da Santa Maria da Bocca do Monte ao Uruguay, Paraná a Corityba e seu prolongamento e da D. Thereza Christina. Estes dois ultimos contractos dependem ainda da approvação dos accionistas e credores das referidas emprezas.

O resgate das duas primeiras, cuja garantia duraria ainda para cima de 40 annos, foi contractado na base do rendimento liquido ser de 5 % e não 7 % como, segundo a consulta do Conselho de Estado, o governo era obrigado a dar. Na empreza da Bahia ao S. Francisco a differença assim economisada é de £ 38.000 annualmente. O resgate das outras foi objecto de longas negociações e até, em alguns casos, da intervenção judicial entre as companhias e os obrigacionistas.

Dos dadòs que brevemente vos serão apresentados vereis, Srs. Membros do Congresso, que o meu governo tem razão de congratular-se com o paiz pelo bom exito da autorisação que lhe dèstes. A operação tem merecido a approvação de abalisados economistas europeus, sendo de notar que apezar de terem as emissões contractadas dos novos titulos para a rescisão das garantias subido a mais de £ 13.000.000, não produziram a baixa nas cotações dos outros titulos que, ao contrario, têm subido ultima-mente nos mercados europeus.

As garantias da Recife ao S. Francisco e da Bahia ao S. Francisco que, como disse, du-rariam ainda mais de 40 annos, de 1901 em diante absorveriam £ 182.000 por anno ou mais de £ 8.000.000 durante toda a sua vigencia.

As garantias das outras estradas, cujo res-gate foi contractado, estendiam-se de oito annos e meio a 24. Nesse periodo o Thesouro teria de desembolsar com ellas £ 7.527.986, menos o magro producto da renda liquida que têm deixado, (á excepção de uma) — porquanto o trafego de quasi todas, sob a administração ingleza, têm tido *deficits*.

Assim, sem o resgate, teria o Thesouro de despender mais de 15 ½ milhões de ££, menos esses saldos: e tendo feito esse sacrificio, o Estado não seria proprietario das estradas, a menos que as não resgatasse por titulos que dessem nova renda igual á das garantias. O resgate foi operado por apolices da divida pu-blica externa de 4 % cujo total nominal não attinge ao total em dinheiro que o Thesouro deveria desembolsar no decurso das garantias.

O resultado destas operações do resgate póde tambem ser formulado de outro modo que mostra quão indiscutiveis são os beneficios que aufere o Estado.

Segundo as respectivas concessões, a lei de 1873, os decretos regulamentares de 1874 e 1878, e a consulta do Conselho de Estado, já citados, o resgate das duas vias ferreas do Recife e da Bahia ao S. Francisco deveria ser effectuado com titulos que dessem a mesma renda do ultimo septennio, renda que não devia ser menor do que a propria garantia nesse periodo, isto é £ 210.000 por anno ou £ 5.250.000 em apolices de 4 %. Pois bem; emittimos, para a sua desapropriação, £ 3.890.000 ou £ 1.360.000 menos.

Quanto ás outras estradas, se descontassemos as garantias que lhes deviamos, dinheiro á vista com deducção dos juros, e saldassemos este valor por meio de apolices de 4 % a 64 % (que era a cotação ordinaria das apolices já existentes de 4 % quando se ultimaram quasi todos os contractos de resgate), teriamos de dar por taes commutações das garantias, £ 9.400.000, e com tal operação o Estado apenas saldaria seu encargo pelas garantias sem ficar proprietario das estradas, que continuariam a pertencer ás respectivas emprezas. Pois bem: o total que pagaremos para a propria acquisição dessas estradas, menos as duas já citadas, será de cerca de £ 9.900.000 em apolices. De modo que o Estado fica senhor de 1.970 kilometros de viação ferrea por

£ 860.000 *menos* do que o valor contractual do resgate das estradas do Recife e da Bahia e do valor da commutação das garantias das outras linhas, que o governo devia pagar sem obter com isso a reversão das estradas. Isto é além das vantagens indirectas do resgate.

O fundo de amortisação extraordinario que creastes, pela sua rapidez durante o periodo das garantias, habilita o governo a resgatar nos primeiros 10 annos mais da metade de todas as emissões feitas, a outra metade sendo facilmente resgatavel com o producto das proprias estradas, cuja receita bruta, apezar de tudo, tem ido augmentando sempre em progressão mais que satisfactoria. Em 1891 a receita bruta das estradas cuja desapropriação contractámos, incluindo as duas ainda dependentes de formalidades ulteriores, foi de — 5.060:008$, ou, addicionando a receita da « Sudouest » aberta em 1895 — 5.360:985$. Essas mesmas estradas em 1898 recolheram a receita bruta de 9.813.769$. Este augmento de mais de 83% não só attesta a pujança dos recursos do nosso paiz como justifica, sob outro aspecto, esta grande operação do resgate, de que me ufano e que trouxe ao patrimonio nacional a propriedade de cêrca de 1.970 kilometros de vias ferreas.

O governo já tem arrendado algumas destas estradas e das condições do arrendamento se deprehende tambem a opportunidade do resgate. Por exemplo, e para não sahir daquelle periodo de 1891 a esta parte : a estrada de ferro da Bahia ao S. Francisco, que nunca deixou de apresentar *deficits*, sendo este em 1898 de 1.050:000$ e em 1894 e 1896 de 560:000$ e 538:000$, fóra despezas em Londres, — no primeiro semestre do arrendamento provisorio deu 129:000$ de saldo. A do Conde d'Eu que desde 1891 nunca deu saldo, excepto em 1896, quando esse mesmo foi quasi absorvido pelas despezas de Londres, está arrendada a uma companhia ingleza que paga ao Thesouro actualmente cerca de 50:000$ annuaes e pagará quasi o dobro quando a receita total da rêde que arrendou chegar a certa somma, que se espera attingirá dentro de poucos annos. A estrada do Recife ao S. Francisco, de cuja receita liquida o Thesouro apurara apenas a média de cerca £ 7.000 ou 140:000$ nos ultimos annos anteriores ao resgate, está arrendada por £ 18.000 a essa mesma empreza. A Sul de Pernambuco, de propriedade do Estado e que o governo procurara debalde arrendar, está produzindo £ 9.375, ou ao cambio de 12 — 187:500$ por anno, quando ao Thesouro custava a sua exploração *deficits* annuaes que entre 1895 e 1899 sommaram 865:000$000.

Das estradas estrangeiras que gozavam da garantia de juros só tres não foram resgatadas. Uma dellas, a de Quarahim a Itaqui, move uma acção contra o governo e o nosso agente não lhe fez proposta alguma. Outra, a do Rio Grande a Bagé, além de vicio na sua formação que muito difficulta a encampação, pediu preço exaggerado pelas acções. A ultima, a das Alagôas, rejeitou uma offerta que lhe foi feita.

No que respeita ás providencias de ordem financeira que foram adoptadas para assegurar ao Thesouro os meios de vencer gradativamente os seus encargos, assignala-se ainda o decreto n. 4382, de 8 de abril ultimo, creando o fundo de amortisação dos emprestimos internos, papel. Por esse novo mechanismo os recursos procedem principalmente dos proprios titulos resgataveis, podendo, entretanto, ser-lhes addicionada a consignação de verbas especialmente destinadas a esse fim.

Por ultimo mencionarei a organização da Estatistica Commercial, medida tão essencial á boa gestão dos negocios publicos, que mal se comprehende como poude a administração do paiz passar sem ella até hoje. Iniciado ha tão pouco tempo, começa todavia esse importantissimo serviço a produzir os seus inestimaveis fructos, orientando a acção governativa e auxiliando efficazmente o estudo das mais serias questões.

Tomando como principal objectivo a questão financeira, desde os menores detalhes até o seu amplo conjuncto, não deixou todavia o meu governo inactivos os demais departamentos da publica administração. Bem ao contrario, póde-se felizmente verificar agora, ao chegar-se ao termo do actual periodo presidencial, que a sua acção vigorosa, embora adstricta aos limites impostos por circumstancias excepcionaes, estendeu-se solicita a todos os ramos do serviço publico.

Deixando de lado as particularidades de somenos alcance, exporei succintamente os actos de maior relevancia em cada uma das secretarias de Estado durante o meu governo.

No Ministerio das Relações Exteriores encetou-se a nova politica da reciprocidade commercial, procurando o governo prevalecer-se da amplitude da tarifa differencial para melhorar as condições dos productos brasileiros nos mercados consumidores. Dando execução a esse pensamento conseguiu-se firmar um ajuste com os governos da França e da Italia, em virtude do qual foi concedida uma reducção de 20 francos. na taxa sobre a sacca de 100 kilos de nosso café.

O governo tem-se empenhado e prosegue em outras negociações, e se bem que não possa annunciar desde já resultados mais completos, tenho comtudo a satisfação de haver inaugurado uma politica, que, mantida com perseverança, proporcionará necessariamente uma situação mais favoravel aos nossos productos.

Na questão de limites com a Guyana Franceza, coube-me dar execução ao tratado de arbitramento e nomear a missão especial incumbida de defender os direitos do Brasil perante o Conselho Federal Suisso, constituido em juizo arbitral. A sua decisão, como sabeis, foi proferida de conformidade com as nossas allegações em 1º de dezembro de 1900.

A 6 de dezembro do anno proximo findo concluiu-se em Londres o ajuste para a solução, por arbitramento, da questão de limites com a Guyana Ingleza, tendo sido escolhido arbitro S. M. o Rei da Italia. Já nomeei a missão especial encarregada de pleitear a nossa causa.

A debatida questão da nascente do Javary, séde das duvidas sobre a nossa fronteira com a Bolivia, foi entregue ao estudo da commissão mixta, cujos trabalhos se acham concluidos. Como é sabido, o protocollo de 19 de fevereiro de 1895 havia adoptado, definitivamente e para todos os effeitos como sendo a nascente do Javary, o marco da commissão mixta de 1874, o que occasionava desde logo a perda de 242 legoas quadradas de territorio do Estado do Amazonas, como ficou verificado pela exploração Cunha Gomes. Poude, porém, o meu governo annullar os effeitos daquelle protocollo, substituindo-o pelo de 30 de outubro de 1899, que adoptou como provisoria a linha Cunha Gomes e providenciou sobre a organização da commissão mixta, cujos trabalhos se acham concluidos, como acima referi. Assim, o acto do meu governo, que é este protocollo de 1899, tem a vantagem de attenuar os inconvenientes do ajuste de 1895, readquirindo a posse de uma parte importante do territorio já concedido á Bolivia, sem todavia acarretar de modo algum para a Nação novos compromissos.

Em 12 de agosto de 1900 assignou-se o protocollo, no qual foram estabelecidas as instrucções para a commissão incumbida de fazer a demarcação entre o territorio brasileiro e o argentino, na conformidade da decisão arbitral proferida pelo Presidente dos Estados Unidos da America. Esta commissão encorporou-se á Argentina em maio de 1900, ficando assim constituida a commissão mixta, que entrou em trabalhos.

O governo brasileiro fez-se representar na Conferencia Internacional Americana no Mexico. Nas instrucções que recebeu o nosso mallogrado delegado, o illustre Dr. José Hygino Duarte Pereira declarou-se que, adoptando o principio do arbitramento, como prescreveu a Constituição Brasileira, todavia é nosso pensamento submetter-lhe sómente as questões de natureza juridica, exceptuadas, portanto, as que dizem respeito á independencia, soberania, e integridade territorial, conforme as conclusões dos Congresso de Washington, em 1889 e de Haya, em 1899.

Cumpre-me, finalmente, como acontecimento
de elevado alcance em a nossa vida internacional, mencionar a visita do Sr. General Julio
Roca, Presidente da Republica Argentina, a
primeira recebida pela Nação Brasileira de um
chefe de Estado estrangeiro, e a significativa
presença de navios de guerra de diversas nações amigas, no porto da Capital da Republica,
por occasião da inauguração do meu governo.
A estes actos de honrosa cortezia retribui como
era de meu dever.

Pertence ao Ministerio da Justiça a delicada missão de velar pela ordem interna. Além
de incompletos são imperfeitos os meios de que
se acha armada a autoridade para o cabal desempenho de tão grave responsabilidade. Releva juntar a essa circumstancia o estado em
que deve achar-se uma sociedade, que sente
ainda em seu seio a acção reflexa das agitações
de uma época não muito remota. Basta recordar que todos os governos que me antecederam tiveram por indispensavel o emprego
da medida excepcional da suspensão das garantias constitucionaes.
Considero-me feliz por ser-me possivel, não
obstante estes precedentes tão proximos, dizer
agora, ao chegar ao termo do meu governo,
que não senti a necessidade, uma vez que
fosse, de applicar o remedio extremo do estado de sitio. Não suspendi uma só garantia,

nenhuma só liberdade foi violada. Desappareceu o alarma das regiões do poder e cessou consequentemente, o regimen inquietador das *promptidões*. Os clamores que injustamente se levantaram contra a autoridade tiveram formal contradicta, antes de tudo nos proprios factos, e depois na calma firmeza de minha conducta tolerante. Nunca atravessamos, entretanto, uma phase em que tivessem sido mais livres, mais illimitadas, mais vehementes e talvez mais sediciosas as expansões da imprensa e da tribuna.

O certo é que com respeito á ordem publica, de parte os incidentes de natureza commum, só temos a registrar os deploraveis successos do Estado de Matto-Grosso. Mas, se como brasileiro acompanho o sentimento geral, mencionando com profundo desgosto os tristes acontecimentos que perturbaram a vida normal naquella região do paiz, devo no emtanto affirmar-vos que cumpri rigorosamente o meu dever de governo.

Disse em tempo aos meus eleitores, tendo antes dito do Senado ao paiz, como entendia e como pensava dever ser applicada em suas variadas hypotheses a doutrina do art. 6º da Constituição da Republica. Hoje, depois da experiencia da execução, declaro que mantenho em absoluto, sem a minima resalva, os conceitos então enunciados com clareza e lealdade. E' tão essencial ao organismo federativo o principio contido naquelle preceito

constitucional, quanto é indispensavel, em respeito á lei fundamental, pratical-o com intransigente rigor ainda mesmo atravez dos mais
fortes clamores. Nada seria mais funesto do
que applicar a lei ao sabor dos interesses ou
das paixões em conflicto.

Foi esse o sentimento que prevaleceu em
minha conducta, e se mesmo assim poude ella sus-
citar vehementes increpações, confesso que não
me causou isso, sequer, mediocre estranheza,
porque ha muito que sei ser essa a natural tendencia dos espiritos encanecidos pelo malogro
das ambições. Não são estes, certamente, os
que hão de descortinar a verdadeira responsabilidade nos instigadores das luctas armadas,
cujas desgraças só vêm e só lamentam já muito
tarde, após a consummação dos factos.

Cumpri o meu dever desde que executei a
Constituição como entendi dever executal-a. A
minha consciencia o diz, e isto tranquilisa-me
sufficientemente. Peçam aquelles, a quem este
regimen possa não satisfazer, uma Republica tão
centralisada que acorrente todos os Estados ao
Executivo federal: por mim declaro que jámais
prestarei o concurso do meu assentimento ás
tendencias do reformismo retrogrado.

Para concretisar em um só acto o excepcional valor dos servicos que correm pelo departamento da justiça, bastará apontar o trabalho consagrado á organização do projecto do
codigo civil, que, neste momento, percorre os

tramites legislativos. Conforme já vos disse, tudo quanto nesse tentamen cabia ao Executivo está feito : o que resta fazer pertence ao vosso patriotismo, do qual tudo espera a Nação.

O projecto do codigo de processo para a justiça local da Capital da Republica e outro para a justiça federal tinham sido desde 1900 incumbidos á reconhecida proficiencia do Dr. José Hygino Duarte Pereira, que infelizmente não poude concluir o seu trabalho, tendo entretanto deixado escripta uma grande parte relativa ao primeiro daquelles projectos.

Deu-se nova e mais conveniente installação aos principaes tribunaes da justiça local e estarão em breve concluidas as importantes obras de adaptação do grande edificio destinado ao Supremo Tribunal Federal.

A Brigada Policial, cuja disciplina tem sido valioso elemento no serviço de policiamento e manutenção da ordem em sua respectiva circumscripção, foi reorganizada por decreto de 15 de maio de 1899, recebendo um augmento no effectivo de sua força.

A defesa nacional foi assumpto que mereceu a particular attenção do meu governo. Vinculando embora a solução das questões internacionaes ao principio do arbitramento, não póde todavia a Nação desconhecer a conveniencia de apparelhar os elementos sobre os quaes deva confiadamente apoiar a sua

soberania, a integridade do seu territorio e a
estabilidade da paz. Entre os males incalculaveis
da paz armada e os perigos do desarmamento
total, existe a justa medida de uma prudente
e bem ponderada precaução. Não podia, pois,
descuidar-me da administração militar.

O Ministerio da Guerra teve neste periodo
desusada actividade em todos os ramos de sua
esphera administrativa, occupando o primeiro
plano os assumptos que se prendem propriamente á defesa de nossos portos.

A fortaleza de Imbuhy, cuja construcção,
durante o anterior periodo, ia sendo conduzida
até então lentamente e se achava em meio, foi
concluida e inaugurada ha um anno; a da Lage,
apenas em alicerces, teve as suas obras desde
logo vigorosamente atacadas e estará prompta
antes de 15 de novembro proximo. Completando o systema de fortificações, seguem-se a
bateria « Mallet » no alto de S. João, já concluida, a nova bateria de Santa Cruz e duas
baterias torpedicas, uma em S. João e outra
em Santa Cruz, todas em execução e a serem
concluidas no correr deste exercicio. Com estes
elementos podemos considerar de indisputavel
efficacia o systema de defesa fixa do porto da
Capital da Republica. Tudo quanto a arte da
guerra em seus modernos aperfeiçoamentos tem
produzido, ahi foi intelligentemente applicado.

O porto de Santos, por ora o segundo da
Republica e seguramente entre os de maior

importancia na America do Sul pelo seu valor commercial, permanecia em estado de deploravel abandono, possuindo apenas a velha fortaleza da « Barra » completamente inutilisada. Era um porto aberto. Deu-se começo ás obras de fortificação na ponta do Taipú, e conto poder concluil-as antes de findar o presente quatriennio. Como aquellas a que acima alludi, esta fortaleza conterá todos os elementos modernos de poder defensivo.

As novas installações do Arsenal de Guerra e da Intendencia da Guerra, esta prompta e aquelle em grande parte concluido, progredindo activamente o resto das obras, constituem só por si assignalado melhoramento na administração militar. Tudo quanto ahi tinhamos com essas denominações estava bem longe de corresponder, sequer, á menor das necessidades do serviço; no emtanto hoje, cada um desses estabelecimentos reune as condições essenciaes para o cabal preenchimento dos grandes fins a que é destinado. No arsenal estão sendo montados apparelhos e machinas apropriados, não só para as obras de conservação e reparo do armamento, qualquer que elle seja, inclusive as mais delicadas peças do fusil moderno, como tambem para fornecer projectis de artilharia ao Exercito e á Armada.

Montou-se uma fabrica de cartuchos com as machinas necessarias para attender a todas as necessidades.

A fabricação da polvora sem fumaça é assumpto estudado e em via de execução, de accôrdo com os planos devidamente organizados. Chegaremos assim a completar os nossos recursos bellicos, emancipando-nos da industria estrangeira, o que acarretará tambem a solução de um grave problema ante as leis da neutralidade, em dadas emergencias.

Para attender ás conveniencias de mobilisação e guarda das fronteiras, o governo organisou um plano de concentração das forças de guarnição nos districtos militares, que está sendo executado.

Ao estudo do Congresso Nacional foi presente um amplo projecto de reorganização do Exercito.

De outras necessidades cogitou ainda a administração da guerra, como sejam a abertura de uma estrada do Paraná a Matto Grosso, a ligação do trecho entre Inhanduhy e Cacequy, na estrada de ferro de Porto Alegre a Uruguayana, construcção de linhas telegraphicas de Cuyabá a Corumbá, de Guarapuava á foz do Iguassú e da Cruz Alta á colonia militar do Alto Uruguay. Tambem mereceram os cuidados do governo as condições de hygiene e salubridade. Fez-se a mudança do Hospital Central do Morro do Castello para o novo edificio de S. Francisco Xavier e iniciaram-se os trabalhos de fundação de um sanatorio para tuberculosos nos Campos do Jordão. Exceptuado o Hospital de S. Francisco Xavier, todas as outras obras estão sendo feitas com o proprio pessoal do Exercito, o que permitte realisar grandes economias.

O glorioso Exercito brasileiro, a cujo patriotismo e inexcedivel bravura tanto deve a Nação, poude assim ver que um zeloso cuidado foi consagrado á direcção dos seus altos interesses.

São bem conhecidas as causas que levaram o material fluctuante de nossa Marinha de Guerra ao deploravel estado a que chegaram, sem que todavia pudesse esse facto quebrar na minima parte o brilhante prestigio que lhe dão as suas tradições de gloria e a capacidade indiscutivel do seu distincto pessoal, bases seguras de uma proxima e completa restauração.

Em 15 de novembro de 1898 existiam no porto da Capital da Republica apenas tres navios de guerra em condições de poderem prestar serviços; os demais reclamavam serios reparos, havendo tres em construcção demorada na Europa. Graças á actividade desenvolvida desde então podemos contar hoje, promptas para qualquer commissão, com desesete unidades de combate. No curso deste anno serão incorporadas a estas mais tres, completando assim o total de 20.

Grande, relativamente, tem sido tambem a movimentação dada á esquadra em outra ordem de providencias. O cruzador-escola *Benjamin Constant* em viagem de longo curso e de instrucção dirigiu-se á America do Norte e de regresso tocou em diversos portos da Europa.

O encouraçado *Floriano* desempenhou a importante commissão de retribuir á Italia, a Portugal, á Allemanha e á Inglaterra a visita naval com que nos distinguiram estas nações amigas por occasião da inauguração do meu governo. Uma divisão da esquadra conduziu-me a Buenos Aires em retribuição da visita do illustre Presidente da Republica Argentina. Outros navios e outras divisões têm sahido em evolução e exercicios praticos, cumprindo por ultimo mencionar a revista naval de 15 de novembro do anno passado, a primeira realisada pela nossa esquadra.

Deixo de fazer detalhada menção das flotilhas do Amazonas, do Alto Uruguay e de Matto-Grosso, porque nellas nenhuma alteração sensivel occorreu.

Muitos outros melhoramentos foram realisados, como a construcção e montagem de novos pharóes, balisamento de portos, levantamento de cartas, etc.

Parece evidente que, em um regimen de rigorosa economia, como o que se impoz o meu governo em virtude das difficuldades financeiras, não podia ser mais activa e mais fecunda esta parte da administração da Republica.

O departamento da Viação e Industria, pela propria natureza do serviço, era o que deveria mais resentir-se dos effeitos da crise economico-financeira. Evidentemente não me coube um periodo propicio a grandes obras ou a novos emprehendimentos. Todavia, mesmo ahi não se deu a estagnação completa.

Proseguiram as obras de melhoramentos dos portos do Rio Grande do Sul, Santa Catharina, Recife, Parahyba e Rio Grande do Norte.

O porto do Rio de Janeiro mereceu a particular attenção do governo, e, no intuito de apressar a realisação dos melhoramentos que a sua extraordinaria importancia reclama, procurei facilitar a fusão das duas principaes emprezas concessionarias que existiam e cujas tentativas nunca puderam ser coroadas de exito, visto que encontraram sempre os reciprocos embaraços provenientes da rivalidade dos interesses. O decreto de 6 de novembro de 1901 attendeu a essa conveniencia proporcionando ao mesmo tempo uma solução radical, caso os concessionarios não possam de prompto iniciar os seus trabalhos.

Foram contractadas as obras de melhoramentos dos portos de Manáos e de Belém, do Pará. Acham-se em concurrencia publica as do Recife.

No que respeita á viação ferrea, foram executados os trabalhos seguintes:— prolongamento de S. Sebastião a S. Gabriel, na Estrada de

Ferro de Porto Alegre a Uruguayana :— ramal
de Timbaúba ao Pilar, ligando o Estado de
Pernambuco ao da Parahyba ;— ramal de Mu-
lungú a Alagoa Grande, no Estado da Parahyba.
Estas obras foram contractadas com as em
prezas, cujos interesses com ellas relacionam.

O serviço de agua e esgoto, que reclama
acção decisiva da parte da administração publica,
não podendo ser resolvido, como o deve ser,
em seu vasto·conjuncto, pois que não o permittiam
o estado deploravel em que vim encontrar o
Thesouro Federal e o credito nacional, foi
todavia attendido em alguns de seus detalhes. O
mesmo aconteceu quanto ao serviço de illu-
minação.

No Estado do Ceará, tendo como melhor
processo para a distribuição de soccorros por
occasião do flagello da secca de 1900-1901, promovi o desenvolvimento das obras do açude
do Quixadá e a construção dos açudes do Jordão
e de Acarahú-mirim, cujos beneficios são de
caracter permanente.

Devidamente apparelhada a Estrada Central
para um grande trafego, a extensa zona por ella
servida poude ser favorecida com importantes
reducções de tarifa para o café, cereaes e mine-
reos. Ainda no pensamento de prestar au·
xilios aos nossos productos agricolas, em séria
crise pela baixa dos preços, fiz organizar um duplo
serviço de propaganda em beneficio dos mesmos
productos na Europa e na America do Sul.

Não fecharei este rapido exame retrospectivo sobre o periodo de 1898-1902 sem consignar, com o mais justo desvanecimento patriotico, que coube a um brasileiro, o sr. Alberto dos Santos Dumont, a insigne gloria da descoberta da direcção dos balões. A grande imprensa européa interpretou com absoluta exactidão o pensamento universal quando, ao referir-se á memoravel experiencia de Pariz, disse que o *19 de outubro de 1901* marcará para sempre *uma data de ouro* na historia do progresso humano.

Por minha vez, traduzindo o sentimento do paiz inteiro, congratulei-me com o nosso eminente compatriota e enviei-lhe os nossos unanimes applausos pelo seu estrepitoso triumpho.

O Congresso Nacional apressou-se a votar e eu sanccionei uma lei conferindo-lhe o premio de 100:000$000.

Em commemoração ao grandioso acontecimento fiz cunhar na Casa da Moeda uma medalha de ouro para ser entregue ao intrepido aeronauta brasileiro.

Releva ponderar que não foi, infelizmente, senão vencendo graves obstaculos que o meu governo poude chegar aos resultados que ahi deixo consignados. Em diversos momentos as difficuldades aggravaram-se profundamente pela intercurrencia de acontecimentos, cujos effeitos perduram ainda em parte. Sobrevieram os terriveis flagellos da secca, no Estado do Ceará,

e da peste bubonica na Capital da Republica e
outros pontos, a crise bancaria resultante da
suspensão de pagamentos do Banco da Republica,
e, como o mais energico factor da crise economica, a consideravel e subita baixa de preço
dos principaes productos nacionaes.

Foi atravez de taes accidentes, que me
coube dirigir a acção governativa. Bem póde
isto ser-me levado em conta pelo que tenha deixado de fazer.

Ahi está, entretanto, a minha obra no governo da Republica. Entrego-a de animo sereno e na paz de uma consciencia altiva ao
julgamento dos meus concidadãos.

· Devo-a principalmente ao patriotismo do
povo brasileiro, ao esforço e á lealdade com
que fui secundado pelos meus ministros, aos
quaes, é com verdadeira satisfação que o declaro, reservei a maior amplitude em suas respectivas espheras de acção. A actividade relativa
que se desenvolveu em cada departamento do
governo e a acção harmonica no conjuncto da
administração, revelam que nesse modo de
comprehender e praticar o regimen actual está
a mais solida garantia da uniformidade de vistas,
oriunda do criterio director. Ainda aqui realisou-se, portanto, o pensamento que enunciei
na minha plataforma eleitoral: os ministros
podem agir desembaraçadamente, emquanto
durar a mutua confiança, no vasto terreno
traçado á sua completa autonomia, sem que

todavia *desappareça atraz delles a autoridade legal ou moral do presidente da Republica*, unico responsavel e director supremo.

Assim pensei antes, assim pratiquei depois.

Passo agora a occupar-me do objecto especial deste documento.

Continuam a ser, felizmente, de franca cordialidade as nossas relações com as nações estrangeiras.

Relações Exteriores

Por contracto, firmado em Londres com um syndicato estrangeiro, approvado com poucas modificações pelo Congresso Nacional e promulgado pelo Poder Executivo, confia o governo boliviano a administração do territorio do Acre, pelo prazo prorogavel de 60 annos, á companhia que o mesmo syndicato organizar e que será considerada como administrador fiscal.

Apezar desta denominação que substituiu a do texto primitivo — governo local — a companhia terá as mesmas concessões e privilegios convencionados em Londres. No relatorio do Ministerio das Relações Exteriores encontrareis os dois textos do contracto.

O governo boliviano tem a faculdade de subscrever para o capital da companhia até á quantia de 100.000 libras esterlinas. Usando dessa faculdade, offereceu ao governo do Brasil participação no contracto com a condição de

ser aquella quantia ou parte della subscripta
pelo commercio do Amazonas e do Pará e pelos
industriaes ou capitalistas do Beni. Esse offere-
cimento não era acceitavel e não foi acceito.

As razões da recusa constam da nota que
o Ministro de Estado das Relações Exteriores
dirigiu á Legação da Bolivia e que se achará
no seu relatorio.

Nesta nota, de 14 de abril ultimo, fez o governo brasileiro a seguinte declaração:

« O arrendamento do territorio do Acre,
objecto ainda de contenda com outra nação
americana e dependente em todas as suas relações do Brasil, não interessa sómente á economia da Bolivia.

« O governo boliviano, confiando á companhia o uso da força militar e naval, condição
essencial de uma soberania real e effectiva,
transfere de facto uma parte dos seus direitos
soberanos (aliás expressamente resalvados), de
sorte que no caso de abuso o governo brasileiro se encontraria em face de autoridades
que elle não póde reconhecer e não reconhecerá. »

Fazendo esta declaração o governo brasileiro mostra o empenho que tem em manter
com firmeza a legitimidade dos seus direitos,
em garantir a propriedade de cidadãos brasileiros e em sustentar nesta parte do nosso continente a unica politica digna dos seus elevados
destinos.

Em mensagem de 14 do mez proximo passado vos pedi permissão para retirar o tratado de amisade, commercio e navegação, firmado com a Bolivia em 31 de julho de 1896 e pendente de vossa decisão. Já conheceis os motivos da minha resolução: constam da nota que o Ministro de Estado das Relações Exteriores dirigiu á Legação Boliviana e que acompanha o officio do mesmo ministro, annexo á mensagem referida.

A commissão mixta encarregada de determinar a posição geographica da nascente do Javary, satisfez o seu encargo e retirou-se. Aqui concluirá alguns trabalhos. Da commissão brasileira só está em exercicio o 1º commissario Sr. Dr. Cruls. Ninguem mais é necessario para a conclusão daquelles trabalhos.

Tres latitudes têm sido attribuidas á nascente do Javary: a de 7°-1′-17″,5 Sul pela commissão mixta que concluiu a demarcação dos limites entre o Brasil e Perú; a de 7°-11′-48″,10 Sul pelo capitão-tenente Cunha Gomes; e a de 7°-6′-55″ Sul pela commissão mixta do Brasil e da Bolivia. Esta ultima é a que ha de servir como ponto extremo na demarcação dos limites entre o Javary e o Madeira. Ainda não foi convencionado o protocollo que terá de dar as instrucções para aquella operação. Neste documento será declarada a direcção da linha a demarcar.

A demarcação dos limites com a Republica Argentina, confiada pela nossa parte ao Sr. General Castro Cerqueira, está adiantada e será concluida sem muita demora.

Os governo do Brasil e da Gran Bretanha concordaram, como sabeis, em submetter a sua questão de limites á decisão de S. M. o Rei da Italia. Promulgado o respectivo tratado que tinheis promptamente approvado, confiei a defesa da nossa causa perante o Arbitro ao bacharel Joaquim Aurelio Nabuco de Araujo, nomeando-o Enviado Extraordinario e Ministro Plenipotencairio em Missão Especial. Elle já estava encarregado da preparar os elementos necessarios ao bom exito dessa missão.

Tenho attendido com a maior solicitude á negociação de ajustes de reciprocidade commercial. O Ministerio das Relações Exteriores promove soluções convenientes com a Republica Oriental do Uruguay, Portugal e Italia.

Com este reino havia ajuste provisorio; trata-se agora de lhe dar caracter definitivo com melhores condições. Com os Estados Unidos da America continúa cordialmente a negociação; examina-se neste momento nova proposta do governo americano.

Na segunda Conferencia Internacional das Republicas Americanas, que se reuniu no Mexico, o Brasil foi representado por um delegado, acreditado ao mesmo tempo junto ao Presidente dos Estados Unidos Mexicanos, como Enviado Extraordinario e Ministro Plenipotenciario em Missão Especial. Foi por mim escolhido para essa importante commissão o Dr. José Hygino Duarte Pereira, muito conhecido pela sua illustração e serviços. Elle não teve a fortuna de concluil-a, porque a morte o sorprenhendeu no dia 10 de dezembro do anno proximo passado. Ainda poude todavia, em cumprimento das suas instrucções, fazer á Conferencia uma proposta que foi acceita e que consistia na nomeação de uma commissão de jurisconsultos, que fosse encarregada de organizar dois codigos, um de Direito Publico Internacional e o outro de Direito Internacional Privado. Como a Conferencia, segundo informação do Presidente, devia encerrar os seus trabalhos em meiado do mez de janeiro do corrente anno, não pude ter a satisfação de nomear novo delegado. Elle não chegaria a tempo de exercer as suas funcções.

No relatorio do Ministerio das Relações Exteriores, que vos será distribuido, achareis importantes informações sobre os trabalhos da Conferencia.

Quando, em 1899, coube-me a satisfação de endereçar-vos à minha primeira exposição acerca dos negocios publicos em geral e das medidas indispensaveis ao regular funccionamento

Justiça
e Interior

das instituições, foi meu especial empenho
chamar vossa esclarecida attenção para a necessidade inadiavel da reforma do actual regimen eleitoral.

Por essa occasião eu vos disse: « A legislação em vigor contém defeitos gravissimos,
indicados pela experiencia, que devem ser corrigidos quanto antes. Além da revisão geral
do alistamento federal, substituidos os actuaes
diplomas por outros que tragam o cunho da
authenticidade, parece indispensavel decretar
uma unica lei sobre o serviço eleitoral, tendo-se
em vista, entre outras necessidades, que a vossa
observação descortinará : facilitar a organização
das mesas; estabelecer o modo pratico de verificar com segurança o comparecimento dos
eleitores ; remover as causas dos abusos praticados na distribuição dos titulos ; espaçar o
tempo para o comparecimento dos eleitores,
tornando o processo eleitoral extensivo a todas
as horas de trabalho durante o dia ; tornar
efficaz o direito da representação da minoria,
pensamento culminante no regimen vigente, como
garantia complementar da livre manifestação
de todas as opiniões.

E' indispensavel, é urgente, a bem do prestigio moral do suffragio, convertel-o em uma
realidade por meio de disposições previdentes e
efficazes que eliminem dos processos eleitoraes
os vicios repugnantes e os abusos criminosos,
que ahi se tem introduzido, dando facil accesso

á fraude, desde o alistamento até ao voto, em manifesto detrimento da legitima manifestação da vontade poupular. Nada póde indicar melhor esta situação do que o clamor geral que desperta cada eleição a que se procede nas circumscripções do Districto Federal.»

São decorridos já quasi quatro annos depois que assim me manifestei e infelizmente os factos se têm repetido corroborando a justeza dos conceitos então emittidos e firmando a convicção, que mantenho mais revigorada, de que é primordial, na ordem politica, a necessidade da reforma da lei da investidura dos altos poderes da Nação.

Com muito bons fundamentos solicitam ainda especial attenção do Congresso Nacional as leis organicas do Poder Judiciario, cujo funccionamento normal é, por certo, uma das principaes garantias das instituições republicanas.

Como sabeis, providencias complementares tornam-se precisas para definitiva regularisação dos orgams da justiça federal, especialmente no que concerne á competencia e fórma do processo.

Neste particular, sobreleva tambem encarecer a urgente necessidade da projectada reforma da justiça local, no Districto Federal, sobre bases que se amoldem ás exigencias aconselhadas pela pratica de mais de um decennio.

Como consequencia da codificação do Direito
Civil Patrio, a qual, em proximo futuro póde
estar realisada, com grande applauso da opinião
nacional, é opportuno cogitar da elaboração do
projecto de reforma da legislação commercial,
em intima connexão com aquelle ramo do direito, e, sobretudo, o preparo prévio do es-
boço do codigo do processo civil e commercial do Districto Federal, segundo os intuitos
e preceitos que a vossa sabedoria dictar ao
Poder Executivo.

A remodelação do codigo penal, cujo projecto já se acha no Senado, não é materia que
possa ser descurada, considerando principalmente a necessidade de nelle se incorporarem
as alterações já operadas, nos ultimos annos,
em tal ramo do direito publico, e de addita-
rem-se novas regras á repressão da vadiagem
de menores e de adultos.

Para este ultimo effeito, além da conveniencia de se abreviarem as formulas processuaes
vigentes é de mister que o Poder Executivo
fique habilitado a crear e montar os precisos
estabelecimentos correccionaes, com trabalho
agricola e industrial.

Completado o systema penitenciario com
um edificio cellular especial e com os melhoramentos de que carece a actual Casa de Correcção, virá de molde ampliar, por meio da lei
que melhor garanta a segurança individual e de

propriedade, a acção da policia, ainda muito deficiente para attender ás exigencias de uma cidade vasta e populosa como a Capital Federal, desprovida de elementos indispensaveis ao nosso bom policiamento.

A construcção de um novo edificio para a Casa de Detenção, em local diverso desse em que está actualmente, a creação de uma guarda civica sob as ordens immediatas do chefe de policia e o conveniente preparo do pessoal empregado nos multiplos serviços de natureza policial, são outras tantas necessidades a que cumpre dar remedio.

Entre medidas de outra ordem, desde muito tempo faz-se sentir a falta de uma lei reguladora do processo para a desapropriação nos casos de necessidade ou de utilidade publica, o que aliás foi já assumpto de um projecto offerecido á consideração da Camara dos Deputados por um de seus membros.

A reorganização da Guarda Nacional em bases que colloquem esta milicia em condições de bem desempenhar sua patriotica missão, é um dos assumptos que merecem vosso esclarecido estudo.

De conformidade com a autorisação constante do orçamento vigente foram reencetadas as obras do Lazareto de Tamandaré; essas

M. 16

obras proseguem com celeridade, mas para a sua conclusão é indispensavel nova dotação igual ou pouco superior á do actual orçamento. Com taes elementos ficará o governo possuindo no Norte da Republica um lazareto em boas condições de funccionamento, sem que fiquem abandonadas as edificações já construidas ou iniciadas e perdidas as importancias já despendidas até o principio do corrente anno.

Em relação ao serviço de saude publica, o apparecimento da peste nesta Capital e em outros pontos do paiz, tem posto em evidencia a insufficiencia dos recursos de que dispõe o governo para garantir a defesa sanitaria sem prejudicar os justos interesses do commercio; é indispensavel e urgente que a este respeito sejam adoptadas medidas que tornem efficaz a acção do Poder Executivo.

No projecto do codigo civil, ora pendente de deliberação do Senado, serão de certo adoptadas as clausulas assecuratorias da situação legal dos alienados a que me referi na minha primeira mensagem; de accôrdo com essas clausulas e com os modernos processos do tratamento desses enfermos é indispensavel que habiliteis o governo a collocar o Hospicio Nacional de Alienados em condicções de satisfazer as exigencias do serviço a que é destinado.

Para execução do que dispõe o art. 5°
do decreto legislativo n. 543, de 23 de dezembro de 1898, foram expedidas as necessarias instrucções e realisaram-se a 29 de dezembro ultimo as eleições para intendentes
municipaes do Districto Federal.

Não havendo sido concluidos dentro do
prazo legal os trabalhos da apuração dessas
eleições, pois a junta de pretores encerrou
seus trabalhos tendo apenas apurado a eleição
do primeiro districto, e tendo renunciado seu
mandato, depois de diplomados, os cinco candidatos que nesse districto obtiveram maioria
de votos, resultou dahi uma situação de facto
caracterisada pela acephalia do ramo legislativo do governo municipal.

Afim de prover, como cumpria, de remedio urgente á anormalidade da vida economica e administrativa do Districto que é
ao mesmo tempo Capital da União, o governo resolveu a crise adoptando a providencia constante do decreto de 22 de janeiro
ultimo.

Este facto accentuando mais uma vez a
necessidade reconhecida da reforma municipal,
reclama urgentes providencias do Congresso
Nacional.

No dia 1° de março do corrente anno
realisou-se a eleição do Presidente e Vice-presidente da Republica para o proximo quatriennio,

não tendo havido por essa occasião desordem ou conflicto em parte alguma do paiz.

Durante o periodo cujos acontecimentos vos venho relatando, não soffreu, felizmente, seria alteração a ordem publica, abstração feita das occurrencias havidas no Estado de Matto Grosso, as quaes, por sua natureza ligadas como foram aos interesses puramente locaes, não attingiram o livre exercicio das funcções governamentàes em sua marcha normal, nem perturbaram a tranquillidade nos demais pontos do territorio nacional.

Tão pouco podem ser levadas á conta de alteração da ordem os successos de junho ultimo, nesta Capital, occasionados pela reforma do contracto de uma das companhias de ferro carril, visto não haver o facto sahido dos dominios communs da policia.

Guerra

Julgo do meu dever assignalar a inconveniencia de ser mantida, tal qual se acha, a organização do Exercito, deixando-nos inquestionavelmente em inferioridade notavel sob este aspecto, quando já o effectivo da força armada, de si limitado, impõe-nos a contingencia de tornal-a resistente e poderosa pela coordenação, preparo e escolha de seus elementos constitutivos. E' sob o influxo desta convicção, que tenho procurado concorrer para dotar o nosso Exercito dos melhoramentos que mais necessita e nenhum outro será tão proficuo, tão opportuno, como aquelle que tem por fim constituil-o sob os moldes de instituições similares em paizes militarmente considerados mais adiantados.

Considero em condição de poder corresponder a esses intuitos o projecto de reforma submettido o anno passado ao vosso exame.

A par dessa remodelação, tornada hoje indeclinavel e cuja realisação pratica não deve ser demorada por injustificados preconceitos de qualquer ordem, surge outra questão a que intimamente está ligada a vida dos exercitos. A influencia que sobre elles exerce o conhecimento exacto que cada um de seus orgams deve possuir das funcções especiaes que lhe compete e do modo de exercel-as, indica que o primeiro cuidado dos poderes publicos, depois de ter assegurado uma organização superior, será prover á instrucção dos individuos chamados a desempenhal-as. Assim pensando e ainda, em obediencia á orientação naturalmente indicada, o governo apresentou á ·consideração do Poder Legislativo, em mensagem de 17 de julho de 1899, o projecto de regulamento para os institutos militares de ensino, dependendo sómente de sua resolução para ter a sancção pratica que tanto convém aos altos interesses do Exercito.

A permanencia do que sobre este assumpto

está vigorando, importa em um verdadeiro onus para os cofres publicos, sem as vantagens que dahi devem decorrer.

A parte scientifica, com um desenvolvimento excessivo e perfeitamente dispensavel, não permitte cuidar, como é preciso, da que se refere aos estudos mais intimamente ligados ao tirocinio militar.

Sujeito tambem ao juizo do poder competente acha-se o codigo penal militar, cuja adopção tenho com insistencia solicitado, como uma medida essencial para fortalecer os laços da disciplina. Sua decretação daria ensejo a proceder-se immediatamente á revisão da legislação processual, cujos defeitos reclamam ligeiras modificações nos methodos e formulas em uso.

Não tem escapado á attenção com que o meu governo acompanha os assumptos relativos á administração militar, a necessidade de aperfeiçoar os meios materiaes de acção, adquirindo tambem outros novos e modernos, e a conveniencia em facilitar e abrir novas vias de communicação para as fronteiras e para os Estados mais longiquos, cuja situação geographica exige certa vigilancia.

Não seria possivel sem recursos extraordinarios, de que não é licito cogitar no presente, attender, de um só golpe, a tudo quanto se faz mister nos provermos.

Todavia, sem ultrapassar dotações orçamentarias, alguma cousa tem-se conseguido, de maneira a nos apparelharmos com vagar, mas com perseverança, alcançando em tempo relativamente proximo um estado menos inquietador sob o ponto de vista dos elementos de defesa da Nação. No periodo a que venho me referindo, ficaram concluidas e inauguradas a fortaleza do Imbuhy e uma forte bateria, a que dei a denominação de bateria « Mallet », collocada em posição conveniente na fortaleza de S. João, dominando a entrada da barra desta Capital, a qual se destina, sobretudo, a auxiliar efficazmente esta fortaleza, que não dispondo de torres couraçadas, como o Imbuhy, tinha enfraquecido o seu poder de ataque e resistencia.

Este elemento auxiliar de combate, secundado pela bateria de torpedos, já projectada para a mesma fortaleza, completa sua força e lhe empresta sem contestação um valor real. Para a fortaleza de Santa Cruz, foi encommendada, depois de convenientes estudos, uma bateria da mesma especie, e as obras de alvenaria, sobre que terá assentamento, vão ser opportunamente iniciadas com os cuidados e rigor necessarios em trabalhos desta ordem.

Ainda nesta importante praça de guerra foi installada e inaugurada a luz electrica, cuja utilidade é de longo tempo reclamada, e, aproveitando a energia produzida, fez-se accionar uma possante bomba, que eleva a agua do mar á altura conveniente, afim de ser distribuida por todas as dependencias com applicações hygienicas.

Têm continuado com a precisa regularidade as obras da fortaleza da Lage, e este anno, dispondo o governo de uma verba mais elevada, é de esperar a sua conclusão.

Já tive occasião de alludir, na ultima mensagem dirigida ao Congresso Nacional, ao dever de nos preoccuparmos com a defesa de outros pontos de nosso extenso littoral, principalmente das cidades de grande importancia commercial. Posso agora informar-vos que, em relação ao porto de Santos, estão tendo execução as obras de alvenaria indispensaveis e acham-se encommendados os canhões para a construcção de poderosa bateria, que, com outros meios de defesa opportunamente realisados, o collocarão em condições de resistir vantajosamente a um ataque por mar.

Prosegue com grande actividade e aproveitamento a construcção das linhas telegraphicas, por praças do Exercito, dirigidas por engenheiros militares, nos Estados do Paraná, Rio Grande do Sul e Matto Grosso. Têm sido inauguradas muitas estações, pondo assim o centro em communicação com algumas localidades das fronteiras e do interior da Republica.

A economia resultante deste modo de levar a effeito o desenvolvimento da nossa extensa rêde telegraphica, aconselha a continuarmos utilisando os batalhões de engenharia nestes e em serviços analogos, aliás proprios de sua especialidade.

Com o mais feliz exito têm sido tambem executados os trabalhos do trecho da estrada de ferro de Porto Alegre a Uruguayana, situado entre Inhanduhy e Cacequi.

Do mesmo modo continuam os estudos para o reconhecimento do melhor traçado da que ligará Matto Grosso ao Paraná, e, neste ultimo Estado, têm progredido bastante os trabalhos da estrada de rodagem que deve estabelecer as communicações entre Guarapuava e a colonia militar da foz do Iguassú.

Na ordem dos melhoramentos com que o meu governo tem constantemente procurado dotar o Exercito, merecem referencia os que se relacionam com o bem estar e o conforto de seu pessoal, mórmente quando adoece ao serviço da nobre profissão.

Além do adiantamento que têm tido as obras do hospital-typo para molestias communs, estabelecimento situado em um dos arrabaldes desta cidade, um outro de proporções mais modestas, mas nem por isso menos util, foi projectado e será edificado em Lavrinhas, parte norte dos Campos do Jordão. Destina-se especialmente aos doentes de tuberculose, enfermidade que todos os annos faz crescido numero de victimas nos corpos desta guarnição.

O material preciso para a perfeita execução do serviço sanitario em campanha, já se acha consideravelmente augmentado, mas não completo.

Marinha   Continúa a ser assumpto das mais serias preoccupações dos altos poderes da Republica, o grande problema da defesa e integridade da nossa Patria pela constituição de seu poder naval, de modo a assegurar-lhe a posição a que tem direito entre as potencias sul-americanas.

A reforma de grande parte do material de guerra, de que podiamos dispôr, melhorou, como era de esperar, a situação da nossa Marinha de guerra, proporcionando, com vantagem, os elementos necessarios á educação profissional, que tem sido desenvolvida com empenho por parte da administração naval nestes ultimos tempos.

Parte desse material, porém, não offerece durabilidade e resistencia para agir com efficacia a par das modernas unidades de combate que possuimos. A substituição gradual desse material é objecto que merece a vossa attenção.

Ainda é assumpto que deve occupar a vossa attenção o estado em que se acham as Capitanias dos Portos, baldas de meio de locomoção e sem pessoal que auxilie a fiscalisação em prol dos interesses da Fazenda Nacional, seriamente prejudicada.

A dotação, que tem sido annualmente consignada no orçamento do Ministerio da Marinha, para a reorganização do serviço de — Soccorro Naval, a começar pelo porto do Rio de Janeiro, é por demais deficiente para a acquisição do custoso material, de que se deve compôr esse importante ramo do serviço naval.

Evitar que a dotação, não utilisada na vigencia do exercicio, perca os seus effeitos, e eleval-a ao dobro, pelo menos, são medidas que se prendem aos interesses economicos da administração superior da Marinha.

A deficiencia de pessoal idoneo para completar a tripulação dos nossos navios de guerra, aconselha a creação de mais algumas escolas de aprendizes marinheiros em diversos estados da Republica.

De accôrdo com o pensamento traduzido em autorisação da vigente lei de orçamento e dos anteriores, foram por decretos n. 4207, de 22 de outubro do anno passado e n. 4364, de 17 de março ultimo, abertos creditos para a propaganda do café e de outros productos agricolas na Europa e nas Republicas do Chile, Argentina

Viação e Industria

e do Uruguay, commissões confiadas a cidadãos de reconhecida idoneidade. Para o proficuo desempenho do serviço deu o governo as instrucções convenientes, providenciando ao mesmo tempo para que os consulados brasileiros prestem aos commissionados as facilidades de que carecerem. Nos mesmos consulados deverão realisar-se as exposições dos productos.

A Sociedade Nacional de Agricultura reuniu nesta Capital, o anno passado, um congresso onde os que se interessam pelo nosso desenvolvimento agricola poderam estudar em commum as difficuldades com que lucta a lavoura, as necessidades de que mais se resente e as aspirações da operosa classe, trazendo especialmente o concurso de suas luzes scientificas, de sua experiencia e dos seus conhecimentos praticos para a solução do problema economico. E' facto que o Congresso Nacional de Agricultura correspondeu á bem orientada iniciativa da sociedade que promoveu a sua realisação, chegando a conclusões que se recommendam á consideração dos poderes publicos na parte que lhes incumbe.

O augmento da população, o desenvolvimento do commercio, das industrias, de nossas relações sociaes, politicas e economicas, no interior e no exterior, exigem proporcional incremento da Repartição Postal, por fórma a poder bem desempenhar os serviços que lhe incumbem.

Accentua-se a necessidade da revisão do regulamento approvado pelo decreto n. 2230, de 10 de fevereiro de 1896, que deixa muito a desejar quanto á organização do serviço. O pessoal é sem duvida insufficiente para o multiplo e variado expediente, accrescendo que o predio em que se acha estabelecida a Repartição Geral nesta Capital resente-se de falta de espaço para accommodar as secções que alli funccionam. Não obstante, os serviços estão sendo feitos com regularidade, observadas as convenções da União Postal Internacional.

Os accôrdos relativos á permutação de vales postaes internacionaes e á de encommendas com valor declarado devem ser em breve executados em todos os paizes da União Postal, satisfeitos assim os compromissos tomados pelo Brasil na convenção de Washington.

Desde 1º de abril do anno findo se acha iniciado o serviço de vales postaes internacionaes com os seguintes paizes da União postal:— França, Belgica, Allemanha, Suissa, Hollanda e Chile. Por emquanto recebem os vales sómente as administrações do Amazonas, Pará, Pernambuco, Bahia, Districto Federal, S. Paulo, Paraná, Santa Catharina e Rio Grande do Sul.

Celebrado com Portugal, em agosto de 1900, o contracto para permutação de encommendas sem valor, estão sendo ajustados convenios para este fim com os governos da Allemanha, França, Inglaterra, Chile e Estado Oriental do Uruguay.

Na primeira parte desta mensagem expuz a operação do resgate das estradas de ferro com garantia de juros; cabe-me agora communicar-vos que, de accôrdo com o plano estabelecido, á companhia *Great Western of Brasil* foram arrendadas, com renuncia da garantia de juros, as estradas Recife ao S. Francisco, Natal a Nova Cruz e Conde d'Eu, que formam a rêde do Norte. Esse arrendamento provê á continuidade da viação ferrea entre os Estados de Alagôas, Pernambuco, Parahyba e Rio Grande do Norte.

Foi tambem arrendada, provisoriamente, a estrada Central da Bahia. A ampliação que a *Great Western of Brasil* pretende dar, por meio de prolongamentos e ramaes, á rêde do Norte, com proveito ao desenvolvimento de fertilissimas regiões, accentúa a conveniencia do prolongamento da estrada Central de Pernambuco, que muito concorrerá para o incremento da producção naquelle Estado.

O serviço da estrada de ferro Central do Brasil continuou a ser feito com regularidade e proveito para as opulentas regiões atravessadas por essa importantissima via de communicação, e correspondem á espectativa do governo os beneficos resultados da reducção da tarifa para algumas classes de mercadorias, nomeadamente o café.

Na zona agricola do Estado de S. Paulo, servida pela estrada União Sorocabana e Ituana, manifestou-se, nos primeiros mezes do corrente anno, sensivel difficuldade de transporte, attingindo ás proporções de uma crise, que a suspensão do trafego mutuo entre a mesma estrada e a S. Paulo Railway veiu aggravar. Medidas opportunas tomadas pelo governo auxiliaram efficazmente a administração da companhia no empenho de dar prompto escoamento á producção accumulada e que continuava a affluir ás estações da estrada, melhorando consideravelmente a situação, que tende a normalisar-se.

A navegação de cabotagem continúa a ser feita regularmente pelas companhias nacionaes. Muitas dellas recebem subsidio da União, sujeitando-se a obrigações estipuladas em contractos. De accôrdo com o art. 18, n. VII, da lei n. 834, de 30 de dezembro do anno proximo findo, foram reorganizados os serviços que estavam a cargo da extincta companhia Lloyd Brasileiro, segundo as clausulas que acompanharam o decreto n. 4311, de 6 de janeiro do corrente anno. Foi renovado, em virtude tambem de autorisação legislativa, por decreto n. 4362, de 17 de março ultimo, o contracto com a companhia de Navegação a Vapor do Maranhão.

Usando da autorisação concedida pela lei
n. 746, de 29 de dezembro de 1900, o governo deu novo regulamento á Repartição Geral
dos Telegraphos pelo decreto n. 4053, de 24
de junho do anno proximo findo.

A rêde telegraphica recebeu consideravel
desenvolvimento, não só com os novos trechos
que a administração construiu para completar
o circuito pelo interior do paiz, mas ainda com
o accrescimo de diversas linhas construidas
pelos Estados do Maranhão e do Ceará. Para
algumas linhas, em Minas Geraes e Matto Grosso
concorreram esses Estados. Maior ampliação
vai ter em breve o serviço com a construcção
de varias linhas nesses dois Estados e nos do
Ceará, Piauhy, Espirito Santo e Santa Catharina, para as quaes foram recentemente abertos
creditos em virtude da autorisação constante
do art. 18 da lei n. 834, de 30 de dezembro
do anno passado.

Com o fim de desenvolver o trafego, foi
creada a nova correspondencia denominada de
— telegrammas preteridos —, gozando de 30
a 50 % de abatimento nas taxas ordinarias.

Para facilitar as communicações em todas
as estações telegraphicas do paiz, tem a Repartição promovido o trafego mutuo com diversas administrações de estradas de ferro.

A decretação de um conjuncto de preceitos
obrigatorios, como possuem diversas nações,

que, assegurando a conservação de nossas ri-
quissimas florestas, evite o desnudamento e
depauperação do sólo pelo desordenado córte
das mattas, com suas deploraveis consequencias
assignaladamente — perda de especies vegetaes
preciosas, diminuição dos mananciaes, alteração
profunda das condições meteorologicas e clima-
tericas —, males com que outros povos têm
expiado a imprevidencia neste assumpto, é medida que se impõe á solicitude dos poderes publicos.

Tendo tido a questão financeira largo des-   Finanças
envolvimento na primeira parte deste documento, não é preciso aqui entrar em grandes
explanações.

A renda de importação attingiu a 34.664:983$,
ouro, e 112.059:294$, papel.

A renda total das alfandegas elevou-se a
35.079:753$, ouro e a 136:190:045$, papel.

O imposto de consumo produziu 32.552:591$
e o do sello 16.328:400$000.

A renda do interior elevou-se a 79.849:000$
e a extraordinaria a 10.191:000$000.

A renda total attingiu a 36.233:667$, ouro
e a 236.304:215$, papel.

Comparadas com as rendas do exercicio
anterior verifica-se que, á excepção da renda
em ouro e da de imposto de sello, todas as
outras soffreram diminuição. Graças, porém, á
economia realisada nos diversos ministe-

M. 17

rios conseguimos encerrar o exercicio com saldo.

Assim, se deduzirmos da renda ouro e dos recursos do *funding* no 1° semestre, que sommados produzem 48.901:741$, a quantia de 38.082:000$, que representa a despeza, teremos um saldo ouro de 10.819:741$000.

Se deduzirmos da renda total em papel 236.304:215$, a importancia de 233.261:470$, além da qual não podem subir as despezas, segundo os dados que possuimos, teremos um saldo de 3.042:745$, papel.

Se reduzirmos os saldos em ouro a papel, ao cambio de 12 d., teremos que o saldo total deve elevar-se a 27.387:162$000.

Não deixarei de chamar a vossa esclarecida attenção para a grave questão dos impostos inter-estadoaes. Tenho recebido constantes reclamações, que reputo de inteira procedencia, da parte dos representantes do commercio e da industria e, se nenhuma providencia tenho dado, é porque, como sabeis, o assumpto escapa á minha competencia.

Cumpre regular tão importante materia, definindo de modo claro e positivo o limite constitucional traçado á acção dos poderes estadoaes, impedindo a estes as invasões, que tão prejudiciaes têm sido aos interesses geraes da Nação, affectando não só ao commercio, como á propria producção. Este estado de cousas deve, pois, desapparecer, visto que evidentemente constitue um grande embaraço á nossa expansão economica.

SENHORES MEMBROS DO CONGRESSO NACIONAL.

Chego ao fim do meu trabalho e, se deixo ainda pendentes de solução muitos problemas difficeis, é certo, entretanto, que os fructos colhidos da perseverança de nossos communs esforços abrem animadora perspectiva para o futuro deste grande paiz, tão generosamente favorecido pela sua excepcional vitalidade economica. A continuidade dessa acção perseverante está de antemão assegurada pela sabia prudencia daquelles a quem incumbe a suprema direcção dos altos destinos da Republica e, sobretudo, por essa admiravel e nobre abnegação com que os brasileiros têm prestado ao poder publico o seu fecundo concurso neste grave momento.

Nada mais do que isso é preciso para a plena garantia da prosperidade nacional. Nunca esmoreceu em mim essa fé, nunca me ha de abandonar essa esperança.

APPENDICE

ACCÔRDO FINANCEIRO DE 15 DE JUNHO DE 1898

TÊOR DO CONVENIO

Contracto feito a 15 de junho de 1898 entre o governo da Republica do Brasil (daqui em diante denominado « O governo »), representado pelo bacharel José Antonio de Azevedo Castro, delegado do Thesouro Brasileiro na Inglaterra, de um lado, e os Srs. N. M. Rothschild & Sons, de New-Court, St. Swithins Lane in the City of London, na Inglaterra, banqueiros e negociantes (daqui em diante denominados « Srs. Rothschild ») de outro lado, pelo qual o governo, reconhecendo não poder pagar em dinheiro os juros dos emprestimos de sua divida externa, os do da Companhia Estrada de Ferro Oéste de Minas de 1893, de 5 % garantido, os do emprestimo interno ouro de 4 ¹/₂ % de 1879 e as sommas pagaveis ás diversas companhias de estradas de ferro garantidas (uma lista desses emprestimos e das estradas de ferro garantidas, foi inserida no annuncio, cuja cópia vai annexa) e tambem não poder prover o fundo de amortização dos diversos emprestimos e de resgate do de 4 ¹/₂ % interno ouro de 1879, resolveu, usando das autorisações dadas na lei permanente de 11 de setembro de 1846, n. 401, confirmada pelas de 9 e 10 de dezembro de 1896, ns. 427 e 428, e pela lei do orçamento de 15 de dezembro de 1897, n. 489, fazer o accôrdo abaixo indicado relativo ao pagamento dos ditos juros e suspender a operação dos diversos fundos de amortização durante o periodo infra-mencionado.

E como as lettras do Thesouro referentes ás £ 2.000.000 emittidas em janeiro de 1898 devem ser especialmente excluidas do accôrdo assim feito e devidamente pagas de conformidade com o contracto, conforme o governo por este declara, isto posto, o governo por este declara — que os juros dos diversos emprestimos e de sommas pagaveis pelas garantias devidas em 1º de janeiro de 1898 ou em qualquer data posterior até 30 de junho de 1901 não serão pagos em dinheiro, mas satisfeitos pela emissão de titulos consolidados (*Funding bonds*), que deverão ser emittidos periodicamente vencendo o juro annual de 5 º/₀ ; e em relação aos ditos fundos de amortização e resgate — que os mesmos serão suspensos até 30 de junho de 1911. E em firmeza do que é por meio deste accordado e declarado pelas partes o seguinte:

1. O governo, por intermedio dos Srs. Rothschild, emittirá titulos que serão denominados «United States of Brasil 5º/₀ Funding Bonds», em somma não excedente ao total de £ 10.000.000, vencendo o juro de 5 º/₀ ao anno. Os ditos titulos serão garantidos por uma primeira hypotheca das rendas da Alfandega da Capital Federal do Rio de Janeiro (sujeitas apenas ao provimento do pagamento do capital e juro das ditas £ 2.000.000 esterlinas em lettras do Thesouro) e comprehendendo tal hypotheca, como garantia accessoria, as rendas das alfandegas de todos os outros portos dos Estados Unidos do Brasil no caso de serem insufficientes as da Alfandega da Capital Federal.

2. Durante o preparo dos titulos os Srs. Rothschild emittirão cedulas que serão depois trocadas pelo titulos. As cedulas ou titulos serão emittidos periodicamente pelos Srs. Rothschild aos possuidores de *coupons* dos diversos emprestimos, cujo pagamento de juros em dinheiro é suspenso, como e quando esses *coupons* forem apresentados

para pagamento e tambem como e quando fôr requerido
o pagamento das garantias dadas ás estradas de ferro. A
emissão será feita á razão de £ 100 nominaes de titulos
por £ 100 dos juros pelos quaes é o governo directamente responsavel e das sommas pelas quaes é elle responsavel sob suas garantias. As cedulas ou titulos vencerão juros da data em que se vencerem os *coupons* ou
garantias pelas quaes forem emittidas.

3. Os titulos serão resgatados no periodo de 63
annos, a partir de 1º de julho de 1898, por meio de um
fundo de amortização accumulado de $1/_2$ $^0/_0$ ao anno, que
deverá começar em 1º de julho de 1911 e será applicado
semestralmente em 1º de janeiro e 1º de julho de cada anno,
na compra de titulos quando o preço estiver abaixo do par
e em sorteios realisados em Londres em presença de um
notario publico, pela fórma do costume, quando o preço
estiver ao par ou acima do par. Qualquer titulo sorteado
para pagamento será, juntamente com o juro que de accôrdo com o teôr do titulo fôr por elle devido, pago no fim
de um mez da data do sorteio. Os titulos sorteados dei-
xarão de vencer juro da data em que se tornarem pagaveis. Os juros dos titulos serão representados por *coupons*
annexos aos mesmos e serão pagaveis por trimestres em
1º de janeiro, 1º de abril, 1º de julho e 1º de outubro de
cada anno em Londres, na casa bancaria dos Srs. Rothschild, em libras esterlinas e tambem em Pariz, Amsterdão,
Bruxellas e Hamburgo, ao cambio do dia sobre Londres,
devendo o primeiro pagamento de taes juros ser feito em
1 de outubro de 1898. Os Srs. Rothschild receberão 1 $^0/_0$
sobre a importancia dos *coupons* por elles pagos e $1/_2$ $^0/_0$
sobre a importancia nominal dos titulos resgatados com
$1/_8$ $^0/_0$ addicional de corretagem sobre os titulos comprados,
porcentagens estas que são as concedidas em relação aos
emprestimos do governo.

4. Os titulos serão da fórma que fôr approvada pelos
Srs. Rothschild e trarão as assignaturas do represen-

tante do governo brasileiro e dos Srs. Rothschild ou de seu representante e serão isentos de todos os impostos brasileiros presentes e futuros, quer ordinarios, quer extraordinarios.

Os titulos ou qualquer outro titulo geral contemporaneo ou outro documento, conforme fôr necessario, hypothecarão completamente as rendas da Alfandega da Capital Federal do Rio de Janeiro, como principal garantia, e as das Alfandegas dos outros portos dos Estados Unidos do Brasil como garantia accessoria do serviço dos titulos. Todas as despezas de qualquer natureza relativas á execução do accôrdo assim estipulado, inclusive o custo da impressão das cedulas e titulos e o sello delles tanto na Inglaterra como no exterior, serão por conta do governo.

5. Afim de attender ao pagamento dos juros das cedulas ou titulos e á amortização destas e outras despezas respectivas, o governo, 15 dias pelo menos antes da data em que qualquer pagamento de juros deva ser feito ou qualquer compra ou sorteio tenha de ser effectuado, remetterá por sua conta e risco aos Srs. Rothschild, em Londres, os fundos necessarios para os fins supra indicados.

6. Os Srs. Rothschild receberão como remuneração dos seus serviços prestados e dos que tenham de ser prestados relativamente ao accôrdo á emissão dos titulos, uma somma igual a 1 % sobre a importancia nominal maxima dos titulos e mais, como remuneração ás casas estrangeiras por intermedio de cujas agencias os titulos sejam emittidos no exterior, $1/4$ % sobre a importancia nominal dos titulos emittidos por intermedio delles.

As ditas porcentagens serão pagas sobre a importancia nominal dos titulos quando forem periodicamente emittidos.

7. A emissão dos titulos e a sua troca por *coupons* dos antigos emprestimos e a emissão dos titulos para as sommas pagaveis sob garantias se farão nos termos do

annuncio inserto nas principaes folhas diarias de Londres
(cuja minuta foi approvada pelo dito delegado) e uma
copia da qual é annexada a este contracto e que deverá
ser considerado parte do mesmo e a elle incorporado da
mesma maneira em todos os respeitos como se as clausulas contidas no dito annuncio fossem aqui repetidas.

8. O governo antes de 1º de julho de 1901 não
emittirá emprestimo algum externo, não permittirá que
emprestimo algum seja emittido sob uma garantia, nem
emittirá emprestimo algum interno, cujos juros devam ser
pagos na Europa a cambio determinado, sem prévio accôrdo
escripto dos Srs. Rothschild.

9. O governo terá liberdade de, em qualquer tempo,
resgatar ao par os titulos em circulação, e a realisação de
qualquer nova operação que fôr dest'arte julgada necessaria será confiada aos Srs. Rothschild.

10. O governo communicará sem demora ao Congresso que o accôrdo com os possuidores de titulos e
outros providos por este contrato foi effectuado.

Como testemunho as mãos das partes, no dia e anno
primeiro acima escripto, assignaram pelo dito bacharel
José Antonio de Azevedo Castro em presença de — pelos
ditos Srs. Rothschild & Sons em presença de —

« Funding Scheme » dos Estados Unidos do Brasil :

Tendo o governo dos Estados Unidos do Brasil resolvido consolidar (*to fund*) durante tres annos, isto é, de
julho de 1898 a 30 de junho de 1901, os juros da divida
externa, os do emprestimo interno ouro de 4 1/2 °/o de
1879 e tambem diversas sommas pagaveis annualmente
pelas garantias de Estradas de Ferro, S. Ex. o Sr. Ministro da Fazenda, de accôrdo com as leis ns. 401 de 11
de setembro de 1846, 427 de 9 de dezembro de 1896, 428
de 10 de dezembro de 1896 e 489 de 15 de dezembro de
1897, autorisou os Srs. N. M. Rothschild and Sons a

emittirem uma somma não excedente a £ 10.000.000, capital nominal, 5 %, em titulos especialmente garantidos pela renda das Alfandegas, como abaixo se declara:

Os seguintes emprestimos serão incluidos no plano:

Emprestimo de 1883. . . . . . . 4 1/2 %

Emprestimo de 1888. . . . . . . 4 1/2 %

Emprestimo de 1889. . . . . . * 4 %

Emprestimo de 1895. . . . . . . 5 %

Emprestimo garantido de 1893, á Companhia Oeste de Minas . . . . 5 %

Emprestimo interno, ouro, de 1879 . 4 1/2 %

E tambem as sommas garantidas das seguintes Estradas de Ferro:

The Alagôas Railway Company (linha principal).

The Alagôas Railway Company (ramal da Assembléa).

The Great Werstern of Brasil Railway Company.

The Conde d'Eu Railway Company.

The Central Bahia Railway Company.

The Brasil Great Southern Railway Company.

The Bahia and S. Francisco Railway Company (Timbó Branch).

The Dona Thereza Christina Railway Company.

Southern Brasilian Rio Grande do Sul Railway Company.

Companhia Mogyana.

The Minas and Rio Railway Company.

The Natal and Nova Cruz Railway Company.

Compagnie Générale de Chemins de Fer Brésiliens (Paranaguá a Curityba).

Compagnie Générale de Chemins de Fer Brésiliens (prolongamentos e ramaes).

Compagnie de Chemins de Fer Sud Ouest Brésiliens (linha de Santa Maria á Cruz Alta).

Compagnie de Chemins de Fer Sud Ouest Brésiliens (linha de Cruz Alta ao Uruguay).

The Bahia and S. Francisco Railway Company.

The Recife and S. Francisco Railway Company.

Chemins de Fer S. Paulo and Rio Grande.

Os fundos de amortização e resgate dos emprestimos serão suspensos por espaço de 13 annos a partir de 1º de julho de 1898.

Os ditos titulos de 5 º/₀ serão especialmente garantidos pela renda da Alfandega do Rio de janeiro, sobre a qual terá primeiro emprego (preferencia), depois de deduzida a somma necessaria para o juro e pagamento das £ 2.000.000 em lettras do Thesouro emittidas em janeiro de 1898, que são reembolsaveis, á razão de £ 500.000 por semestre, sendo a primeira prestação devida em 1º de julho de 1898. Os titulos serão garantidos pela renda das Alfandegas dos outros portos da União, no caso de ser em qualquer tempo insufficiente a da Alfandega do Rio de Janeiro.

Segundo os relatorios officiaes, a renda da Alfandega da Capital Federal elevou-se em 1897 a 92.000 contos de réis, equivalente ao cambio de 7 d. a £ 2.683.333 e ao cambio de 8 d. a £ 3.066.666.

A renda total das Alfandegas da União, inclusive a renda acima indicada, elevou-se a 244.000 contos de réis, equivalentes ao cambio de 7 d. a £ 7.116.666 e ao de 8 d. a £ 8.133.333.

Em 1º de janeiro de 1899 e dessa data em deante, *pari passu* com a emissão dos titulos, o governo depositará no Rio de Janeiro em *trust* no London and River Plate Bank, Limited, London and Brasilian Bank, Limited, e Brasilianische Bank für Deustschland o equivalente dos ditos titulos em papel-moeda corrente ao cambio de 18 d. e o papel-moeda equivalente aos titulos emittidos de 1º de julho a 31 de dezembro de 1898 será depositado pela mesma fórma durante o periodo de tres annos a contar de 1º de janeiro de 1899.

O papel-moeda depositado ou será retirado da circulação e destruido ou, se e quando o cambio tornar-se favoravel; será applicado na compra de lettras em Londres a favor dos Srs. N. M. Rothschild & Sons, afim de ser levado ao credito do *fund* para o futuro pagamento em ouro dos juros dos emprestimos e garantias das estradas de ferro.

Os titulos de 5 % serão isentos de todos os impostos brasileiros.

Os titulos serão ao portador, do valor de £ 20, £ 100 £ 500 e £ 1.000 cada um, com coupons para juros á razão de 5 % ao anno, pagaveis por trimestre a 1º de janeiro, 1º de abril, 1º de junho e 1º de outubro, em Londres, em dinheiro sterlino e em Pariz, Amsterdão, Bruxellas e Hamburgo ao cambio do dia sobre Londres.

Os titulos serão resgatados pelo fundo de amortização accumulado de $^1/_2$ % ao anno, que será applicado semestralmente na compra de titulos quando o preço estiver abaixo do par, e, quando estiver ao par ou acima do par, por meio de sorteios. O resgate dos titulos por meio do fundo de amortização começará no fim de 10 annos contados de 30 de junho de 1901, mas o governo reserva-se o direito de pagar o emprestimo ao par em qualquer tempo.

Este plano foi formulado com approvação do Dr. Campos Salles, Presidente eleito da Republica, que durante a sua recente visita a Londres esteve em communicação constante com o seu governo sobre o assumpto ; e antes de sua partida manifestou S. Ex. sua satisfação pelo plano e assegurou que durante sua administração fará quanto estiver em seu poder, afim de collocar em bases solidas as finanças do Brasil e restabelecer o credito de seu paiz.

Condições que devem ser observadas pelos possuidores de titulos dos emprestimos supra-mencionados para a consolidação *(funding)* de seus *coupons* que deverão ser apresentados até 30 de junho de 1901, inclusive :

Em troca de seus *coupons* receberão os possuidores um recibo da importancia depositada.

Esses recibos devem ser apresentados em importancias não inferiores a £ 20 para serem trocados por cedula, que será depois trocada por titulos do novo emprestimo de 5 %.

Sendo o menor valor do titulo £ 20, dar-se-hão certificados para as fracções de £ 20, e estes podem ser depois trocados por cedula ou titulo, pela mesma fórma que os recibos, isto é, em importancias não inferiores a £ 20.

Nenhum juro será pago sobre os recibos ou certificados fraccionaes, mas a cedula ou titulos dados em troca dos recibos ou certificados vencerão juros da data vencida dos *coupons* para os quaes foram os recibos emittidos.

Os recibos e certificados para os *coupons* vencidos em differentes datas devem ser conservados em separado, quando apresentados para serem trocados por cedulas.

Sómente recibos e certificados para *coupons* vencidos na mesma data podem ser empregados conjuntamente para prefazerem a somma para ser trocada por cedulas ou titulos. — New Court, E. C. 1º de junho, 1898.

CARTAS DOS SRS. DR. CAMPOS SALLES E N. M. ROTHSCHILD AND SONS

Londres, 2 de junho de 1898. A S. Ex. o Sr. Dr. Campos Salles.

Exm. Sr.

Antes da partida de V. Ex. estamos muito desejosos de exprimir-lhe por escripto a grande satisfação que experimentamos em fazer o seu conhecimento pessoal, o que nos deu occasião de apresentar-lhe, de viva voz, as nossas mais sinceras felicitações pela sua eleição.

A quasi unanimidade com que V. Ex. foi eleito Presidente da Republica do Brasil prova a confiança absoluta que inspira em seu paiz; e a recepção calorosa offerecida a V. Ex. na Inglaterra deveria provar-lhe, não só as sympathias pronunciadas que existem entre os dois paizes, mas tambem quanto é grande e viva entre nós a apreciação da escolha de que a pessoa de V. Ex. foi objecto.

Aproveitamos a visita de V. Ex. para discutir a fundo o estado das finanças do Brasil e sentimo-nos muito contentes de ver que V. Ex. aprecia em justo valor todas difficuldades da situação financeira de seu paiz.

Infelizmente, desde alguns annos o Brasil tem atravessado uma crise tanto politica como financeira e, nestas circumstancias, não é de admirar que com a grande baixa que tem experimentado o cambio se tenham produzido difficuldades financeiras que, temos o prazer de acreditar, não serão senão passageiras.

Muitos remedios têm sido suggeridos, entre outros o arrendamento das estradas de ferro do Estado, mas, por diversas razões, nenhum desses remedios tem podido ser applicado, e seria, portanto, supperfluo discutil-os neste momento.

Um projecto proveniente de um grupo de bancos commerciaes no Rio foi approvado pelo governo brasileiro e consiste, como bem sabe V. Ex., em consolidar os *coupons* dos differentes emprestimos do Estado e das estradas de ferro garantidas, em um fundo garantido por hypotheca sobre as rendas da Alfandega do Rio e de outros pontos do Brasil.

Ainda que lastimemos vivamente uma suspenão dos pagamentos em especies, julgamos util recommendar este projecto aos portadores de titulos brasileiros, e esperamos que elles o acceitarão.

V. Ex. não ignora que somos ha muitos annos os agentes financeiros do governo brasileiro na Inglaterra e temos sido sempre orgulhosos e contentes por ver o Brasil satisfazer fielmente todos os seus compromissos; mas as vantagens para o Brasil do plano projectado dependerão da observação exacta de todos os seus detalhes

e V. Ex., durante a sua estada curtissima para nós em
nossa cidade, poderá, nós não duvidamos disso, julgar da
actividade commercial e financeira colossal que reina
na Inglaterra, e levará a convicção de que o credito de
um paiz constitue acima de tudo o seu maior poder.

Ousamos, pois, esperar que V. Ex. dignar-se-ha
de dar-nos por carta a segurança de que approva inteiramente este plano, e que tambem usará de toda a sua
influencia e de toda a sua autoridade para que o accordo
seja posto em execução em todos os seus detalhes, o
que é não só necessario para o estabelecimento do credito
do Brasil, mas é preciso igualmente que a maior economia
seja d'ora em diante praticada em todos os departamentos
do Estado e, para fazer face a um compromisso solemnemente tomado, é preciso saber desde já tomar providencias energicas e reduzir em todas as secções governa-
mentaes as despezas que até o presente têm sido accumu-
ladas em uma escala muito além dos recursos e meios
do paiz.

Em conclusão, esperamos que V. Ex. dignar-se-ha
dar-nos a segurança que pedimos, accrescentando-lhe que
durante todo o periodo de sua presidencia fará o melhor
possivel para que essas esperanças sejam realisadas. Isso
dar-nos-ha coragem para fazer appello aos portadores de
obrigações do Brasil, tanto mais quanto, munidos da
carta de V. Ex. nós mesmos lhes provaremos que nada
negligenciámos para salvaguardar seus interesses. Aproveitamos esta occasião para renovar a V. Ex. a expressão
dos nossos sentimentos os mais distinctos e os mais dedi-
cados.

N. M. ROTHSCHILD AND SONS.

M. 18

Londres, 6 de junho de 1898.

Srs. Rothschild & Filhos

Em resposta á vossa carta de 2 do corrente, que recebi com a maior satisfação, devo, antes de tudo, agradecer não sómente as felicitações que me dirigis pela minha eleição ao cargo de Presidente da Republica do Brasil, mas tambem e de um modo especial, o vosso franco e amistoso acolhimento por occasião desta minha visita a Inglaterra, facto que aprecio no mais alto gráo, principalmente quando considero-me feliz por encontrar ahi a expressão dos sentimentos de sympathia e amizade entre os nossos dois paizes, unidos de longa data por laços dos mais legitimos interesses.

A' frente do governo da Republica espero poder corresponder á confiança dos meus concidadãos, pondo em contribuição os vastos recursos de que dispõe o paiz para o desenvolvimento de sua riqueza e prosperidade.

A perspectiva actual de paz e tranquilidade deixa felizmente o campo inteiramente livre para a solução dos problemas administrativos. Entre estes é incontestavelmente de maior relevancia o problema financeiro, ponto culminante sobre o qual está fixada a minha attenção.

A combinação proposta por diversos banqueiros, á qual fazeis allusão, e que tem por objecto consolidar os *coupons* dos differentes emprestimos da União e garantias de juros das estradas de ferro, será, além da realisação dos seus intuitos, o inicio de uma acção administrativa, que seguramente produzirá resultados satisfactorios sob o ponto de vista financeiro. Minha propria responsabilidade está ligada a este accordo, como haveis testemunhado, e eu vos posso assegurar que durante o proximo periodo presidencial o governo brasileiro terá o mais particular empenho em dar-lhe inteira e plena execução.

Estou convencido de que, uma, vez firmado o accôrdo, seguindo-se-lhe as medidas complementares que serão tomadas pela administração, entre as quaes figurará em primeiro logar um plano de severa economia, a solução financeira estará encaminhada.

Aproveito esta occasião para reiterar-vos os protestos de perfeita estima e distincta consideração.

CAMPOS SALLES.

A EXECUÇÃO DO «FUNDING»

(CARTA DIRIGIDA Á REDACÇÃO DO « CORREIO PAULISTANO».)

Rio, 7 de maio de 1901.

A despeito de ser muito conhecida a situação real do Thesouro, apezar de muito annunciados os seus depositos em Londres e os calculos das suas rendas futuras, esperava-se com particular interesse a mensagem do dia 3. Por maior que fosse a certeza do cumprimento do accôrdo de 1898, parecia que ainda lhe faltava o cunho definitivo, que só lhe seria dado pela ultima palavra do chefe do Estado dirigida ao Congresso. Póde-se, pois, dizer, que a mensagem deste anno ficará na historia como communicação prévia do cumprimento de um dos ajustes mais graves em que porventura já foi empenhado o bom nome do paiz.

Os que negaram a conveniencia desse accôrdo, sem, entretanto, indicar alvitre melhor, devem hoje estar convencidos do acerto dos que o adoptaram. Muito antes de elle ser negociado, não se deparava a certos espiritos outra solução á crise aguda de 1897. Esses viam que os compromissos em que o paiz se afundava cada vez mais, na illusão de nunca suspender os pagamentos externos em moeda, não bastariam para evitar o apuro a que chegámos alfim no anno seguinte. Antes disso, porém, fizemos debalde o que fazem todos os devedores que têm medo de pedir moratoria, por não sentirem forças de reconquistar o credito abalado. Accumulámos uma enorme divida fluctuante de 60.000 contos, que foi preciso consolidar num emprestimo de juro superior ao que já tinhamos conquistado em conversão habilmente dirigida ; vendemos £ 700.000 de *debentures* da Leopoldina e dois cruzadores em construcção ; tomámos dois milhões esterlinos em lettras de prazo curto, dando rendas de alfandega em garantia ; e tudo isso e mais a verba orçamentaria das differenças de cambio eram tragados na voragem.

Foi então que o Sr. Campos Salles, eleito presidente da Republica, partiu para a Europa em abril de 1898. O Ministro da Fazenda informava-o de que não sabia como forjar recursos para os pagamentos de julho e incumbia-o de fazer alguma cousa que conjurasse o perigo imminente ; e attendendo á miseravel cotação dos nossos titulos, S. Ex., por sua vez alimentava, ao embarcar, a esperança de que fosse possivel alguma operação, tendente a diminuir a somma das nossas responsabilidades, ainda que para isso fosse necessario dar aos credores as melhores garantias. Tal, porém, era o estado do nosso credito, que ninguem em Londres queria ouvir fallar em negocios dessa natureza com o Brasil. O papel-moeda era a preoccupação dos financeiros ; as agitações politicas, ainda não apagadas, o phantasma dos credores ; e, como alguns espiritos que entre nós não logravam ser ouvidos, uns e outros só confiavam nos meios simples de curar os males dessa especie : ordem publica, economia na administração, resgate de papel.

Conversando em Paris a respeito dos nossos negocios com alguem que motejava dos planos salvadores então na moda, mas encarecia aquelles despretenciosos methodos, o Sr. Leroy-Beaulieu declarava que não conhecia outros mais proprios para resolver a nossa crise financeira.

Nessa época já tinha partido para o Rio um emissario dos credores com o projecto de *funding-loan*, e foi só e só esse recurso que o Sr. Campos Salles encontrou em Londres como solução das nossas difficuldades.

Quando se vai fallir, quando chega o dia dos pagamentos e a caixa está vazia, só o devedor que quer fechar definitivamente o cyclo das suas transacções, ou o que quer lesar os credores, sonegando bens e offerecendo-lhes liquidações ruinosas, só esses podem traçar os limites de uma proposta e encerrar-se dentro delles, sem querer ouvir as razões do credor. O devedor honrado, confiante nos seus talentos e na elasticidade do que lhe resta, procura, ao contrario, despertar em seu beneficio as concessões daquelles a quem é obrigado, e vai luctar, dentro das facilidades que lhe cream, para restabelecer a solvabilidade que vio ameaçada. Si essa é a regra do individuo, com maioria de razão é a do Estado. Não ha duas moraes em questões dessa natureza. O governo de nenhum paiz que se honre póde um dia chegar ás janelas do Thesouro e gritar aos credores em desembolso: « Não tenho com que lhes pagar. Tenham paciencia ; passem muito bem ».

Foi assim, pois, que, medindo a gravidade da situação, o Sr. Campos Salles resolveu aconselhar ao governo que acceitasse a proposta do *funding-loan* e empenhou elle proprio a responsabilidade da administração futura no cumprimento das novas obrigações contrahidas. Mas, antes de chegar a esse ponto, conseguiu melhorar de muito as condições exigidas no projecto de que o Sr. Tootal era portador. Os credores pretendiam que os titulos emittidos até 10 milhões, durante tres annos, para pagamento da divida externa, tivessem como garantia a renda de todas as alfandegas, a estrada de ferro central e todo o material e serviço de abastecimento de agua ; queriam que o papel-moeda recolhido em somma correspondente aos pa-

gamentos feitos, o fosse na proporção do cambio de 12,
e exigiam ainda que todo elle fosse incinerado. O Sr. Campos
Salles conseguiu reduzir á renda da alfandega do Rio as
garantias pedidas, ficando as outras alfandegas para o
caso de insufficiencia provada ; obteve o cambio de 18,
em vez do de 12 ; logrou incluir a hypothese, que depois
o Congresso dispensou, de applicar o papel recolhido á
compra de lettras de cambio.   '

Não se dava ainda o negociador por satisfeito e insistia
noutras modificações, quando teve aviso de que definitivamente não havia meios de fazer os pagamentos de 1º de
julho, e, pois, urgia concluir a operação.   .

De longe, todos os que menospresam o « fetichismo da
honra » entre as nações, quando se trata de pagar o que
ellas devem, mas o exageram quando ellas soffrem a ex-
piação das suas faltas, profligaram o procedimento do futuro presidente, quando este respondia á carta dos Srs. Rothschilds e empenhava a palavra do paiz em não tentar novas
operações de credito, durante o prazo do contracto, sem
ouvir esses agentes do Thesouro. Mas a verdade é que no
theatro das negociações elle podia ver o gráo de desconfiança a que haviamos descido e os grandes sacrificios que
era preciso fazer para combater a profunda incredulidade
que nas rodas financeiras lavrava contra nós. Aliás, o seu
primeiro movimento foi de recusa, attendendo até a que,
antes de ser governo, não devia tomar compromissos de tal
ordem ; mas o nosso ministro informava-o que os Srs. Rothschilds declaravam que essa carta era condição essencial para se obter a acquiescencia dos credores.

A despeito de tudo isso, principalmente de Berlim,
Antuerpia e Bruxellas choviam os protestos, e ainda em
Londres todas as companhias de caminhos de ferro tambem
reclamavam, sentindo-se seriamente lesadas por terem de
receber em titulos os juros que lhes haviam sido garantidos,
e sob a segurança de cuja promessa tinham emittido obrigações preferenciaes a que talvez não pudessem satisfazer.

Toda essa grande massa de interesses bradava que não confiara aos Srs. Rothschilds a incumbencia de firmar tal accôrdo e procurava embaraçar a sua approvação na reunião do conselho de portadores de titulos estrangeiros, perante o qual iria allegar a revelia forçada a que tinha sido coagida. Felizmente, a influencia dos nossos agentes, o tacto do Sr. Campos Salles e a correcção do governo puderam triumphar de tantas contrariedades.

Começou-se a sentir que o homem que assumia tamanhas responsabilidades lhes conhecia o peso e sentia forças para resolvel-as. Dentro de um mez o nosso papel-moeda melhorava de 35 °/o, e a 7 de junho, interpretando os sentimentos de todo o circulo financeiro de Londres interessado em cousa do Brasil, desde lord Rothschild até o director da menos importante companhia ou casa commercial, o Sr. C. Johnston, do «London Bank» e do «Westminster Bank», na presidencia de um grande banquete em honra do Sr. Campos Salles, dizia entre os maiores applausos «que todos depositavam esperança na administração de S. Ex., certos que elle saberia imprimir nova significação á divisa reanimadora do Brasil — Ordem e progresso».

Quer respondendo ao Sr. Johnston nessa grande reunião, quer ao Sr. Expert-Besançon, noutra de igual importancia, celebrada em Paris, o Sr. Campos Salles pronunciou-se desde logo com a mesma firmeza de vistas e a mesma consciencia da sua responsabilidade: « Estou fallando no grave momento que precede a responsabilidade do governo. Caminho para o meu posto, cheio de esperança, certo de que, por maiores que possam ser as difficuldades da occasião (e eu não as dissimulo) encontrarei nas forças activas do meu paiz e na dedicação patriotica dos meus concidadãos os meios de enfrental-as com efficacia».

E depois, esboçando o seu programma e a sua fé, concluia: «O equilibrio orçamentario, o resgate e a valorisação do papel-moeda, cremos sinceramente, serão os primeiros resultados dessa politica ».

Todos os que contavam encontrar no presidente da Republica a preoccupação da politica local, enganaram-se. Ao voltar ao Brasil, no momento mais apparatoso em que pediram a sua palavra, elle a deu com esta franqueza: « Não é necessario dizer que o governo será inflexivel na resistencia a todas as solicitações que se achem em antagonismo com o interesse nacional. O apoio benefico que não esterilisa, mas fecunda a acção administrativa, é o que não suscita e antes concorre para que sejam dominados os obstaculos que possam ser gerados pelas circumstancias. E' esse o apoio que eu espero ».

O primeiro signal da sua politica foi a nomeação dos seus ministros. Não pensou em estados fortes, nem estados fracos ; não lisongeou bancadas do Congresso, nem ouviu chefes. O seu fito era a administração, e foi esse o unico criterio da sua escolha. Os factos mostraram que elle teve finura de tacto. Todos os seus auxiliares desde logo sentiram, como o proprio chefe, a mesma responsabilidade do « programma das economias » e viu-se no Thesouro um homem de principios e de vontade, que logo se mostrou na altura da difficillima tarefa que lhe cabia.

E' por essa uniformidade de acção que se caracterisa a presidencia actual. Quem tem visto de perto a marcha desses annos de administração, sabe que no governo, desde os primeiros dias, o caminho é traçado pelo presidente. Entre os esteios da situação, entre as influencias do Congresso, até entre os proprios ministros, póde haver e ter havido predilecções, preferencias por este ou aquelle grupo politico, repugnando-lhes a indifferença pelo que ha de ardente e excitante nas porfias dos partidos dentro das camaras ; mas pouco a pouco todos comprehenderam que ninguem arredaria o chefe do Estado da sua senda.

Os periodos presidenciaes são tão curtos, que cada presidente mal tem tempo de concluir ou deixar adiantada uma obra de valia. Tendo por escopo da sua administração o cumprimento do accôrdo do *funding* ; convencido que para

leval-o a cabo seria preciso cortar despesas ; certo que com
a reducção dos gastos e o resgate do papel-moeda chegaria
ao fim que annunciára na Europa — o equilibrio orçamentario e a valorisação do meio circulante — o Sr. Campos
Salles só visou, no terreno da politica, crear uma atmosphera de calma e tolerancia, em que fosse possivel dar ás
medidas do seu programma o apoio e o interesse do Congresso, consumido esterilmente nas agitações de grupos sem
bandeira.

Os factos lhe dão razão, e hoje, após 30 mezes de
governo, elle póde mostrar que sabía o caminho annunciado.
Aliás as medidas tomadas eram simples, não representavam
nenhum « plano salvador ». Por um lado, diminuição de
despesa ; por outro, augmento de receita com o desenvolvimento dos impostos de consumo, já iniciados na administração passada quanto ao tabaco, as bebidas alcoolicas,
os phosphoros, o sal. O resgate do papel-moeda era clausula do *funding*. Restava arredar o Thesouro do mercado de
cambio, intervenção causadora de frequentes perturbações de
baixa. Para isso, o imposto em ouro, já experimentado por
meio do qual, maxime organizado o orçamento da despesa de
ouro, o Estado encarregaria a massa geral do commercio im-
portador de fornecer-lhe os recursos exactamente precisos.

E' de justiça reconhecer que a tarefa é gloriosa. A *Noticia*, num substancioso editoral hontem publicado, estuda
detidamente com cifras o estado das cousas desde 1898 até
hoje. O elemento mais eloquente de toda a sua singella
exposição é que se refere ás vantagens da valorização do
papel, advindas ao commercio, máo grado a elevação do
imposto mediante a cobrança da taxa addicional de ouro.
Um objecto importado pelo preço de cinco libras custaria,
em 1898, ao cambio de 6, sem imposto em ouro, 230$ em
papel moeda. Em todos os annos seguintes esse mesmo objecto, sujeito na alfandega a 10, 15 e 25 % ouro, custaria
sempre menos, até ser recebido hoje, ao cambio de 12 1/2
por 134$000,

Se isso é verdade em relação á importação, que representa a grande massa das mercadorias que consumimos, é tambem, em proporções variaveis, quanto ás manufacturas nacionaes, alimentadas de materia prima importada e carecentes de carvão de pedra.

Os que ainda escurecem o que o paiz tem ganho nesses 30 mezes, repetem as queixas da lavoura de café, cuja situação já tive opportunidade de estudar em duas cartas datadas de fevereiro. Como disse então, o estado lastimavel a que ella chegou é devido em grande parte ás emissões excessivas, que produziram o abuso do credito, facilitaram o desenvolvimento dos cafezaes e produziram a enorme elevação dos salarios. Mas a lavoura, si persistirmos no caminho agora trilhado, ha de sentir no futuro os effeitos beneficos dessa politica. Principalmente em S. Paulo, o trabalhador da roça, na maior parte estrangeiro, acostumado a «pensar em ouro», reduzir a ouro o producto das suas tarefas, voltará a aceitar somma menor de papel-moeda, quando vir pela prolongada melhora do cambio, que o seu « mil réis » representa um valor a que ha muito não attingia.

Ao demais só a curandeiros magicos, nunca a cirurgiões, se póde afigurar a possibilidade de fazer grandes operações e tratamentos demorados, sem depois produzir dores e depauperamento no doente. O que resta saber é se se deveria deixal-o morrer do mal, sem tentar o recurso indicado. Um paiz que emitte em oito annos quasi 600.000 contos de papel-moeda, não se livra desse enorme tumor sem muita complicação dolorosa.

Felizmente, a mensagem de 3 de maio é uma demonstração cabal de que se entrou com segurança no caminho da cura.

JOSÉ ESTEVÃO.

POLITICA FINANCEIRA

DISCURSOS PRONUNCIADOS PELO SR. DEPUTADO SERZEDELLO
CORRÊA NA CAMARA DOS DEPUTADOS

SESSÃO DE 4 DE SETEMBRO DE 1902

O Sr. Serzedello Corrêa *(Movimento de attenção, silencio)*: — Publicado hontem, Sr. presidente, em um dos orgams de maior publicidade desta Capital, o discurso do meu erudito e eloquente amigo, o Sr. deputado pelo Rio de Janeiro, referente á situação financeira do paiz e á gestão dada aos negocios publicos pelo governo actual, venho, de prompto, dar-lhe uma resposta, que, supponho e acredito, ser completa e cabal.

Disse S. Ex., ao terminar a sua notavel oração, que lhe era doloroso ao coração vir á tribuna assumir essa attitude, magoando talvez affectos que lhe eram caros ; mas, que a isso o obrigava o dever imperioso de dizer aquillo que S. Ex. suppunha ser a verdade sobre a situação actual do Thesouro Nacional.

O obscuro deputado pelo Pará, que presentemente occupa a attenção da Camara, tambem, Sr. presidente, a contragosto e com pezar, vem impugnar as asserções de de S. Ex., pezaroso, pela muita consideração e estima que lhe merece o seu collega, e ainda porque tem decidida e certa veneração ao homem illustre a quem combateu, e que presidiu o governo passado, cheio de serviços á Republica e immaculado no seu caracter. *(Apoiados.)* Mas vem a tribuna urgido pela necessidade de defender esta politica financeira, com a qual se identificou e á qual prestou nesta Camara, neste quatriennio, indiscutivel collaboração, embora obscura.

O Sr. Seabra: — Relevantes serviços.

Vozes: — Os maiores serviços.

O Sr. Serzedello Corrêa : — Venho á tribuna pelo dever moral de restabelecer a verdade dos factos, e inti-

mado pela necessidade de não deixar empallidecer a justiça e de não consentir que seja illudida a opinião nacional nas lentejoulas de um discurso, como o que já
pronunciara, o anno passado, o nobre deputado, mais eloquente do que logico, mais brilhante do que verdadeiro, cheio
de apreciações erroneas, inçado de algarismos fantasticos.

O Sr. Custodio Coelho : — Não apoiado.

O Sr. Serzedello Corrêa : — Aceito a lucta, aceito-a
com lealdade, com fé na victoria, que não será minha,
mas será dos principios, das doutrinas scientificas, pelas
quaes me tenho batido com essa energia e esse esforço
que só as causas santas são capazes de produzir.

Aceito a lucta pelo dever do cargo que exerço, pelo
que escrevi em meus pareceres, pela consciencia de que
não menti ao meu paiz ; mas, fallei-lhe sem subterfugios,
com a paixão do bem, sem interesses subalternos, a linguagem da sinceridade, do patriotismo e da honestidade.
(*Apoiados geraes.*)

Aceito a lucta, e se ao terminar houver a menor impressão das conclusões de S. Ex., um éco sequer das
accusações que formulou, o orador, recolhido ao silencio,
resignar-se-ha á tristeza e ao desfallecimento dos vencidos.

O Sr. Custodio Coelho: — Não tem razões para isso.

O Sr. Serzedello Corrêa : — Disse o nobre deputado que o governo do honrado Sr. Prudente de Moraes
deixou recursos em somma superior a 200 mil contos, dos
quaes apurou o Sr. Campos Salles 79 mil e tantos contos
e ainda reservas na importancia de 39.519 contos. Mas,
senhores, que recursos foram estes? Se tinham a importancia que lhes dá o nobre Deputado, porque não lançou
mão delles o Governo passado para evitar a moratoria?
Se só os depositos das caixas economicas no triennio do
honrado Dr. Campos Salles produziram 32 mil contos,
parece que igual somma ou somma correspondente deveriam dar ao governo passado. O orador póde affirmar que
foram tambem gastos como receita ordinaria, já porque a

lei isso autorisava, já porque esse governo, urgido por necessidades prementes, não deixaria de fazer o que sempre fizeram, até bem pouco tempo, governos da monarchia e da Republica.

Pois é possivel que um governo que tinha recursos de 200 mil contos, dos quaes podia apurar a avultadissima quantia de 79 mil contos, presidido por um homem escrupuloso e respeitador da lei, emitisse em 1897 cerca de 57.300 contos de bilhetes do Thesouro, quando só podia emittir 25.000 contos, deixando, ao sahir do governo cerca de 20.300 contos em circulação e que foram resgatados pelo seu successor?

O Sr. Custodio Coelho: — E que foram por mim computados.

O Sr. Serzedello Corrêa:—Não exaggero.

Está aqui a nota detalhada dos bilhetes emittidos desde 1894 e que não publicou em seu relatorio, porque, homem de governo, comprehende que nada lucra o credito do paiz com a revelação desses actos, que foram dictados por circumstancias imperiosas e inadiaveis, e que hoje infelizmente desnuda, porque o discurso de seu collega o chamou para esse terreno.

O Sr. Custodio Coelho : — A censura vai ao Dr. Campos Salles.

O Sr. Serzedello Corrêa : — Vou publicar *(mostrando o papel)* esse documento doloroso e prova irrespondivel das urgencias do Thesouro, da pressão de uma atmosphera de chumbo que a penuria do erario publico creara a esse governo.

Eil-a :

EMISSÃO DE BILHETES DO THESOURO

Existiam em circulação antes de 15 de
    novembro de 1894 . . . . .   17:500$000
Foram emittidos em 13 de dezembro
    de 1894 . . . .   2.000:000$000
Idem a 24 de dezembro de 1894. .   4.000:000$000

Foram emittidos em 8 de janeiro de 1895	500:000$000
Idem em 10 de janeiro de 1895 . .	1.000:000$000
	7.517:500$000
Foram resgatados a 10 de abril de 1895	1.000:000$000
Ficaram em circulação	6.517:500$000
Foram resgatados em 8 de maio, 12 e 22 de junho de 1895	6.500:000$000
Ficaram em circulação	17:000$000
Foram emittidos em 18 de novembro de 1896	5.000:000$000
Idem em 30 de novembro de 1896 .	5.000:000$000
	10.017:500$000
Foram resgatados em março de 1897 . 2.490:000$000	
Idem em abril de 1897 . . . . 2.250:000$000	4.740:000$000
Ficaram em circulação	5.277:500$000
Foram emittidos em 1897	57.300:000$000
	62.577:500$000
Foram resgatados em 1897. . . .	23.900:000$000
Ficaram em circulação	38.677:500$000
Emittidos em 1898 até 28 de abril .	10.750:000$000
	49.427:500$000
Resgatados até maio de 1898 . . .	28.300:000$000
Ficaram em circulação	21.027:500$000
Emittidos até fim de outubro de 1898	26.000:000$000
	47.327:500$000
Resgatados até fim de outubro de 1898	28.210:000$000
Ficaram.	19.117:500$000

Emittidos ainda em novembro de 1898   1.250:000$000

Resgatados até 31. de março de 1899   20.367:500$000
                                   20.350:000$000

Ficando só. . · . . . . . .   17:500$000
que não appareceram no resgate.

Ouvio a Camara.—Terminara o governo do marechal Floriano Peixoto e deixara pouco mais de 17 contos de bilhetes do Thesouro em circulação; mas, logo em dezembro emittiu o governo passado dois mil contos e dias depois mais quatro mil contos. Ao findar o exercicio de 1897 ficaram em circulação, contra a lei, mais de 38 mil contos, chegando nesse anno a circulação a 62.677 contos ! !

Ainda em 1898 esse governo, urgido pela necessidade, emitte mais do que a lei permitte, emitte 28.300 contos ! !

Pois é crivel que um governo que tinha á disposição mais de 200 mil contos, feito o *funding*, se atirasse sobre elle, emittisse o primeiro semestre, isto é, £ 1.433.165 sem poder cumprir o contracto e a. obrigação moral, que lhe era imposta, de não atirar aos hombros de seu successor encargos e onus que provinham de recursos de que se utilisara, isto é, sem fazer o deposito de um real e sem incinerar uma nota, quando devia por um ineluctavel dever moral ter incinerado cerca de 20 mil contos?

O SR. CUSTODIO COELHO:— V. Ex. dá licença. O anno passado V. Ex. declarou em seu relatorio a verdade, a que se contrapõe agora, de que o papel a incinerar correspondente ao segundo semestre pertencia ao actual governo, em virtude da clausula do *funding*, que determinava que essa incineração era feita nos tres primeiros annos, a contar de 1º de janeiro. (*Lê. O Sr. Serzedello senta-se*). V. Ex. confirmou isto quando discutio o orçamento, declarando em seu trabalho : (*Lê. Soam os tympanos.*) Como competia isto ao governo de 98 ?

(*Ha outros apartes. Soam os tympanos.*)

O Sr. Serzedello Corrêa *(continuando)*: — Sr. presidente, o que está no meu parecer absolutamente não tira o valor do argumento que adduzia. Não declarei que o governo do Sr. Prudente de Moraes, pelo accôrdo celebrado, estava na obrigação formal e terminante de incinerar papel-moeda; o que eu disse é que as circumstancias precarias desse governo eram de tal ordem, que, tendo lançado mão do *funding*, como recurso extraordinario, não póde·nem accumular reservas, nem incinerar papel-moeda.

Essa mesma clausula do accôrdo, obtida, sem duvida, pelo governo passado, é a prova de que não tinha recursos e não tinha onde ir buscal-os. Essa clausula concedia uma enorme vantagem ao governo que ia desapparecer; dava-lhe recursos para um semestre, e a nenhum onus o obrigava, atirando esse encargo ao governo que vinha. Que prova mais eloquente quer o nobre deputado de que o governo passado nada possuia, e de que não podia supportar a cruz?

Vê o nobre deputado: se S. Ex. teve razão em dizer que o actual governo viveu da moratoria, cumprindo-a: o orador poude dizer que o governo passado só póde morrer ajudado pela moratoria, que não cumprio! Pois é possivel que um governo que tinha tão extraordinarios recursos, para auxiliar o banco, lançasse mão de uma emissão de 40 mil contos, da qual só mais tarde resgatou o banco cerca de 13.536 contos, ficando em circulação cerca de 26.464 contos, garantidos, é certo, por titulos de 1868 de £ 1.852.200? Pois é crivel que quem tinha recursos dessa ordem fosse pedir emprestado ao banco, já combalido pela crise, cerca de 12 mil contos, que não poude pagar e que seu successor pagou? Pois é possivel que com recursos dessa ordem fizesse esse governo um *report* de dois milhões com hypotheca da renda das alfandegas, deixando de pagar um milhão e duzentas mil lĩbras, que seu successor pagou? Não. E' que esses recursos não eram facilmente apuraveis, estavam presos como dividas a longo prazo, e não foram apurados pelo governo passado, apezar do contracto de 1897 permittir apural-os. Do honrado Sr. Prudente de Moraes se póde, pois, dizer que, urgido pela necessidade, esmagado pelas circumstancias, assoberbado pela herança da guerra civil, vencido, como esse general romano, que o heróe dos Alpes derrotou, bem mereceu da patria, porque não desesperou da salvação da Republica ; mas, a Cesar o que é de Cesar. *Quod Cesaris, Cesari.*

O SR. CUSTODIO COELHO: — Sou incapaz de fazer confrontos, que são sempre perniciosos.

O SR. SERZEDELLO CORRÉA: — O nobre deputado affirmou que o governo passado deixou ao actual Presidente da Republica recursos superiores a 200 mil contos, dos quaes apurou o Sr. ex-ministro da fazenda cêrca de 79 mil contos. Senhores, acceito, para argumentar, esses algarismos. Setenta e nove mil contos ! !

Mas, se o governo passado tinha esses recursos, se tinha 200 mil contos, ou não quiz apurar os 79 mil contos, ou não poude. Se não quiz e atirou-se, quasi no fim do triennio, a um *report* de 2 milhões sterlinos com. hypotheca de nossas alfandegas e ao terminar acceitou de braços abertos a moratoria com a ameaça de bandeira estrangeira sobre as alfandegas, commetteu o maior de todos os crimes, a mais perfida das traições. Se não poude, e essa é a verdade, louvores sejam dados a quem, em debito tão grande e quasi perdido, poude apurar tão respeitavel somma.

O SR. CUSTODIO COELHO: — Não declarei isto ; nem entrei na analyse da administração do Sr. Murtinho.

O SR. SERZEDELLO CORRÉA: — O nobre deputado, não entrou na analyse da administração ! Isto é um modo de dizer.

O nobre deputado disse, em alto e bom som, que este governo tinha vivido com os recursos que o governo passado lhe havia deixado ; que este governo tinha vivido da moratoria, e affirmou que a herança que ia legar

M. 19

ao successor do Sr. Campos Salles era mais prenhe de
embaraços, mais cheia de difficuldades, mais lugubre e inquietadora do que aquella que o honrado Sr. Prudente de
Moraes havia deixado ao Sr. Campos Salles ! !

Que maior objurgatoria, que maior libello de accusação
contra a actual gestão das finanças publicas do que o discurso do nobre deputado ? !

O Sr. Custodio Coelho: — V. Ex. por emquanto
só allegou um argumento, que já foi combatido até com
a sua propria opinião. Os saldos, pelos documentos que
V. Ex. tem, ainda serão menores do que os que adduzi
aqui da tribuna.

O Sr. Serzedello Corrêa: — O nobre deputado
ouça-me e não se impaciente, tirando já conclusões
de documentos que ainda não apresentei. (Apartes do
Sr. Custodio Coelho).

A verdade, porém, senhores, é que esses recursos
ou esses saldos de 206 mil e tantos contos, que se vê da
liquidação de 1898 passando para 1899, não foram accumulados no governo do Sr. Prudente de Moraes , já vinham
de longa data, tendo o seu governo apenas augmentado as
responsabilidades ou essas dividas, augmentando o tal saldo
com cerca de 40 mil contos de emissão.

O Sr. Custodio Coelho : — Nem eu declarei que
vieram do Sr. Prudente de Moraes.

O Sr. Serzedello Corrêa : — Aqui está o balanço
de 1894, balanço definitivo, balanço sobre o qual não póde
mais haver duvidas, e nelle lê-se, pag. 1ª, n. 4 :

Saldo deste exercicio, 220.944:000$000.

O Sr. Custodio Coelho : — O marechal Floriano
Peixoto deixou, é certo, cento e tantos mil contos ; mas
o Banco da Republica era credor do Thesouro, em conta
corrente, de 40 mil contos.

O Sr. Serzedello Corrêa : — Está aqui o balanço
do Thesouro, de 1894 (o orador mostra), balanço definitivo, onde se encontra o saldo de mais de 220.000:000$.

O Sr. Custodio Coelho : — *(mostrando a mensagem)* : — E aqui está a mensagem do Sr. Prudente de Moraes.

O Sr. Serzedello Corrêa : — Falla o nobre Deputado em dividas deixadas pelo marechal Floriano Peixoto com o fim de annullar o saldo que passou de 1894 para 1895. Mas dê-me tempo o nobre deputado, não me interrompa tão frequentemente e com tanta impaciencia, porque dahi a pouco eu mostrarei o rol enorme de dividas e encargos que o governo passado deixou ao actual. O banco da Republica, credor do Thesouro em conta corrente de 40 mil contos ! ! onde o banco poderia ir buscal-os, banco já arruinado, ao qual eu mesmo, como ministro concedi prazo enorme para pagamento de sua divida ao Thesouro ? O nobre deputado não tem razão, e eu peço que não me desvie, que não corte o fio do meu discurso. Se o banco tivesse dinheiro para emprestar ao governo e ser credor em 40 mil contos, não seria um banco continuamente amparado e sempre em perigo. Não me interrompa, pois.

O Sr. Custodio Coelho : — V. Ex. aparteou-me muito.

O Sr. Serzedello Corrêa : — Já vê a Camara que o governo passado ao iniciar o seu quatriennio teve um saldo, que lhe deixou o marechal Floriano Peixoto, de mais de 200 mil contos.

No balanço de 1895, pag. 5, ha um saldo de 296.740 contos. No de 1896, de 285.424 contos ; no de 1897 de 301.198 contos, e no de 1898, um saldo de cerca de 212.802 contos.

Dest'arte vê a Camara que durante o quatriennio de sua gestão, o governo passado teve em mãos esses recursos a que se referiu o nobre deputado e dos quaes o Ministro da Fazenda do Sr. Campos Salles apurou 79 mil contos. Mas o nobre deputado, para ser logico, para ser justo, deveria computar de outro lado as despezas extraordinarias que este governo teve de pagar e que foram deixadas pelo governo passado.

O Sr. Custodio Coelho : — Eu apresentei o que estava na mensagem.

O Sr. Serzedello Corrêa : — Tenha paciencia, eu vou expol-as.

O Sr. Elpidio de Figueiredo : — Quaes foram?

O Sr. Serzedello Corrêa : — Quaes foram?

Vai vêr o meu amigo como evaporam-se esses 79 mil contos, e como ainda ficou para pagar um milhão e duzentas mil libras do *report* de dois milhões, e como não houve mais um real com que pudesse resgatar quantia diminuta de libras em titulos externos, quanto mais 3.200.000 libras.

Eis : cêrca de 20 mil e duzentos contos de bilhetes do Thesouro, que foram deixados em circulação ; cêrca de 12 mil contos, que foram restituidos ou pagos ao banco e tomados por emprestimo pelo governo anterior, o què reduz esses recursos a 47 mil contos.

Eis a nota do banco desse emprestimo. *(O orador mostra o documento)*.

Considere ainda a Camara que dessa liquidação ficaram no banco 13 mil contos em inscripções *(mostra a declaração do banco)*, porque lá estavam na occasião do *crak* e o Thesouro não se poderia furtar á lei que impunha aos demais credores. E eis os 79 mil contos reduzidos a 34 mil contos. Desses 34 mil contos abata o nobre deputado cerca de 20 mil contos de incineração de papel-moeda, correspondentes a £ 1.433.000 emittidas pelo governo do Sr. Prudente de Moraes, e teremos cêrca de 14 mil contos, de que se devem diminuir as quantias pagas por indemnisações, sentenças e acquisição de varios immoveis, conforme determinou o Congresso, ainda não incluido um milhão esterlino, tambem pagos. Vè assim a Camara que o resgate das apolices de 1868, feito em 15 de fevereiro de 1901, na importancia de £ 523.743, e em julho de

£ 24.637, póde ser considerado como feito com recurso ordinario ; porque se foram dadas essas apolices em pagamento do debito do banco, incluidas nesses 79 mil contos, necessario se faz então, na exposição, que vem de fazer, da distribuição desses 79 mil contos, descontar quantia correspondente, que na distribuição que fez o orador foi destinada ao pagamento de qualquer das parcellas ou responsabilidades deixadas a este governo pelo passado.

Depois do que vem de dizer póde-se affirmar que o actual governo applicou esses recursos a despezas ordinarias ou a despezas creadas por elle? Note a Camara que não inclui aqui as despezas com um milhão e duzentas mil libras que, do *report* de dois milhões, teve de pagar o governo do Sr. Campos Salles com os recursos ordinarios da receita. Julgue de tudo isso o paiz, julgue a Camara, julguem os homens competentes e desapaixonados ! !

O nobre deputado pelo Rio de Janeiro, em seu notavel discurso confessou que o actual governo resgatou titulos de emprestimos ouro na importancia de £ 4.400.000, quando não estava pelo accôrdo de Londres obrigado a fazel-o, quando poderia não tel-o feito, apresentando no fim do quatriennio a avultada somma desses titulos, mais de cem mil contos da nossa moeda, a accrescer ao saldo dos 84 ou 80 mil contos, que o parecer do relator e a mensagem dizem existir. Que esse resgate foi feito, não ha duvida. A emissão do *funding* foi de £ 8.613.000 e a nossa divida externa está reduzida a £ 42.423.000, quando devia ser de mais de £ 46.789.000.

Se, pois, o governo não tivesse feito esse resgate, teria a addicionar ao saldo da mensagem e do parecer sobre a receita essa importancia — isto é, mais de cem mil contos ao cambio médio do triennio.

O governo preferio á vaidade de apresentar esse resultado extraordinario, como fructo da competencia com que foram geridas as finanças publicas, a consciencia de ter desde logo, reduzido a proporções minimas os encargos que adviriam ao paiz com a emissão do *funding*. O governo reduziu a nossa divida, o que equivale dizer, a emissão do *funding* que se fez, a metade, de facto, da importancia emittida.

(*Apoiados geraes.*)

A questão que o nobre deputado procurou apurar é que esse resgate não foi feito com recursos ordinarios, e então suppõe que assim victoriosamente demonstra que foi com os recursos deixados pelo governo passado.

Senhores, o nobre deputado, prevalecendo-se do modo por que foi feita a escripturação no Banco da Republica, para acquisição de parte desses titulos, na importancia de £ 3.200.000, entendeu provar com isso que se não póde consideral-os resgatados com os recursos ordinarios da receita.

Em relação ás £ 548.380, já demonstrei que, embora recebidas do banco, foram de facto resgatadas com os recursos ordinarios da receita, pois que os 79 mil contos apurados de que fallou o nobre deputado, mal deram para pagar despezas extraordinarias feitas pelo governo anterior a este, excepção ainda de £ 1.200.000.

O SR. CUSTODIO COELHO:— Mas foram titulos recebidos dos bancos.

O SR. SERZEDELLO CORRÊA :— Isso não invalida nem enfraquece a minha argumentação. Já mostrei que devem ser considerados como resgatados com recursos da receita ordinaria.

O SR. CUSTODIO COELHO:— Não mostrou tal.

O SR. SERZEDELLO CORRÊA : — Eu appello para o juizo dos que nos ouvem e nos lerem. Os dois somos parte na lucta. Deixe-me continuar. Dizia eu:

Em relação ás £ 548.380 dadas no acto da liquidação do debito do banco, já mostrei, distribuidos os 79 mil contos nos pagamentos que indiquei, que dahi não se poderiam tirar recursos para o resgate, e se, por opportunidade e conve-

niencia de escripturação, delles sahio o recurso, é porque
quantia correspondente de receita ordinaria foi destinada
ao pagamento de uma dessas despezas extraordinarias deixadas pelo governo passado e que deviam e podiam ser
pagas, caso o ministro da fazenda o preferisse, com os recursos provenientes dos 79 mil contos.

Passemos a outra verba ou parcella. Disse S. Ex.:
«foram resgatadas £ 1.852.200 em apolices-ouro, do lastro
dado pelo banco em garantia de parte dos 35 mil contos,
isto é, de 26 mil e tantos contos dessa emissão.

Ora, continuou S. Ex.. «essa emissão foi incorporada
á massa geral da circulação, e o governo, de posse do
lastro e responsavel pela emissão, resgatou esses titulos
sem despender um vintem.

Parece-me que estou expondo com a maxima lealdade
o pensamento do meu eminente contendor. Pois bem:
S. Ex. tem razão quando diz que essas apolices £ 1.852.700
vieram do lastro de parte da emissão de 40 mil contos, que
fez o governo do Sr. Prudente de Moraes. Acceito que a
escripturação reze isso mesmo, apezar de não ter tido a
felicidade do nobre deputado, obtendo-a do banco...

O SR. CUSTODIO COELHO: — Oh!

O SR. SERZEDELLO CORRÊA: — Porque lá não fui e
não tive...

O SR. CUSTODIO COELHO: — Pois devia ter ido para
me contestar.

O SR. SERZEDELLO CORRÊA: — Mas não preciso con-
testal-o nesse ponto. Faço ao nobre deputado todas as
concessões e acceito que no banco tudo esteja escripturado
como S. Ex. diz.

O que o nobre deputado assegurou é que não foram
resgatadas com a receita ordinaria, e o que eu vou demonstrar é que essa proposição não é verdadeira e que de
facto foram resgatadas com esses recursos ordinarios,
porque foi com esses recursos que o actual governo, depois
de considerar a emissão Prudente incorporada á massa da

circulação geral, incinerou a parte dessa emissão — ou cêrca
de 26 mil contos — que tinham para garantia esses titulos.
Com effeito, S. Ex. não tem razão.

Essas £ 1.842.200 foram de facto resgatadas com recursos ordinarios do Thesouro. Attenda a Camara. O nobre
Deputado esquece que a somma de papel-moeda incinerado
sóbe a mais de 111 mil contos, e que quando terminou o
funding, tendo o governo em Londres dous milhões sterlinos
(*mostra a nota do Thesouro em que isso se declara pelo
chefe da Contabilidade*) ou cerca de 40 mil e tantos contos,
o governo só era obrigado, no maximo rigor, ao resgate
de 73 mil e tantos contos, quantia sufficiente para completar
114 mil contos, que deveria ou resgatar, ou accumular,
ou resgatar uma parte e accumular outra. O governo
tirou da circulação mais do que devia pelo *funding*, 38 mil
contos, onde estão incluidos os 26 mil e tantos contos da
emissão de 40 mil contos. Esse resgate importa no mesmo
que adquirir o lastro ou garantia de £ 1.852.200, e se o
resgate da emissão foi feito com recurso ordinario, bem
se póde dizer que o resgate dos titulos que o garantiam
o foi tambem.

Posso ainda, Sr. Presidente, demonstrar que os titulos
dos emprestimos de 83, 88 (externos) e 79 (interno) de
£ 667.531, que foram recebidos em permuta dos titulos da
divida do Uruguay, podem ser considerados como resgatados
com recursos ordinarios, embora a escripturação do Banco
photographe o facto, como se deu na occasião, parecendo
contrariar o que digo.

Sim.— Já fallei mais de uma vez que não inclui nas
despezas extraordinarias do governo passado, as quaes já
citei, e que devoraram os 79 mil contos apurados pelo nobre
deputado, um milhão e duzentas mil libras que o governo
do Sr. Campos Salles pagou com recursos ordinarios do
Thesouro. £ 1.200.000 do *report* de dois milhões. Ora
isso vale quasi o dobro...

O Sr. CUSTODIO COELHO dá um aparte.

O Sr. Serzedello Corrêa :— Perdôe : não interrompa, por obsequio, o meu raciocinio. O nobre deputado
na sua impaciencia se me affigura na situação de um nau-
frago que está perdendo as forças a debater-se para sal-
var-se.

Dizia eu : Ora, isso vale quasi o dobro das 667 mil
libras dos taes emprestimos que foram permutados pelos
titulos do Uruguay.

Razão tinha, pois, o honrado Sr. Presidente da Republica
em dizer que esse resgate de titulos havia sido feito com
recursos ordinarios da receita ; pois, que com os recursos
ordinarios se fez a incineração de mais 38 mil contos
do que na mais rigorosa exigencia, podia impòr o con-
trácto do *funding*. Senhores, o governo não creou recursos do nada, não os inventou, porque já Lavoisier
demonstrou que nada se crêa ; mas pela sua alta capacidade, pela sua elevada competencia, honestidade...
(calorosos apoiados.)

O Sr. Custodio Coelho : — Quanto á honestidade
ninguem põe duvida.

O Sr. Serzedello Corrêa:—. . . pela habilidade
de sua gestão, poz em jogo os meios precisos para fortificar o Thesouro. Esse é o seu merito — nesta questão —
o de reduzir a emissão do *funding* á metade do que
devia ser, quando a amortisação estava suspensa. Eis a
verdade insophismavel. Se outros podiam fazer e não o
quizeram, não será o orador, nesta hora, quem venha
accusal-os.

Não ha saldo senão de 35.978 contos, disse S. Ex.

Sr. Presidente, não tem razão o nobre deputado pelo
Rio de Janeiro, mais uma vez.

Em meu parecer, tomando os elementos do Thesouro,
isto é, para os exercicios de 1899, 1900 e 1901, tomando
os balanços provisorios e escoimando-os completamente de
todos os recursos extraordinarios na receita, á excepção
da emissão do *funding*, porque na despeza inclui os en-

cargos delle decorrentes, cheguei a um saldo insophismavel de cerca de 84 mil contos. Pois bem : para contra
prova vou agora proceder de modo diverso e a Camara
verá que é irrespondivel a minha argumentação, que é
real, palpavel á evidencia, o saldo em questão. Só não o
vê o nobre deputado por effeito de uma illusão.

S. Ex. fez passar os algarismos diante de si e teve
uma verdadeira allucinação. Ha no mundo moral, como no
mundo physico, devido ao nosso apparelho de sensações,
verdadeiras illusões. Quem de nós já não percorreu as
margens de nossa bahia em noite de luar, e não foi
acompanhado em seu caminhar, de uma faixa de luz,
suppondo illuminada apenas essa porção de agua, quando
todo o mar e todas as ondas reflectem ao mesmo tempo
os raios de luz? Pois bem; este facto assumia para todos
tal aspecto de realidade, essa apparencia enganadora tinha
e tem taes semelhanças com o que todo mundo sentia,
que só Spencer a explicou de modo satisfactorio. Assim
são os discursos do nobre deputado em relação á verdade,
assim são os algarismos que S. Ex. alinhou.

O Sr. Custodio Coelho :— Eu desejo ver o balanço.
V. Ex. mesmo prometteu apresental-o.

O Sr. Serzedello Corrêa : — O meu nobre amigo
quer ver o balanço?

Sim, eu o trouxe, porque chegámos a um tal estado de incredulidade e de desgraças que a palavra de
um collega, que desempenha uma elevada commissão
de confiança da Camara, como eu, embora obscura-
mente. . .

Vozes — Brilhantemente.

O Sr. Serzedello Corrêa :—. . . pelo facto de vir
á tribuna defender a politica financeira do governo com a
qual se identificou, é suspeita! Tristes tempos, em que
não bastam os dados officiaes do Thesouro, a palavra do
governo, é preciso a palavra do estrangeiro, é preciso o
documento do inglez, é preciso o balanço dos Srs. Ro-

thschilds!! Pois bem *(com energia e mostrando o documento do balanço)*:

Está aqui, está aqui o balanço e o nobre deputado vai lêl-o.

O SR. CUSTODIO COELHO: — Foi V. Ex. mesmo quem declarou que tinha o balanço.

O SR. SERZEDELLO CORRÊA: — O nobre deputado não contesta porque não ha ninguem que possa contestar, que o Thesouro tem em Londres um deposito de cerca de £ 2.050.000 onde está incluido o fundo de garantia, fundo de garantia que não constitue despeza, que representa recursos accumulados. O orador não traz mais nesse assumpto declaração do governo, documentos officiaes do Thesouro; traz para convencer os mais incredulos a conta em original dos nossos agentes, dos Srs. Rothschilds and Sons. Está aqui, e dessa conta enviada em 31 de julho, verifica-se que ha um saldo de £ 1.753.000, a que addicionadas 300 mil libras enviadas em meiados de julho, e que não podem estar incluidos no balanço, pois lá deveriam chegar depois de julho e mesmo depois de agosto, porque são lettras a prazo de 90 dias, dá-nos o total de £ 2.053.000, que são propriedades do Thesouro, pagas como estão até hoje todas as nossas responsabilidades. Esses dois milhões e cincoenta mil libras representam recursos que foram accumulados por este governo e provém da receita ordinaria do paiz.

O SR. CUSTODIO COELHO: —V. Ex. estabelecendo o saldo de dois milhões, incluindo as 300 mil libras que seguiram, deve deduzir as despezas de setembro, que importam em £ 1.600.000.

O SR. SERZEDELLO CORRÊA: — Eis o balanço, datado de 31 de julho *(lê)*:

DA THE BRASILIAN GOVERNMENT IN A/C WITH N. M. ROTHSCHILD & SONS

1902

July	1.	To Payment or coupons of the 4 ½ % Gold Loan of 1879, in London . . £ 18840.1.10 Paris . . £ 4015.16.6	£ 22.856.18.4					
		¼ % Com		114. 5.7	July	1	£ 22.970	3.11
»	1.	Div. of 1s. Aug. on £ 7331.600 5 % Loan of 1895		—	»	1	185.122.18	
»	1.	Payment to Bank of England by order of Sr. J. A. de A. Castro, n. 17, a/c Industry Dept		110.000				
		¼ % Com		275	»	3	110.275	
»	1.	Payment to Sr. J. A. de A. Castro by order of His Ex. the Minister of Finance, Rio, 11, of 9 June		300				
		¼ % Com		15	»	3	300.15	
»	4.	Payment for redemption of the 6 % debs. of the Minas & Rio Rly Co		2.300				
		¼ % Com		5.15	»	4	2 305.15	
»	4.	Payment to Bank of England by order of Sr. J. A. de A. Castro, n. 18, a/c Industry Dept		105.000				
		¼ % Com		262.10	»	7	105.262.10	
»	17.	Com. of ¼ % on issue of £ 4.127.820 Rly. Guaranties Rescission 4 % bonds, as follows : Dona Thereza Christina, Rly Co. £ 465.100 Co. Genle. de Chemins de for Bresiliens . £ 3.662.720 ——————— £ 4.127.820		—	»	17	46 437.19.8	
»	19.	Payment for redemption of the 6 % debs. of the Minas & Rio Rly Co		1.900				
		¼ % Com		4.15	»	18	1.904.15	

July 21. The paid to Mr. E. Nielsen,
Trustee under the Western
c/ Minas Rly. Mortgage
Bond, 2:500$ 11 ¾ . . . . . £ 123.14
¼ % Com. . . . . . . 6.2 July 2 124.2

Stamps on Remittance 4.10
Balance 1.341.657.14.9
£ 1.816.361.16.2

Mems :

Aug. 16. Dividend on Western of Minas Bonds 85 549.10.6
Balance at credit. . . . . abt. 1.668.000
abs. 1.753.000

1902 *Bills not due*
July 1. By balance brot, from previous £ 1.415.659 15.03
account, ... £ 2.297.2.4
» 1. Dividend on £ 7.400, 5 % Funding Bonds help for a/c the
Goverament . . . . — July 1 92.10
Dv. on. . . . £ 172.540
» 1. Railway Guarantees Rescission
4 % Bonds 1901 . . . . — » 1 3.450.16
Dv. on. . . . £ 438.200
» 1. Scrip of Railway Guarantees Rescission 4 % bonds, 1902,
received from the liquidators
of the Minas & Rio Rly. Co. — » 1 8.664
» 1. Interest from 1 Jan. to 30 June,
inclusive as prestatement . . — » 1 12.478.17.10
» 1. Remittance from His Ex. the
Minister of Finance, Rio,
n. 18 of 10 June 1902, 58
demand bills on Sundries . . — » 1 350.005.11.8
» 14. Payment by Sr. J. A. de A.
Castro, Delegate of the Trea-
sory . . . . — » 14 259.910. 5.5
Bills not due . . . . £ 2.297.2.4 £ 1.816.361.16.2
Balance Brought down . . . . £ 1.341.657.14.9
Mems :
Bills not due in hand . . . . abt. 2.300
Aug. 5. Remittance from Rio de Janeiro . . . . » 409.000
abt. £ 1.753.000

London, 31 of July of 1902.—*N. M. Rotschild & Sons.*

O Sr. Serzedello Corrêa: — Esse deposito, senhores, naturalmente oscilla para mais e para menos. Todos os mezes o Thesouro faz remesas de cerca de 300 mil libras a 350 míl, porque os 25 % ouro cobram-se nos despachos diarios e, liquidados os vales, as cambiaes são remettidas. Se ha despezas em Londres no mez superiores á remessa mensal ha um desfalque no deposito, se não ha despezas, ou se as despezas são inferiores á remessa, o deposito cresce. Eis o facto. Para que esse deposito pudesse desapparecer, esgotado pela despeza, necessario seria que a quota em ouro da importação não continuasse a ser cobrada e não cobrisse as mesmas despezas. A Camara sabe que isso não é exacto.

Assim, Sr. presidente, as despezas, incluindo o mez de setembro, com o Corpo Consular, juros dos emprestimos externos, juros do *funding*, garantias ás estradas de ferro, despezas diversas vai a um milhão e trezentos e oitenta e uma libras, mas as remessas regulando em média 300 mil libras a 350 mil, teremos cerca de mais de £ 1.300.000, não incluida a renda consular. O nobre deputado falla em despezas de setembro que serão de cerca de 600 mil libras, em compensação as de outubro andam em pouco mais de 35.000 libras e as de novembro em 84.000.

Eis, senhores, — no balanço de Rothschild —, de saldo, em começo de agosto, £ 1.753.000, a que reunidas 300 mil libras (eis o documento do Thesouro) temos £ 2.053.000 (*Apoiados*).

O Sr. Custodio Coelho: — E as cambiaes de 1902? Estamos em agosto.

O Sr. Serzedello Corrêa:— E' incontestavel, senhores, é cousa que se não discute, a existencia a esta hora em Londres de recursos do Thesouro na importancia de £ 2.053.000.

O Sr. Custodio Coelho:— Não representam saldo. Está ahi incluido o fundo de garantia.

O Sr. Serzedello Corrêa:— Mas, o fundo de garantia é despeza? Não representa recursos accumulados? Não é dinheiro do Estado que lá está? Appello para a Camara e para a Nação. Que nos julguem os competentes.

O Sr. Custodio Coelho: — Onde estão as cambiaes de 1902?

O Sr. Serzedello Corrêa:— Insiste o nobre deputado sobre as cambiaes de 1902 !

E as despezas de 1902? Não têm sido pagas? Consta que se deixou de pagar alguma cousa?

O Sr. Custodio Coelho : — Dá outro aparte.

O Sr. Serzedello Corrêa : — V. Ex. assim me fatiga. As palavras que estou dirigindo á Camara repousam sobre idéas que só de hontem para hoje pude coordenar. O discurso do meu nobre amigo, revelando grande erudição...

O Sr. Custodio Coelho : — Muito obrigado.

O Sr. Serzedello Corrêa... enorme cópia de algarismos, só me veiu ás mãos hontem de manhã com o *Jornal do Commercio*, ás 9 horas.

O Sr. Custodio Coelho: — Eu tambem recebi o relatorio do Ministro na vespera do dia em que fallei.

O Sr. Serzedello Corrêa : — Vamos adiante:

Não contesta o nobre deputado, porque ninguem póde contestar, que existe em consolidados em Londres, propriedade do Thesouro, um milhão sterlino, posto lá como garantia dos saques do Banco da Republica. Esse milhão o governo o depositou em Londres porque o tinha como resultado da receita ordinaria e fructo de economias. Está intacto ; eis o documento que o comprova.

« Banco da Republica do Brasil, Rio de Janeiro, 3 de setembro de 1902.

Exm. Sr. Dr. Serzedello Corrêa— Capital Federal — Em resposta á carta que de V. Ex. acabamos de receber, temos a satisfação de lhe declarar que a importancia de um milhão sterlino (£ 1.000.000), posta á disposição deste banco pelo Thesouro Federal, foi inteiramente empregada em « consolidados inglezes », *(rente français)* e « consolidados prussianos » *achando-se esses fundos completamente intactos*, como V. Ex. verá do nosso incluso balanço, hontem publicado, no qual essa rubrica figura por £ 1.130.000, sendo £ 130.000 de propriedade deste banco.

Somos com elevada estima, de V. Ex. att⁰ˢ amˢ. obr⁰ˢ.

Pelo Banco da Republica do Brasil : *R. de Castro Maya. — F. Sussekind.* »

O nobre deputado fallou em prejuizos do banco e duvidou que esse deposito estivesse intacto. Eis ahi a prova em contrario.

O Sr. Custodio Coelho : — Ha desfalque porque houve prejuizos.

O Sr. Serzedello Corrêa : — Oh! senhores. Pois o nobre deputado insiste depois do documento ? Será preciso que o Sr. Rothschild venha dirigir o Banco da Republica para merecer fé a affirmação que faço á luz de documento cathegorico e do balanço do banco ?

Vamos adiante:

O Sr. Custodio Coelho : — E as operações do banco ?

O Sr. Serzedello Corrêa : — Mas, senhores, eu já mostrei o documento em que o banco tem a mais, de sua propriedade, 130.000 libras. Vamos adiante :

Nestas duas verbas, que têm existencia real, tem o Thesouro em nossa moeda, ao cambio do dia, mais de 60 mil contos e muito mais do que isto representavam quando terminou o *funding*, porque mais baixa era a taxa cambial. Crê o orador que ninguem contesta que sejam recursos accumulados. O facto de não poder o Thesouro dispor do fundo de garantias e de ter dado destino ao milhão de consolidados não lhes tira o caracter de recursos reaes, verdadeiros, accumulados por este governo.

Existem em conta corrente de movimento na nova carteira do banco mais de 18 mil contos.

O Sr. Custodio Coelho: — Com as rendas das alfandegas que vão para o banco.

O Sr. Serzedello Corrêa : — Mas assim como entram essas rendas de algumas alfandegas, sahe dinheiro, sahem recursos para as despezas. Já vê que não colhe a observação de V. Ex. E se não é assim, então o governo tem tantos recursos que não precisa de tocar nessas rendas, o que vem a favor da minha argumentação. Estes 18 mil contos em conta corrente exigivel á toda hora constam do balanço hontem publicado e do documento que aqui tenho e apresento. Ha mais 5.000 contos que foram emprestados para a nova carteira e estão em conta corrente especial. E ainda na caixa do Thesouro cêrca de dous mil contos, o que tudo sommado dá mais de 84 mil contos, saldo que ahi fica, saldo real, saldo effectivo, saldo não comprommettido. Como pois, diz o nobre deputado que a situação de hoje, é peior do que a herança legada pelo governo anterior ? Como é possivel em um espirito esclarecido tão grave injustiça? Pois até os algarismos eloquentes em sua frieza, insophismaveis em sua exactidão, podem ser transformados de modo a desapparecerem ? Que daltonismo cruel é esse, que faz vêr de modo diverso o que todos os que me ouvem estão a enxergar e a sentir ?

Sejamos justos, sejamos desapaixonados, sejamos verdadeiros. O que vem de dizer não póde ser contestado, salvo se se póde contestar não ser a luz clara do sol, que, pelo movimento de rotação da terra, nos produz a existencia do dia e da noite ; salvo se se póde contestar que não é a inclinação do eixo do nosso planeta sobre o plano da eclyptica que nos dá o espectaculo maravilhoso das estações.

Os saldos que vem de apurar constituem uma verdade dessa ordem, pela segurança e pela solidez.

Parece-me, pois, Sr. presidente, que em boa fé...

O Sr. Custodio Coelho : — V. Ex. não discriminou o que pertence a 1902.

M. 20

O Sr. Serzedello Corrêa: — Eu já disse ao nobre deputado que nós dois estamos em questão. Deixe-me continuar.

O Sr. Custodio Coelho: — V. Ex, se esqueceu dos debenturistas da estrada de ferro Minas e Rio.

O Sr. Serzedello Corrêa: — Sr, presidente, não se póde contestar em boa fé e com sinceridade a existencia desse saldo.

O Sr. Custodio Coelho; — Boa fé, eu tenho.

O Sr. Serzedello Corrêa: — Eu não estou dizendo que não a tenha. Já o tratei tão bem, *(sorrindo-se)*, já lhe fiz tantos elogios ! Deixe-me argumentar e raciocinar !

Mas, Sr. presidente, eis a exposição, mediante os documentos que apresentei, da existencia de enormes e extraordinarios recursos accumulados por este governo, que tem feito e está fazendo normal, diurna e regularmente as despezas publicas, Repito : é insophismavel a demonstração que fiz ; não se póde contestar a verdade destes recursos, salvo se se póde contestar tambem as mais indiscutiveis verdades, *(Apoiados ; apartes)*.

Sim, verdades que não se contestam, salvo pelos que são victimas de infeliz obcessão ou de paixão desordenada. *(Apoiados)*.

Disse ainda o nobre deputado que o governo não cumprira o *funding*, porque não resgatara os 114.000:000$ do contracto, faltando cêrca de 21.000:000$. Sr. presidente, mais uma accusação infundada. O governo pelo accôrdo estava obrigado ou ao resgate ou ao accumulo de reservas em cambiaes, ou a uma e outra cousa simultaneamente, se assim o entendesse. O Congresso em 1899 impoz no orçamento a obrigação forçada do resgate, e fez-se.

Em 1900 e 1901, não sendo renovada essa disposição, ficaram em vigor para o governo os termos do accôrdo, isto é, ou o accumulo de reservas ou o resgate, ou os dois conjunctamente. Quando, em julho do anno passado, ter-

minou o prazo, faltava incinerar cêrca de 21.000:000$ para
completar os 114.900:000$, mas o governo tinha um de-
posito de mais de dois milhões sterlinos, ou mais de
40.000:000$; logo, tinha mais do que o contracto exigia e
tinha mais cêrca de vinte mil e tantos contos. Os nossos credores acharam, e não podiam deixar de achar, que demos o
mais pontual cumprimento ao que nos obrigámos; infelizmente o nobre deputado entende que não; mas a demonstração que ahi fica tem a claridade da luz meridiana.

Eis a nota do Thesouro sobre o deposito em Londres,
quando terminou o prazo do *funding*:

SALDO QUE, EM LONDRES, PASSOU DE JUNHO A JULHO DE 1901
QUANDO TERMINOU O « FUNDING »

Na agencia, em dinheiro
£ . . . . 1.887.492—15
Em cambiaes £. . . . . . 114.000—00
Na delegacia, em dinheiro. . . 8.137—18— 2

2.031.613—12—10

O nobre deputado pelo Rio de Janeiro levou o seu
desejo de accumular recursos para o novo governo, ao
ponto de crear fantasias sobre fantasias. S. Ex. esqueceu-se
de que os recursos obtidos em 1900 foram inferiores aos de
1899 em cêrca de quarenta mil contos e os de 1901 de cêrca
de oitenta mil contos, ou menos quarenta mil contos do que
em 1900. Isto é, o actual governo teve cêrca de cento e
vinte mil contos menos do que presumimos que teria — cento
e vinte mil contos menos de que as previsões de 1899 lhe
deviam dar.

Mas S. Ex. affirmou que eram algarismos officiaes, que
eram cifras dos relatorios as que diziam que só dos depositos
este governo tivera 32.000:000$! Senhores muito póde a
fantasia imaginosa do nobre deputado.

S. Ex. falla em deposito a fazer uma confusão extraordinaria com os saldos entre as entradas e sahidas, unica
cousa de que o governo póde dispôr mediante autorisação

orçamentaria como recurso ordinario, applicando-os ás despezas ordinarias.

O Sr. Custodio Coelho: — Não é verdade.

O Sr. Serzedello Corrêa: — Vejamos se o nobre Deputado foi mais feliz em sua affirmação.

Trinta e dois mil contos de depositos que este governo gastou no triennio findo ! !

Eis o relatorio do honrado ministro da fazenda e nelle encontra-se *(lê)*:

« Em 1899: Depositos —Saldo, 15.522:000$000.»

(Apartes do Sr. Custodio Coelho.)

(Soam os tympanos.)

O Sr. Serzedello Corrêa *(com força)*: — Senhores é o relatorio do Ministro da Fazenda. Está aqui — em 1899 — de um lado todas as receitas desse exercicio, de outro todas as verbas de despeza. Parece que não ha recurso de receita que tenha escapado a essa enumeração e ahi lê-se, na rubrica — Depositos — um saldo de 15.522:000$000.

Isso mesmo, exactamente, encontra-se em meu parecer.

(Continúa, mostrando o relatorio).

Está aqui, o relatorio de 1900, e neste anno não ha na receita saldo de Depositos: as entradas foram inferiores ás sahidas e por isso na columna das despezas encontra-se o *deficit*, na rubrica — Depositos.

Em 1900, com effeito, não houve saldo, houve *deficit* porque foi o periodo da crise dos bancos e do Banco da Republica e deu-se corrida nas caixas economicas. Dahi o seguinte *deficit*, que figura na despeza nessa rubrica, 14.905:000$000.

Quer isso dizer que nos dois exercicios o governo actual teve como recurso apenas 617 contos. Em 1901 houve o saldo de 1.557 contos, o que dá para os tres annos apenas cerca de pouco mais de dois mil contos quando, no emtanto, os orçamentos da receita calcularam 15 mil contos ou cinco mil contos por anno, tendo o governo menos 12 mil contos do que deveria ter. E'isso que tambem se encontra em

meu parecer, nas paginas 6, 8, 9, e ainda nas paginas 10, 11
e 12. Por essa occasião, disse o nobre deputado, que não
tratara o parecer da divida fluctuante e, no emtanto, Sr.
presidente, (abre o parecer e mostra) está aqui á pagina 87
o seguinte :

« Divida fundada interna, e seguem-se nas paginas 88,
89, 90, 91, 92, 93, 94, 95, 96, 97, 98, 99, e 100 o estudo
de cada um dos emprestimos e grande numero de quadros,
e logo depois, até o estado da divida anterior a 1827. Dirá
S. Ex. que é a divida fundada interna ; mas, porque não
leu ou não quiz ler que logo ás paginas 101 ha o titulo :
Emissão e resgate do papel moeda — onde o estudo é completo e feito ás paginas 101, 102, 103, 104, 105 e 106.

Na pagina 100 está a tabella das lettras emittidas de
abril de 1901 a março de 1902.

Nas paginas 118, 119, 120, 121, 122, e 123 tudo o que
diz respeito a depositos nos Estados, aqui, nas caixas economicas, nos cofres de orphãos, de ausentes, etc.

Ha mesmo quadros que são de grande valor. Assim
é o quadro em que se dá, desde 20 annos atraz, a marcha
dos depositos nas caixas economicas.

Que mais quer S. Ex. ?

S. Ex. já encontrou neste paiz, do Imperio á Republica, parecer de receita ou relatorio mais minucioso, mais
cheio de informações ou de dados estatisticos ?

(Calorosos e repetidos apoiados).

VOZES — E' um trabalho que honra o paiz.

O SR. CUSTODIO COELHO : — Eu sou o primeiro a reconhecer.

O SR. SERZEDELLO CORRÊA : — Não foi ahi que S. Ex.
encontrou á pagina 92 os emprestimos feitos pelo Brasil
ao Uruguay e Paraguay ?

Não é tudo.

S. Ex. incriminou o actual governo, porque não fez
a amortisação do emprestimo de 1897. Em primeiro logar
não era justo que, suspensa a amortização dos emprestimos

externos, a fizessemos para os internos, tratando os dois credores com visivel desigualdade, o que não era mesmo decente. Em segundo logar este governo não fez o resgate do emprestimo de 1897, como não fez de todos os outros emprestimos internos de juro papel durante o *funding*. E nada ha que possa provocar uma censura, porque de longa data essa amortização deixou de ser feita. E se não foi feita pelos governos que a isso estavam obrigados, e se a amortização do emprestimo de 1897, nem pelo proprio governo que o emittio poderia ser feita. . .

O Sr. Custodio Coelho: — Não era obrigado — o resgate começou em 99.

O Sr. Serzedello Corrêa: — E' exacto, mas era obrigado a amortização de todos os outros e não fez de nenhum com regularidade, como de certo não faria tambem deste. Mas, dizia eu : se a amortização não foi feita por outros governos como querer que a fizesse o governo que tinha a moratoria e suspensa a amortização dos emprestimos externos ? *(Apoiados geraes)*.

Se não foi feita por governos que grandes recursos tiveram como censurar este que herdou a moratoria e que na phrase do nobre Deputado viveu della e sómente della?

Eis, senhores, o que ainda o anno passado disse o orador em seu parecer e responde ao nobre deputado.

O Sr. Custodio Coelho: — O *funding loan* terminou e é preciso igualdade entre credores.

O Sr. Serzedello Corrêa: — E' por isso que este governo pediu a creação do fundo de amortização e já resgatou este anno não pequena somma de titulos internos. E é o primeiro que na Republica faz isto. *(Apoiados repetidos)*. Eis o que disse em meu parecer e que o nobre deputado não leu *(lê)*:

«O nosso legislador sabiamente inspirou-se nos mesmos principios. Reconhecendo desde logo como divida publica fundada o capital de 12.000 contos de réis, que devia

ser posto em circulação por meio de apolices com o juro
de 5 %, afim de cobrir o *deficit* do Thesouro, e o
juro que fosse estipulado, a lei ordenou que se puzesse
de lado uma prestação «applicada exclusivamente á despeza dos juros *e amortisação deste capital creado*, prestação
equivalente a 720 contos por anno ou 6 % do dito capital.
Para esses pagamentos creou a lei a Caixa de Amortisação « independente do Thesouro Publico » e administrada
por um junta respeitavel, e cujas operações, além do
pagamento dos juros e inspecção das transferencias das
apolices, consistiam em «resgatar annualmente tantas apolices do capital fundado quantas equivalessem *a somma de*
1 % *do mesmo capital e á dos juros das apolices* que se
fossem *amortisando* (art. 57); a dita amortisação ou resgate sendo feita pela Caixa « ou per compra das mesmas
apolices quando se achassem no mercado abaixo do par,
ou por meio de sorte, quando estivessem acima delle»
(art. 69).

Ainda mais: a lei prescreveu (art. 67) que não deverá fundar-se capital de divida alguma sem que na propria
lei de sua fundação sejam consignados rendimentos certos
que bastem á despeza de seu juro e amortisação; tal foi
o cuidado escrupuloso que se teve com o credito desta
Caixa, independente do Thesouro, como já vimos, que a
lei preceituou tambem que todas as suas óperações fossem
publicadas pela imprensa, de seis em seis mezes, e que ella
apresentasse annualmente seu balanço geral á *Camara dos
Deputados* (arts. 73 e 74).

Nos primeiros annnos cumpriu-se a lei. O Thesouro
creou o fundo de amortisação, que o legislador foi dotando
annualmente com a consignação determinada.

Em 1836, dizia a 7 de maio, no seu relatorio, o Ministro M. do N. de Castro e Silva: « A cargo da Caixa
de Amortisação até o fim de junho de 1835 era a nossa
divida de 19.912:800$ e até março do corrente 19.965:000$
de apolices emittidas, sendo 19.346:000$ de 6 %; destas

tem-se resgatado 2.124:000$, restando na circulação 17.221:400$000. »

« Assim, nestes primeiros nove annos vê-se que de um total de menos de de 20.000:000$ emittidos, — emittidos sobretudo nos ultimos annos,— o governo resgatara nada menos de cerca de 10 $1/2$ % do total, o que quer dizer que cumpriu á risca com a lei, pois verificamos que um emprestimo a que se dedicar 1 % annual para a amortisação fica reduzido no fim de nove annos exactamente a 88.973 % do seu capital.

Com as grandes despezas do Imperio nas luctas civis das suas duas extremidades, e com outras despezas mal avisadas, a divida por apolices internas attingiu em maio de 1840, segundo o relatorio de Manoel Alves Branco, á elevada somma de 30.835:754$934 : mas, accrescentou então aquelle ministro, dessas apolices « sempre se ha feito a amortisação, que já monta á importancia de 3.484:400$, e de que constantemente se ha pago o juro, menos neste anno, a respeito das apolices amortisadas ».

Alves Branco, preoccupado com este assumpto, comprehendendo as vantagens da amortisação, tentou estabelecer para pagamento e amortisação da divida publica um fundo sufficiente e inteiramente independente da receita ordinaria da Nação, visto como « em geral têm as nações civilisadas applicado á sua divida os rendimentos mais estaveis e menos influidos pelos acontecimentos politicos, taes como o dos proprios nacionaes, florestas do Estado e minas.

O ministro via que sérios males resultavam da suspensão da quota de amortisação e temendo quiz assegurar este serviço ; mas em vão. O governo cumpriu depois o seu dever quanto á divida externa : mas, quanto ás apolices em moeda corrente, si já em 1838 — 39 sophismava o governo a execução da lei 1825, de então em diante, até o advento da Republica, nunca mais cuidou em amortisação.

Durante o regimen republicano, apezar do esforço digno de nota do eminente Sr. Ruy Barbosa, nada se fez quanto á amortisação dos emprestimos internos e, apezar de ter sido de muito augmentada a divida, apezar da baixa cotação desses titulos, sendo certo que, durante o longo periodo de cerca de setenta e tantos annos, só temos amortizado 3.833:200$, isto é, o que já estava amortisado em 1840, quando o total da divida era insignificantissimo.

E no emtanto ainda em 1897 foi contrahido o emprestimo interno de 60.000:000$, typo de emissão 95 °/o, juro annual do 6 °/o ou de 3.600:000$, amortisação de 10 °/o ou 6.000:000$, amortisação que até hoje não se fez ; e no emtanto, a divida está enormemente augmentada, pelo que temos em

Apolices geraes de 5 °/o	483.401:000$000
Ditas geraes de 4 °/o.	119:600$000
Ditas do emprestimo de 1868 de 6 °/o ouro 7.127:500$000	
Ditas do emprestimo de 1879 de 4 ¹/₂ °/o ouro . . . . . 20.549:000$000	
Ditas do emprestimo de 1889, de 4 °/o ouro.	27.676:500$000
Ditas do emprestimo ae 1897, de 6 °/o papel. . . . . ˙ . .	60.000:000$000
	471.197:100$000
Divida anterior a 1827 e a divida inscripta no grande livro e a divida inscripta nos auxiliares dos Estados somma. . . . . . . ˙ . .	306:936$965
Total.	571.504:036$695

—

E' esta a avultadissima quantia que exprime o valor da divida interna, não incluindo o papel-moeda, os depositos. Parece, pois, opportuna a creação do fundo de amortisação para serem cumpridos os contractos.»

Vê, pois, a Camara que o relatorio da receita não foi lido o anno passado, como tambem este anno, pelo nobre deputado. Sente não ter a autoridade de Lafayette, Paraná e outros, porque então seria lido pelo seu collega e não teria o desgosto de estar agora a restabelecer a verdade e a impugnar, o que tanto lhe custa, as asserções de seu amigo.

O nobre deputado accusa o actual governo de não ter feito o resgate do emprestimo de 1897 ; o orador responde-lhe mostrando que, de longos annos, commettemos o erro de não resgatar os nossos emprestimos internos e assegura que o proprio Governo que emittiu esse emprestimo, e tomou esse encargo, não resgatou senão quantias diminutissimas em relação ao que estava obrigado pelos contractos.

Fallou ainda S. Ex. na applicação dos saldos das caixas economicas a despezas ordinarias.

Desde 1898 que o orador clama contra isto ; em 1899 estudou o assumpto em seu parecer, e em 1900 conseguiu firmar emenda dando a esses depositos a applicação que Gladstone lhes deu na Inglaterra. E foi este governo o primeiro governo que na Republica iniciou a creação do fundo de amortisação por iniciativa do orador, e já este anno amortisou quantia avultada, tal a necessidade de fazer voltar á circulação esses capitaes inactivos, que, de anno para anno, se transformavam em titulos da divida publica interna. Já o declarou e repete: essas emissões de apolices têm sido um dos maiores obstaculos ao desenvolvimento economico do paiz, porque nesses titulos encontram os capitaes uma remuneração segura e assim são desviados de empregos mais uteis e mais capazes de incrementar o nosso progresso. Esse erro não commetteu, porém, o actual governo.

Eis o que disse em seu parecer deste anno *(lé)* :

DEPOSITO

Sob esta rubrica são escripturadas as sommas prove-nientes das multas por infracções de leis e regulamentos, as importancias das caixas economicas, bens de orphãos e ausentes.

Os quadros que seguem bem mostram a gravidade das responsabilidades que o Thesouro vai tomando sobre seus hombros.

Tendo augmentado nestes ultimos exercicios os saldos ou excesso entre os recebimentos e as restituições, o que de certo denota habitos de economia em nossa população, acertada andou a Commissão de Orçamento propondo que esses depositos fossem successivamente applicados ao fundo de amortisação da divida interna.

O relator do presente parecer insiste em chamar a attenção da Camara para a reforma de nossas caixas eco-nomicas que carecem de obedecer aos processos e fórmas que de ha muito melhoraram essas instituições no estran-geiro. Repete, pois, ainda hoje o que escreveu hontem a proposito da abertura das caixas postaes.

« As economias realizadas sobre fortes rendas livres não deixam nunca de encontrar emprego, em compras de terras, valores industriaes, fundos publicos, etc., por isso todos os governos não cogitam de economia do rico. A economia popular merece, porém, attenção especial.

Antes de tudo convém proceder á drenagem das me-nores economias, attrahil-as por processos especiaes, afim de evitar que sejam dissipadas ou perdidas, indo fomentar o vicio, prejudicar a educação e estragar as gerações fu-turas. As caixas economicas foram creadas para esse fim. E dahi o enorme desenvolvimento que têm tido em todos os paizes.»

Eis o que disse em seu parecer do anno passado, pags. 82 a 89.

Esse assumpto merece attenção da Camara.

Se por um lado convém que o governo, favoreça e procure mesmo desenvolver os habitos de economia na população, dando assim ampla expansão ás caixas economicas, por outro lado, convém que os depositos tenham applicação razoavel e util, constituindo como de facto constituem, elementos de que se compõe a divida fluctuante do Estado. Nà Europa, onde os habitos de economia augmentam de anno para anno, onde a poupança publica accumula nas caixas economicas grossas e avultadas sommas, especialmente nos paizes onde a centralisação dos fundos das caixas economicas se faz nas mãos do Estado, começa-se a sentir a necessidade de não onerar o Estado com extraordinarias responsabilidades, augmentando exaggeradamente a divida fluctuante e dahi a bellissima applicação de Gladstone para reduzir a divida interna.

Entre nós, os depositos constituindo receita, de que póde e tem lançado mão o Thesouro, vão accumulando tambem sobre o Estado responsabilidades que de futuro poder-se-hão tornar um verdadeiro perigo. Já que não é possivel, desde já, dar ampla emancipação ás caixas economicas, ao menos que o Estado faça dos depositos uma applicação util e fecunda em beneficio do Thesouro. Recebel-os em conta corrente para gastal-os annualmente não parece nem prudente, nem isento de perigos futuros.

Em virtude destas considerações foi presente e acceita pela Camara e pelo Senado a seguinte emenda:

Art. 19. As importancias recebidas do Thesouro, em virtude das vendas e arrendamento de que cogita o art. 3º e seus paragraphos, e bem assim as que provêm annualmente da rubrica — Depositos — saldo ou excesso entre os recebimentos e as restituições, são destinadas a constituir um fundo de amortisação dos emprestimos internos.

Disse ainda o nobre deputado: « urge, pois, banir-se quanto antes o perigoso expediente de se considerarem como receita ordinaria os depositos, etc. Mas isso está feito,

Sr. presidente, isto está feito por iniciativa do orador, de accôrdo com o actual governo, evitando o governo de pagar juros de duas dividas. S. Ex. indica, porém, varias providencias deitando a barra mais longe. S. Ex. lançou um verdadeiro programma de governo.

O SR. CUSTODIO COELHO : — Não diga isto.

O SR. SERZEDELLO CORRÊA: — Não o estou magoando. V. Ex. é um homem de valor e póde fazer o seu programma. Eu mesmo em meu orçamento apresentei um conjuncto de idéas que constituem um programma.

Dizia eu que S. Ex. indica a conversão desde logo de 2/3 partes dos novos depositos e que se consigne verba na despeza para adquirir apolices por conta dos depositos feitos. Onde, porém, attenta o que diz a Commissão em seu parecer no capitulo do equilibrio orçamentario, os recursos para isso? O nobre deputado esqueceu de dizel-o? não; S. Ex. nos diz que se deve autorizar o governo a fazer as *operações de credito* para isso. Declara o orador que não entende, salvo se isso quer dizer: contrahir emprestimos, ou emittir apolices, ou emittir papel moeda para adquiril-as o que seria um desastre.

Ainda em outra parte de seu discurso disse o nobre deputado :

« Mas, se assim é, como explicar a valorisação do meio circulante, reflectida na taxa cambial de 12 pence, que se poderia julgar fructo da orientação financeira do nobre Ministro da Fazenda?

Ou é resultado da incineração de papel-moeda, ou beneficio do extraordinario saldo na balança das nossas permutas internacionaes, registrado no parecer da receita sobre a fulgurante denominação de *luminoso quadro*, por onde se verifica: « que a nossa importação em 1901 de £ 19.762.758, e a nossa exportação de £ 40.621.993, de onde a differença a nosso favor de £ 20.859.235. »

Chamei, Sr. presidente, de luminoso esse quadro porque elle photographa a nossa vida economica, a nossa situação de colonia, porque dá a imagem nitida, clara, sem sombra, do que somos no sentido economico, como povo e como nação. Luminoso porque mostra em uma vasta projecção de luz sobre o futuro o que devemos fazer e o que precisamos praticar para sermos uma nação economicamente independente. S. Ex. attribuiu a valorisação do papel, ou a alta do cambio a esse saldo da balança commercial, esquecido de que isso nada vale quando, como se dá entre nós, a balança dos valores nos é profundamente desfavoravel.

Mas, se resta duvida no espirito do nobre deputado sobre a influencia do resgate do papel para a valorisação do meio circulante, porque não dizel-o abertamente?

Se foi o saldo da nossa balança commercial, que elevou a taxa cambial, saldo de que não aproveitamos um real, saldo que foi consumido nessas remessas de valores que representam a maior parte dos proveitos de nossa actividade commercial e industrial, força é confessar que essa elevação cambial podia ser conseguida sem o resgate, mantida em 1901 a somma do papel que tinhamos em 1898.

Mas assume o nobre deputado a responsabilidade dessa affirmação? Emfim: atira S. Ex. á conta da situação actual o atrazo dos balanços do Thesouso e a existencia, affirmada pelo parecer, de desvios de renda. Mas quando, em que épocha os balanços estiveram mais adiantados? Quando, em que épocha, essas fraudes estiveram abolidas? O futuro Presidente da Republica foi varias vezes ministro da fazenda e quando teve esses balanços em dia? Quando conseguiu eliminar o contrabando e a fraude no pagamento da renda tributaria? Ainda falla o nobre deputado atirando á responsabilidade do actual governo a crise da Praça do Rio de Janeiro e a falta de um banco de descontos, e esquece que essa Praça, soffreu no quatriennio passado, um cambio de 5 $^3/_8$, 7 e 9 e o tem hoje acima de 12 ; e esquece que o actual Banco da Republica tem evitado quanto possivel as oscil-

lações bruscas do cambio, e que não foi o governo actual
que desorganisou o credito bancario, mas sim essas emissões de papel que o nobre deputado entende que não fazem
mal, desde que deixa entrever que a sua valorisação não
é fructo de resgate e sim do saldo na balança commercial.
(*Apoiados.*)

Vai terminar. Já abusou demasiadamente da attenção
da Camara. (*Repetidos protestos.*)

Acredita que a estrella bondosa que tem presidido os
destinos de sua vida publica, passados mais alguns mezes,
o desviará da Camara, e quem sabe se da actividade politica, onde pouco fez. (*Protestos.*)

O Sr. Malaquias Gonçalves: – Isso seria lamentavel.

O Sr. Serzedello Corrêa:—Mas o que fez, fel-o
com consciencia, com amor á verdade, com a mais escru-
pulosa honestidade e o mais abnegado desinteresse. Em
seus pareceres não mentiu ao paiz, mas fallou a verdade,
e só a verdade. (*Apoiados geraes.*)

Seja-lhe dado, pois, nesta tempestade de injustiças,
no meio dos vendavaes da calumnia, no calor das erupções
das mais clamorosas paixões de odios máos, de ambições
cegas, de incredulidades perversas, dizer bem alto que ao
lado dos erros do actual governo ha um activo de serviços tão extraordinarios ao credito publico, (*calorosos
apoiados*) á salvação do Thesouro, (*apoiados*) á reconstrucção financeira, á honra dos idéaes republicanos,
(*repetidos apoiados*) á pratica de salutares principios da
sciencia economica, á implantação entre nós de sãs doutrinas esquecidas, repudiadas de vez, theorias que nos iam
perdendo, — que a sua obra ha de ficar de pé, objecto
de veneração de uma geração a vir, menos apaixonada,
mais justa do que nós, e mais honesta em seus julgamentos
e juizos. (*Apoiados geraes*).

Dizia ha dias publicista de valor « que em nossa historia, nem Feijó, combatido como padre devasso; nem
Alves Branco, insultado como o coxo do corpo e da

consciencia ; nem Rio Branco, uma vez enxotado como
o lacaio que rouba o relogio do amo, e outra vez como
socio nas cambiaes fornecidas ao immortal Mauá; nem
João Alfredo, escorraçado do governo como protector dos
Loios, padeceram da imprensa e das Camaras a tremenda
paixão que a mais iniqua das impopularidades sentenciou
e executou contra Joaquim Murtinho.»

Ao nome do ex-ministro da fazenda póde reunir-se
o do honrado Presidente da Republica *(calorosos e repetidos apoiados)* — mas a verdade é que Feijó vive im-
mortalisado em nosso coração pelos serviços á organização
da patria e á manutenção da nossa independencia politica. Rio Branco tem a sua imagem a presidir o riso
da liberdade em cada berço de criança. Tres vezes
immortal : — immortal na memoria de uma raça que elle
salvou da escravidão ; immortal nos seus monumentaes
serviços diplomaticos e politicos ; immortal porque deu
á patria um filho que já duas vezes reintegrou o territorio
nacional em seus verdadeiros limites. Mauá tem sua memoria venerada, e a João Alfredo ninguem lhe nega mais
hoje a sua alta competencia de estadista e a integridade
moral de seu caracter honesto e digno. Alves Branco é
um molde de estadista que foi só delle na clarividencia
de tudo o que nos podia forrar da situação de colonia
que o somos ainda.

A esses nomes que são nossos, a esses nomes que
são de nossa propria vida politica, pudera accrescentar
outros em paizes estrangeiros, a quem a mesma sina
perseguiu, a mesma injustiça accommetteu e a mesma
recompensa foi dada. Pitt, o grande Pitt e com elle
esse Roberto Peel, que não se sabe qual foi o maior ou
qual foi o menor, foram villipendiados como os mais funestos
estadistas que teve a Inglaterra, e elles não haviam desapparecido ainda, e já se não ouvia o éco dos accusadores
que os malsinavam como homens que compromettiam a
paz e a tranquillidade em aventuras ; e já o povo inglez

ajoelhado reclamava as honras de uma gratidão que nenhum inglez esquecerá jámais.

Nestes dias de luctas, Chamberlain é a deshonestidade ; elle não corrompe pelo dinheiro porque elle é a propria corrupção. As aggressões e as injurias a esse homem irrompem as fronteiras; e feita a paz, a Inglaterra engrandecida, salvo o seu poder colonial, orgulha-se de ter um homem como Chamberlain.

Quereis outro exemplo? Vêde Julio Ferry ; impopularisado, insultado, aggredido por todas as calumnias na imprensa, nos clubs, nas ruas, nas casas, nos theatros, na questão do Tonkin ; mas os annos passam-se, os dias escoam-se, as paixões serenam, e a França immortal immortalisa a Ferry pela sua obra.

Grande justiça de Deus a recompensar os que só trabalham com amor pela patria e para a patria ! ! (*Sensação*).

Precisa terminar. Já disse o que devia e com a sinceridade dos que teem ante os olhos não os interesses fugazes da politica, que nada valem, mas os interesses permanentes das instituições e da ordem social. Felicita o seu amigo e collega, deputado pelo Rio de Janeiro, pelos estudos que de anno para anno avigora e tambem pelo grande exito que conseguio no seio da Camara e na imprensa, com o seu discurso tão contrario á politica financeira do actual governo, politica financeira malsinada por S. Ex. e com a qual, felizmente, para o futuro da Nação, está solidarisado o governo que ha de vir, conforme o declarou em mensagem o honrado Sr. Rodrigues Alves, porque foi em nome desses principios, dessa orientação, que o partido que apoia o Sr. Campos Salles o elegeu. Eis o que escreveu o homem eminente que amanhã dirigirá o paiz:

« O mal não está na deficiencia ou escassez da renda, que não tem faltado ; está, sim, na desvalorisação da moeda. Teve razão o honrado ministro da fazenda quando affirmou em seu relatorio de 1899, que a crise financeira não era a expressão de uma grande decadencia nas fontes de

renda do Estado, mas do regimen que produzia a superabundancia de papel-moeda no mercado.

O remedio é tambem conhecido e está sendo corajosa e
tenazmente applicado — economia na despeza, esforço e zelo
na arrecadação e resgate do papel-moeda. Com essas providencias e com a cobrança em ouro de uma parte dos
direitos de importação, sempre nos pareceu que a crise financeira seria dominada.

A cotação dos nossos titulos no exterior, a elevação
da taxa cambial no paiz e a perspectiva do restabelecimento
dos pagamentos em especie pela cessação do regimen do
funding loan, cujas clausulas tem sido lealmente cumpridas
— attestam a efficacia do remedio e a necessidade de per-
severar no plano adoptado, cujos effeitos serão lentos mas
fataes e seguros. »

—

Se assim é, está certo o orador que o tempo, esse re-
volucionario que tudo transforma, quando estiverem que-
brantados os odios máos, dissipados os despeitos que cegam,
apagadas as calumnias, ha de fazer justiça ao governo que
salvou a honra do paiz e impediu que nas alfandegas brasileiras tremulasse, como no Egypto e na Turquia, o pa-
vilhão estrangeiro.

(*Apoiados geraes repetidos. Palmas no recinto e nas galerias. O orador é abraçado e felicitado pelos seus collegas*)

SESSÃO DE 4 DE OUTUBRO DE 1902

O Sr. Serzedello Corrêa (*Silencio; movimento de attenção.*) — Sr. presidente: V. Ex. e a Camara permittirão
ao orador, ainda uma vez, a solemnidade de uma resposta
exclusiva ao illustre deputado pelo Rio de Janeiro. S. Ex.
travou, com o obscuro relator da receita, um duello, com o
fim de demonstrar que a gestão financeira do paiz, neste ultimo quatriennio, foi perigosa para os destinos da Republica,

perniciosa á sua prosperidade, deixando á Nação enfraque-
cida e depauperada e ao futuro governo uma herança mais
inquietadora do que a que legara ao Sr. Dr. Campos Salles o
governo passado. E' isto a negação do que tenho affirmado ;
é isto a destruição do que tenho escripto ; é isto o anniqui-
lamento dos moveis e dos sentimentos, que em minh'alma
de patriota, me tem levado a dar a minha collaboração a este
governo, de quem, desde o inicio, me deviam separar
largas e fundas amarguras politicas e partidarias no meu
Estado. Se essa obra que ahi está, no terreno financeiro e
do credito publico, não é a obra da dignificação da Republica no exterior, de sua honra e do seu nome ; se essa
obra que ahi está, não foi a da salvação do Thesouro de
uma ruina que nos levaria á bancarota e a situação do
Egypto ou da Turquia, então que movel nobre poderia mais
ter o orador para defender o governo, impassivel aos apodos
da calumnia e da diffamação, recalcando por vezes queixas
e amarguras no coração e na alma dolorida?

Não ! venho de novo á tribuna em nome da verdade,
porque não menti ao meu paiz em meus pareceres, no que
tenho dito, no que tenho affirmado, com a serenidade dè
um homem que estuda, que trabalha, que sabe o que diz,
e que tem a consciencia do que deve de verdade ao povo
e á Nação. (*Apoiados geraes.*)

Venho de novo á tribuna porque não seria, jámais,
capaz de mentir á minha Patria. (*Apoiados*).

O Sr. Custodio Coelho:— Ninguem disse isso.

O Sr. Serzedello Corrêa:— Venho de novo á tribuna em nome da justiça, em nome da lealdade, em nome
do dever, em nòme de minha consciencia. Venho defender a
gestão financeira do governo, porque defendo a minha conducta, porque defendo as minhas idéas, os principios que
tenho evangelisado, e porque creio e affirmo que não é digno
e capaz de sentimento algum elevado quem não póde ser
justo no meio de suas paixões, de suas queixas, de seus
interesses e de seus odios (*Apoiados geraes*).

Senhores, conta a historia, e Horacio cantou em bellissimos versos, que não houve dôr maior do que a de Annibal, quando depois de grandes sacrificios, depois de
ter atravessado os Alpes e os Pyreneus cobertos de gelo,
depois de ter derrotado os maiores generaes romanos, es-
magando a Varrão, fazendo fugir a Fabio, depois de ter
dominado 16 annos os derredores de Roma, depois de ter
creado em Capua os campos entrincheirados, traçando regras
á tactica, á estrategia e á fortificação de nossos dias,
viu-se obrigado a abandonar a Italia !

« Carthagini jam non ego nuntios
Miltam superbos: occidit, occidit
Spes omnis et fortuna nostri nominis.»

Não enviarei mais a Carthago orgulhosas noticias.

A minha esperança e a fortuna do meu nome mor-
reram...

Não mais ousaria, tambem, o orador occupar esta tribuna, fallar della á Nação, se o nobre deputado pelo Rio de
Janeiro tivesse razão nas apreciações que fez, na critica que
formulou. Não : felizmente para o orador, S. Ex. nada de-
moliu, nada destruiu daquillo que em meus pareceres tenho
affirmado. E o vou demonstrar contente, pela felicidade de
poder ainda a esta hora, quando já está a findar o poder
do homem illustre, a cuja politica financeira dei o meu concurso, demonstrar que não desertei de meu posto e que ao
orador, que não teve logar politico ou partidario junto do
governo, nunca, em emergencia alguma da vida se appli-
carão as palavras da memoravel ode *Ad fortunam.*

Diffugiunt cadis
Cum fœce sicatis amici
Ferre jugum pariter dolosi.

Não! não fugi e não desertarei do meu posto.

O SR. PAULA RAMOS — V. Ex. estava nesse posto
antes do governo chegar. (*Apoiados geraes.*)

O SR. SERZEDELLO CORRÊA:— Sr. presidente, o illustre deputado pelo Rio de Janeiro, cujo nome declino com
affecto e estima, o Sr. Dr. Custodio Coelho, procurou responder ao discurso que pronunciei em defesa da gestão
financeira do ultimo quatriennio. Em minha primeira oração
abstive-me de entrar na analyse dos algarismos offerecidos
por S. Ex. como exactos, como incontestaveis. A Camara
ha de recordar-se que limitei-me a documentar as affirmações
da mensagem presidencial e de meu parecer, de modo tão
seguro que me parecia impossivel uma replica por parte
de S. Ex.

O meu eminente amigo, a quem agradeço ter discu-
tido com tão grande superioridade moral, voltou ás suas
affirmações e dahi a necessidade que tenho de transformar
a bancada, de onde fallo, em uma mesa de anatomia, e su-
jeitar os dois discursos de S. Ex. a um trabalho demo-
rado de disseção.

S. Ex. verá que se essa fortaleza, bella e vistosa, na
phrase de S. Ex., construida pelo orador, estava construida
na areia, ella resistiu impassivel aos ventos desencadeados
pela palavra de seu amigo, eloquente mas illogico, brilhante mas inveridico, ao passo que o formoso e ideal castello de cartas, que S. Ex. levantou, cheio das fulgu-
rações de uma luz encantadora, que promanava do verbo
cadenciado e sympathico do seu nobre amigo, não resistirá
ao sopro debil e fraco de uma voz desautorisada como a
do obscuro relator da receita.

Começarei apreciando as proposições e algarismos mais
importantes de seus dois bellissimos discursos para depois
tratar dos pontos de somenos importancia.

O nobre deputado pelo Rio de Janeiro, quer em seu
primeiro discurso, quer na brilhante oração ultimamente
proferida, mostrou-se inquieto com o que S. Ex. chamou o
augmento da divida fluctuante no ultimo quatriennio, ou
máis exactamente, no governo do honrado Sr. Dr. Campos
Salles.

Senhores, o augmento da divida dos Estados é sempre para elles um grande mal, qualquer que seja a natureza da divida, porque, como dizia notavel autoridade, os Estados, como os individuos, multiplicam suas forças sempre que não soffrem os encargos da divida. E' por isso que todos os economistas, e ainda em 1899 Trinquat, em sua these sobre amortisação dos emprestimos de Estado, affirmava que é um dever a amortisação, sendo mesmo um dever de honestidade elementar para uma geração não atirar sobre a geração futura o peso total de seus emprestimos, além das vantagens que a si proprio advirão dessa prudente e honesta conducta. De facto, verifica-se hoje em todos os paizes a preoccupação de diminuirem a divida; mas apezar de ricos, apezar de terem vastos recursos, essa amortisação tem sido feita lentamente, e tem mesmo sido suspensa em momentos de crise. Só nos Estados Unidos a amortisação foi feita com uma rapidez que assombrou a todas as nações. De 1º de julho de 1861 a 31 de agosto de 1865, durante a memoravel guerra da seccessão, a divida elevara-se de 90 milhões de dollars a perto de dois milhares e novecentos milhões. Pois bem; em 1878 a divida já era de um milhar e cerca de 800 milhões, e em 1892 estava reduzida a pouco mais de 600 milhões. Vêde, porém, a Inglaterra. Ella tem tambem amortisado a sua divida, mas a Inlaterra, que realisa a concepção de Listz, sobre uma grande nação, que tem uma poderosa marinha de guerra, vasta marinha mercante, extenso poder colonial, commercio que vai a todos os recantos do universo, que já tem fundado povos e nacionalidades, a Inglaterra tem amortisado a sua divida com lentidão. Em 1815 era a divida de mais de £ 861.000.000. Em 1898, após longos annos, estava reduzida a cerca de £ 613.000.000 ou 20 % de diminuição. Mas a Inglaterra mesmo, apezar dos enormes recursos, por occasião da guerra sul-africana, diminuiu ainda a amortisação, e no emtanto o nobre deputado censura o actual governo, que no periodo da moratoria, ameaçado o paiz de bancarrota, acceito

o accôrdo de Londres com ameaça da bandeira ingleza
sobre nossas alfandegas, suspensas as amortisações, amor-
tisara £ 4.400.000 de emprestimos externos e internos ouro,
crêa o fundo de resgate para os emprestimos internos, di-
minue a divida fluctuante em papel-moeda de cerca de 109
ou 110 mil contos, toma a salutar providencia de não desviar o saldo dos depositos em despezas ordinarias, appli-
cando-as á diminuição da divida interna escandalosamente
augmentada pelos governos anteriores, só porque não resgatou o emprestimo de 97 !!

Estranha justiça esta do nobre deputado !

Curioso rigor esse que se quer revestir da alva rou-
pagem de imparcialidade !! Com effeito : eis o que dizia
a exposição orçamentaria do chanceller do Thesouro inglez
em 5 de março de 1900 : «Em 1885 o paiz teve necessidade de 14 milhões de libras para os preparativos da
guerra. Então, por voto unanime da Camara dos Communs e da Camara dos Lords, se determinou a *suspensão*
do pagamento do capital comprehendido nas annuidades
a cargo de diversos departamentos ministeriaes e referentes ao serviço da divida fixa. Eu proponho que se
proceda do mesmo modo hoje. As despezas annuaes serão
reduzidas de £ 4.640.000. Penso que o parlamento com-
prehenderá quanto seria absurdo augmentar de um lado a
nossa divida em largas proporções e de outro amortisar
antigas dividas.»

Para citar ainda um outro paiz referir-me-hei á França,
que em 1883 e 1884 a 1895 não fez, é certo, senão amortisações ficticias, porque a divida cresceu sempre, mas que
de 1895 em diante entrou no caminho da amortisação.
Assim em 1896 a divida diminuiu de 22 milhões de francos,
em 1897 de 33 milhões, em 1898 de 88 milhões, em 1900
de 54 milhões, amortisações pequenas, que correspondem
em média 30 e 50 milhões por anno, para uma divida de
10 milhares quando é certo que Thiers de 74 a 76, apezar
dos encargos da guerra, inscrevera nos orçamentos im-

portancias superiores a 200 milhões de francos. Por que pois esse rigor do nobre deputado para com o actual governo, que S. Ex. confessara viver da moratoria?

Senhores, a injustiça das accusações do nob/e deputado ainda se revelam por outro prisma. Quaes são os processos de amortisação praticamente empregados pelos Estados? Elles se resumem em tres methodos : 1º, a amortisação que repousa sobre o jogo dos juros compostos; 2º a amortisação por annuidades ; 3º a amortisação por meio dos saldos orçamentarios. Tres processos postos em pratica isoladamente ou simultaneamente. A camara permittirá ao orador entrar na explanação desses tres processos para poder tirar com todo rigor as illações que tem em vista, e mostrar como foi o nobre deputado pelo Rio de Janeiro injusto e illogico. O primeiro systema foi posto em pratica pelo Dr. Richard Price e a idéa essencial consiste em que uma somma modica, collocada a render juros compostos, chega rapidamente a·um algarismo elevado. Assim o Estado, em vez de conservar todos os annos uma somma determinada para amortisar uma parte da divida, deve ao contrario, fazer essa somma fructificar pelo jogo dos juros compostos. E' o procedimento que está tendo o nosso governo com o fundo de garantia, fundo de garantia que, como demonstrará adiante, representa uma reducção de nossa divida fluctuante, além da que proveiu do resgate e a que não prestou attenção o seu collega pelo Rio de Janeiro.

E' ainda o processo que adoptamos para a caixa de resgate dos titulos emittidos para encampação das estradas de ferro com garantias. Praticamente o processo em questão consiste no seguinte :

O Estado estabelecerá uma caixa na qual porá ou collocará uma dotação fixa em cada anno.

A caixa por sua vez empregará essas sommas em compra de titulos da divida publica; com os juros desses titulos a caixa comprará outros titulos e desta fórma pelo jogo dos juros compostos, a caixa regastará todos os titulos dos emprestimos publicos.

Assim : supponha a Camara que temos uma divida de 100 milhões de francos e que damos á caixa por anno, um milhão de francos, e que o juro é de 5 %, é claro que em pouco mais de 36 annos ter-se-ha amortisado os 100 milhões de francos, ao passo que a amortisação por fracções necessitaria de 100 annos.

Senhores, o raciocinio é rigorosamente exacto por que a mathematica não falha : mas já em 1827 lord Grenville em sua obra *Essay on the suposed advantages of a sinking fund* demonstrou que essas vantagens são muito reduzidas, já porque a compra dos titulos pela caixa tem o effeito de reduzir o numero delles no mercado, elevando assim a sua cotação, o que de facto equivalerá para a caixa que os fôr comprando em uma reducção de juros, já porque finalmente a caixa não os comprará a uma taxa igual ou inferior á da emissão por parte do Estado, pois, que este concede, e é sempre obrigado a conceder, vantagens além da commissão de banqueiros. Seja, porém, como fôr, o certo é que não era em um periodo de moratoria que deviamos pôr em jogo esse mecanismo, que é injusta a censura do nobre deputado, feita a um governo que não augmentou de um real a divida interna fundada, que não emittiu apolices e que ao contrario resgatou titulos internos. Não é em um periodo de moratoria, ante *deficits* orçamentarios, e no qual se provê o pagamento da divida com titulos de uma outra divida mais onerosa, que se ha de ou havia de amortisar divida antiga com dotação de uma parte da receita destinada a esse mister.

O segundo systema é o da amortisação por annuidades.

Como o Estado deve ser obrigado a amortisar, fez-se disso um clausula expressa dos contractos. Quer o Estado se obrigue a entregar aos capitalistas que lhe fizeram o emprestimo annuidades até a extincção do referido emprestimo, quer essas annuidades sejam de antemão pre-

fixadas, quer o não sejam, quer finalmente a amortisação
seja feita por sorteio, e o orador não póde e não é aqui
o logar para a discussão das vantagens ou desvantagens
de cada um desses meios, é certo que este systema só
póde ser applicado e dar resultado, pela confissão de
todos os economistas, quando a situação financeira do
Estado é prospera, porque quando o orçamento se liquida
com *deficit*, é preciso pedir emprestado de novo e não
se comprehende que se amortise de um lado para de
outro augmentar a divida.

Ora, senhores, esse processo de annuidade é o de
nossos emprestimos internos e como·queria o nobre deputado que um governo que estava obrigado a cumprir a
moratoria, que tinha de diminuir a divida fluctuante pelo
resgate do papel-moeda, que recorrera ao imposto para
augmentar as receitas, afim de cumprir o *funding*, que des-
falcara a receita da quantia para o fundo da garantia, afim
de melhor assegurar a valorisação do meio circulante, se
abalançasse a manter a regularidade de contractos, que de
longa data não eram cumpridos, que fizesse amortisações
que outro governos em condições prosperas deixaram de
fazer?

Pois não seria isso perigoso para cumprimento do dever
que lhe era imposto? Não seria arriscar-se a um desastre
dando prova de inepcia e incapacidade?!

Entrar no caminho da amortisação quando os recursos
extraordinarios, as receitas do Estado não chegam para
pagar dividas antigas, e se é obrigado a recorrer a novos
emprestimos para esse mister, não é só um absurdo, póde
parecer um acto de loucura.

Vejamos o 3º systema: a amortisação pelos saldos do
orçamento — amortisação aceita por Say quando affirma que
um Estado só amortisa com o excesso de sua receita sobre
as despezas. Foi o grande Thiers quem o promoveu em
França, quando em memoravel discurso sustentara a these
de que só ha um meio real de amortisação: é o que pro-

vém dos saldos orçamentarios, e de que não ha outro meio para obter renda effectiva senão o imposto.

Thiers não teve receio de pedir á assembléa nacional 200 milhões de francos de impostos novos destinados á amortisação, e esta, diz escriptor notavel, teve a sabedoria de votal-os. Mas, senhores, é possivel que um governo que executava a moratoria, que para cumpril-a fôra obrigado a exgotar a capacidade tributaria da Nação, que era obrigado a preparar algum recurso afim de retomarem-se os pagamentos em especie, que ainda por alguns annos tinha o paiz obrigado á suspensão da amortisação dos emprestimos externos, se atirasse nessa politica de Thiers?

Quem ha ahi que o possa afirmar? A que fica pois reduzida a acusação do nobre deputado sobre a falta de amortisação do emprestimo de 68 e de 97! A palavras, e só a palavras! *words and words!!*

Este governo, porém, com tão elevada competencia geriu as finanças publicas, com tão grande tino dirigiu o plano de execução do accôrdo de Londres, que poude, apezar de ter tido dois annos de moratoria, mesmo assim poude amortisar os emprestimos de 68 e 79, ouro, e 97, papel, em quantia avultada.

O SR. CINCINATO BRAGA:—Então foi um louco na phrase anterior de V. Ex.

O SR. SERZEDELLO CORRÊA:—Louco porque?

O SR. CINCINATO BRAGA :—V. Ex. disse que era loucura nessas condições enveredar pela amortisação

O SR. SERZEDELLO CORRÊA: —Perdoe-me: o que disse é que seria loucura, quando as rendas não chegam para pagar os juros de dividas antigas e se é obrigado a pedir emprestado, se é obrigado a recorrer ao credito, seria loucura manter o resgate de dividas antigas, especialmente quando são menos onerosas do que a nova divida que se contrahe. Mas, esse não é e não foi o caso do actual governo, porque sensatamente, durante a moratoria, não empregou recursos ordinarios para o resgate do empres-

timo de 97 e mesmo de 68, apezar de muito oneroso
como é.

Só depois dos primeiros annos do *funding*, só depois
de ter explorado com intelligencia o caminho que tinha de
percorrer, só depois que o governo sentiu-se forte e certo do
mais exacto cumprimento do accôrdo, foi que enveredou
pela amortisação e o fez sabiamente, e o fez com vantagem,
porque isso importou em reduzir a emissão do *funding*, em
diminuir os encargos provenientes dos juros dos titulos em
circulação. A amortisação do emprestimo de 97 fez-se este
anno e a dos emprestimos de 68 e 79 fez-se em 1901.

Eis, senhores, a nota da Contabilidade do Thesouro,
relativa á amortisação desses emprestimos. Por ella vai vêr a
Camara que foi o governo passado, e eu não accuso por isso,
quem deixou de fazer essa amortisação com regularidade, e
que o governo actual, tão acremente accusado pelo Sr.
deputado pelo Rio de Janeiro, amortisou em um anno, de
cada um desses emprestimos, somma superior á que amortisou no quatriennio o governo passado.

Assim, de 1895 a 1898 o governo passado amortisou,
do emprestimo de 68, cerca de £ 220.162, ao passo que este
governo em 1901, amortisou £ 548.381. Do emprestimo
de 79, o governo passado, durante o seu quatriennio, nada
amortisou, ao passo que este governo amortisou muito mais
de 400 mil libras. Do emprestimo de 97, este anno já se
amortisaram cerca de 6.000 contos.

Eis a amortisação feita nos emprestimos de 1868 e 1879
durante o triennio passado.

« *Emprestimo de 1868*

Foi amortisada em 1901 a importancia de 4.874:500$000
ou £ 548.381-5-0.

Emprestimo de 1879

Foi amortisada em 1901 a importancia de 1.486:500$000
ou £ 167.231 - 5 - 0.

A amortisação do emprestimo de 1868 foi feita regularmente até 1893. Desta data em diante foram ainda amortisadas as quantias seguintes, além da supramencionada, relativa a 1901 :

1895	1.287:500$000 ou £	144.843-15-0
1896	472:000$000 ou £	53.100- 0-0
1897	197.500$000 ou £	22.218-15-0
Somma	1.957:000$000 ou £	220.162-10-0

A amortisação do emprestimo de 1879 foi feita regularmente até 1891.

Desta data em diante foram ainda autorisadas as quantias seguintes, além da supramencionada relativa a 1890:

1892	1.471:500$000 ou £	165.513-15-0
1893	813:000$000 ou £	91.462-10-0
1898	2.643:500$000 ou £	297.393-15·0
Somma.	4.928:000$000 ou £	551.400- 0-0

Do emprestimo de 79 foram já amortisados 6.000 contos. Sub-Directoria de Contabilidade do Thesouro, 28 de setembro de 1902.— *Costa Junior.* »

Sr. presidente, fallou o nobre deputado no augmento da divida fluctuante neste ultimo triennio governamental. Esses 35 ou 39 mil contos, que S. Ex. erroneamente suppoz que accresceram aos depositos e á divida fluctuante, o inquietam, são um perigo, são um pesado onus que o Sr. Dr. Campos Salles vai legar a sem successor.

Pois bem ; posso assegurar á Camara que isso é um sonho que se apoderou do nobre deputado quando confeccionava as notas para o seu discurso. Espiritos zombeteiros lhe apresentaram aos olhos da intelligencia numeros infieis e traiçoeiros.

A divida fluctuante cresceu, disse S. Ex., e o orador vai demonstrar á evidencia que tal não se deu. Ouça a Camara, ouça o meu collega e amigo, permittindo-me ligeira explanação que tem no momento inteiro cabimento. Sabem todos os que ouvem o orador que ha uma série de titulos da divida para os quaes a theoria geral da amortisação que expendi não tem applicação, divida que todas as nações possuem em gráo diverso e que se chama divida fluctuante.

Ella é constituida entre nós, além do papel-moeda que existe em circulação, como em outros paízes: 1º, pelos recursos que o Estado é immediatamente obrigado a obter para fazer face a *deficits* orçamentarios, e em nosso paiz esse processo foi ultimamente o da emissão de papel moeda, e o de *report* em bancos estrangeiros ou em Londres, etc.; 2º, pelos meios que o Thesouro põe em jogo para effectuar pagamentos do exercicio que excedem ás entradas de receitas. A Camara sabe que os recursos do imposto entram para o Thesouro, ás vezes, mais tardiamente do que exigem as despezas immediatas. Dahi a emissão de bilhetes do Thesouro por adiantamento. O actual governo não augmentou nestes dois casos a divida fluctuante, e ao contrario a reduziu, pois, pagou £ 1.200.000 do *report* feito pelo governo passado e resgatou 20.300 contos de bilhetes do Thesouro que deixou em circulação esse governo. Tambem não emittiu papel-moeda e antes incinerou cerca de 109 mil contos. Só aqui tem o nobre deputado que o actual governo diminuiu a divida fluctuante de cerca de cento e cincoenta e quatro mil contos. Ha ahi quem o possa contestar? 3º, finalmente, a divida fluctuante póde ter uma 3ª causa e essa consiste nos depositos e reservas que provém das caixas economicas, caixas de orphãos, etc., como se dá entre nós e em França. Foi nestes depositos que se apoiou o seu collega para affirmar o augmento crescente da divida fluctuante, esquecido que mesmo accurto o algarismo de S. Ex., mesmo assim, haveria sobre a divida fluctuante existente em 1898, quando deixou o poder o governo passado, uma reducção de mais de cerca de 115.000:000$. Esquecido ainda o nobre deputado de que

foi este governo que creou o fundo de amortisação,
dando destino aos saldos dos depositos, de modo a
evitar o máo emprego que tinham e as grandes responsabilidades que creavam para o futuro.

Senhores, a solução a dar a esses depositos, que
provém de cauções, dos cofres de orphãos, das caixas economicas, e que representam uma somma fabulosa, é objecto da cogitação de todos os governos e se póde dizer
que não foi ainda encontrada de modo satisfactorio. E
infelizmente, o seu illustre amigo nada adiantou ao que
está feito entre nós.

Theoricamente concebem-se muitos systemas.

Uma primeira combinação é a da não intervenção do
Estado nos fundos que provêm dessas fontes; mas, a segurança desses depositos, alguns dos quaes são obrigatorios,
têm tal interesse geral que não é possivel desinteressar o
Estado, tanto mais quando os habitos de economia de um
povo estão ligados á prosperidade geral e ao credito publico. Admittida a intervenção do Estado, ha dois processos a seguir: ou a gestão dos fundos será feita por estabelecimentos distinctos do Estado, rigorosamente fisca-
lisados por elle, ou a gestão será feita directamente pelo
Thesouro Publico. Na pratica muito ha que dizer contra
um e contra outro, e d'ahi as vacillações. Seja, porém,
como fôr, de nós e só de nós depende dar solução conveniente, já ás quotas de contribuições de montepios, já aos
depositos provenientes de cauções, etc., já aos saldos dos
depositos das caixas economicas. Censurar o governo actual
porque o não fez, não parece razoavel e muito especialmente censura feita por quem poderia ter cogitado do assumpto acalmando as suas proprias inquietações.

Vejamos, porém, a que se reduz esse argumento da
divida fluctuante.

Necessito entrar em minuciosa analyse para que todos
se convençam que não imaginarios e fantasticos os numeros
do meu eminente amigo.

O Sr. Custodio Coelho : — Foram extrahidos dos relatorios officiaes.

O Sr. Serzedello Corrêa : — Sei disso, mas a questão está no modo de dispol-os, de alinhal-os. E' com os proprios relatorios a que se referiu V. Ex. que vou demonstrar que esses 32 a 35 mil contos de depositos que V. Ex. affirmou terem sido desfructados pelo governo do Sr. Dr. Campos Salles constituem pura e simplesmente uma fantasia. Attenda a Camara.

Em seu primeiro discurso disse S. Ex. (lê) :

« Passo a sustentar o thema: desfructou o actual governo reservas especiaes no valor de 39.516:728$578.

A' asserção junto a prova, aliás bem facil, citando as cifras dos relatorios de 1900, 1901 e 1902, do illustre ministro da fazenda.

A' pag. 15, refere o relatorio de 1900:

« Divida interna fluctuante. Depositos de caixas economicas: Em 31 de dezembro de 1892 era de 87.231:490$342 o saldo destes depositos que offerece, em igual data do anno de 1899, um accrescimo de 36.745:388$778, pois que se elevou á somma total de 123.926:488$120. A' pagina 9 menciona o relatorio de 1901: Divida interna fluctuante. Depositos de caixas economicas. Era de 517.846:856$079, em 31 de dezembro de 1900, o saldo destes depositos. Comparado com o que existia na mesma data, em 1899 e que era de — 123.946:888$120, offerece um accrescimo na importancia de 6.100:032$011, devido á grande retirada que soffreu por occasião da crise bancaria, em setembro ultimo. E, por seu turno, á pagina 12 consigna o relatorio de 1902 : Divida interna fluctuante. Deposito das caixas economicas. Era de 117.846:856$079, em 31 de dezembro de 1900, o saldo destes depositos. Comparado com o que existia na mesma data, em 1901, na importancia de 120.031:361$838, vê-se que houve um accrescimo de 2.184:505$759. Se dos capitaes accrescidos a 31 de dezembro de 1899, no valor de 36.715:288$778 se

deduzirem os 6.100:032$041 retirados em 1900, e ao saldo
se addicionarem os 2.184:405$759, augmentados em 1901,
ver-se-ha que no triennio de 1899 a 1901 os depositos das
caixas economicas cresceram de 32.799:862$496. »

Protestei logo contra semelhante affirmação.

No discurso de S. Ex. ainda lê-se (*lê*):

« O Sr. Serzedello Corrêa:—Não é exacto.

O Sr. Custodio Coelho:— Como póde V. Ex. con-
testar-me, quando estou apresentando dados officiaes?

O Sr. Serzedello Corrêa:— V. Ex. publique o
seu discurso com esses algarismos e darei resposta. »

Venho cumprir o que disse.

Senhores — Já demonstrou com effeito o obscuro orador
que se dirige neste momento á Camara, que esse algarismo
de 32 mil contos é um algarismo fantastico. Já em meu primeiro discurso deixei claro com o relatorio da Fazenda de
1902, na parte em que ahi, ante os elementos apurados até
hoje, se dá os balanços dos exercicios de 1899, 1900 e 1901,
ahi onde para cada um desses exercicios a contabilidade
apresenta de um lado os recursos de cada exercicio, de
outro as despezas, que em 99 houve um saldo de depositos
de pouco mais de 15 mil contos, mas que em 1900 houve
um *deficit* de pouco mais de 14 mil contos, de sorte que
como resultados desses dois exercicios apenas poude o governo apurar um saldo de pouco mais de 600 contos, e
como em 1901 as entradas não excederam ás sahidas em
mais de 1.500 contos, os taes 32 mil contos ficam reduzidos a cerca de dois mil contos.

S. Ex., o Sr. deputado pelo Rio de Janeiro, não con-
venceu-se e volta a insistir em sua affirmação. Pois bem:
como as verdades geometricas demonstram-se de varios
modos, como em descriptiva cada problema tem uma verificação que comprova a verdade da solução dada, assim no
caso occurrente, o orador póde dar ao seu nobre amigo uma
nova demonstração do seu erro, e vai fazel-o com os proprios relatorios de que serviu-se S. Ex. Em que consiste

M. 22

a prova da affirmação que fez S. Ex. da existencia de
32 mil contos de reservas, de depositos que desfructou o
actual governo? Quaes são os seus dados officiaes?

S. Ex. em seu primeiro discurso tomou o relatorio
da Fazenda de 1900 e encontrou que os saldos dos depositos
em 1898 eram de cerca de 87 mil contos, não reparando que
isto estava sujeito a liquidações, que alteravam profundamente esta cifra. Affirma então S. Ex. que em 1899
tiveram esses depositos um accrescimo, que subiram a
123.916 contos, donde o augmento de 36.716 contos.

Em 1900 baixaram os depositos a 117 mil contos para
subirem em 1901 a 121 mil contos, donde concluiu, com
esse jogo de relatorios, que o governo actual desfructou
depositos na importancia de 32 mil contos. Sr. presidente,
a subtracção está exacta, mas a affirmação só é verdadeira
na apparencia. E o nobre deputado, que estuda esses
assumptos, não podia commetter erro tão lamentavel.

Com effeito, esses quadros de relatorios diversos não
podem ser confrontados, porque, de anno para anno, de mez
para mez, ante a demora com que chegam ao Thesouro as
informações e os balanços das delegacias e das caixas economicas, soffrem elles modificações. Nos relatorios de 1900 e
1901 os depositos de 1898 não são mais os encontrados
e apresentados nos relatorios de 1899 e do proprio anno
de 1898.

Assim é que em 1901 a somma total dos depositos
de 1898 não é no relatorio a mesma que apontou o nobre
deputado, porque novos elementos de segurança, de maior
approximação, de maior exactidão vieram modificar os resultados consignados em 1900 e em 1899, ainda sujeitos
como dizem esses relatorios, a liquidações.

E quer o nobre deputado a prova? Abra o relatorio
de 1901, do mesmo ministro da fazenda, e verá (abre o
relatorio e mostra o quadro dos saldos dos depositos),
que o saldo apurado em 1898 não foi de 87 mil contos e
sim de cerca de 121 mil contos.

Lá se vão, pois, cerca de 34 mil contos desses 36 mil contos e que foram desfructados pelo governo passado e não por este. Siga S. Ex. os olhos até á ultima columna e verá : saldo existente em 1901, — 117 mil contos, de sorte que este governo teve um *deficit* ou menos tres mil contos, a considerarem-se definitivos esses algarismos, e não um excesso de 36 mil contos. No relatorio de 1902 (abre o relatorio e mostra) encontra-se que o saldo de 117 mil contos subiu já a 120 mil contos, de sorte que houve uma especie de equilibrio entre entradas e sahidas, o que está mais proximo do saldo de dois mil contos que affirmou o orador ter-se dado á vista de apurações mais minuciosas e muito longe dos 32 ou 36 mil contos de que fallou o nobre deputado.

O SR. CUSTODIO COELHO: — V. Ex. está referindo-se ao discurso passado.

O SR. SERZEDELLO CORRÈA: — Eu disse a V. Ex. que havia de submetter os dois discursos de V. Ex. a uma vérdadeira dissecção.

O SR. CUSTODIO COELHO: — Perfeitamente.

O SR. SERZEDELLO CORRÊA: — Continuarei. Vou ainda dar uma outra demonstração do erro do meu illustre amigo.

Está aqui o relatorio de 1901, e dá elle para depositos em 1898 cerca de 121 mil contos. Está aqui o relatorio de 1902 e dá para depositos em 1899, faltando apurar a delegacia do Pará, 129.564 contos. Ha um excesso de cerca de 8.500 contos ; mas em 1900 a 1901 as entradas sommaram 31 mil contos e as sahidas cerca de 41 mil contos, de modo que os depositos em 1901 decresceram a 120 mil contos. Vê a Camara que no triennio as sahidas compensaram de algum modo as entradas, e isto á vista dos ultimos elementos de apuração e o nobre deputado fallou e achou um augmento de 32 mil contos ! ! Quanta fantasia !

O SR. CUSTODIO COELHO: — Isso se refere a depositos de caixas economicas, e não a depositos geraes V. Ex. toma uma parcella só.

O Sr. Serzedello Corrêa : — Estou respondendo ao primeiro discurso. Quer V. Ex. que leia o que disse?

Refiro-me aos depositos das caixas economicas, porque foi ahi que V. Ex. commetteu o erro, tomando para base do seu calculo para os depositos de 1898, cerca de 87.000 contos, quando devia tcmar 121.000, que é o algarismo verdadeiro ; dahi o ter encontrado V. Ex. 36.000 contos. Eu irei depois apreciar o segundo discurso de meu amigo.

Senhores, eu acredito que o nobre deputado não repudiou os algarismos do seu primeiro discurso, quero acreditar que a sua segunda oração foi feita para confirmar os argumentos e as affirmações do primeiro, salvo se S. Ex. entende agora mudar de rumo. (*Apartes do Sr. Custodio Coelho*).

Senhores, o meu illustre collega não póde contestar a argumentação que venho de fazer ; S. Ex. appella agora para a questão dos depositos geraes, ao passo que eu referi-me aos depositos de caixas economicas. Pois bem ; tanta certeza tenho da lealdade de S. Ex. que espero ouvir de seus labios a confissão de que enganou-se, de que fez uma affirmativa inveridica, de que creou uma verdadeira fantasia.

Ouça-me S. Ex., ouça-me a Camara.

Senhores. Tendo o nobre deputado de fazer este calculo, tendo de verificar qual a somma de depositos que havia desfructado o actual governo, o que a logica, a lealdade e a rectidão na argumentação impunham ao nobre deputado? Tomando para base do seu raciocinio e deducções os depositos de 1898 o que deveria fazer S. Ex.? Tomar os depositos *realmente* feitos nesse anno, depositos não mais sujeitos a liquidações, a augmentos e diminuições.

Mas, S. Ex. não fez isso. Tomou para esses depositos a cifra de 87 mil contos encontrada no relatorio de 1900, sujeita a modificações, quando o relatorio de 1901 dá a somma definitiva, isto é, 121 mil e tantos contos. Só ahi

S. Ex. dá a este governo depositos na importancia de 34 mil contos, que foram desfructados, no emtanto, pelo governo passado. E assim foram feitos os calculos do primeiro discurso do nobre deputado. Parta de 121 mil contos e applique o meu amigo toda a sua argumentação e verá quão errado andou, que gravissima falta commetteu, e como são imaginarios esses 32 mil contos que de depositos em caixas economicas affirmou o nobre deputado que havia tido o governo do honrado Sr. Dr. Campos Salles.

Diz-me S. Ex. que estou a responder a seu primeiro discurso, mas a esse respeito o que affirmou o nobre deputado em sua oração de hontem? A pequena corrigenda que fez não o salva do erro gravissimo que commetteu. S. Ex. diz-me que referiu-se a reservas ou depositos de toda ordem e que eu estou a referir-me apenas aos depositos das caixas economicas. Sr. presidente, se refiro-me de preferencia a estes depositos é porque só ahi ha uma differença a favor do actual governo encontrada por S. Ex., enorme, de 34 mil contos, quando essa cifra, que transforma profundamente o resultado a que chegou. S. Ex., pertence ao governo passado ; e ainda porque esses 34 mil contos subtrahidos da somma de 36 mil contos a que chegou o meu eminente amigo dão proximamente os 2 mil contos que eu affirmei que eram no triennio de 1899 a 1901 os saldos das entradas e sahidas e a quantia que realmente havia gozado o governo do digno presidente da Republica. Mas o que disse S. Ex. em seu ultimo discurso sobre isso? Disse o seguinte: *(le)*

«. . . . .

Abro o relatorio de 1899 do Ministerio da Fazenda, e deparo, pagina 15, a seguinte especialisação de todos os depositos:

Divida interna fluctuante:

Bens de defuntos e ausentes . . .	3.840:226$612
Deposito do Monte de Socorro. . .	384:178$026
Depositos publicos	7.016:264$133

Emprestimo do Cofre de Orphãos. .   13.968:532$013
Depositos de Caixas Economicas . .   87.231:499$342
Depositos de diversas origens . . .   40.142:538$260

               152.613:238$416

Abro agora o relatorio de 1902 do mesmo ministerio, e encontro esta outra especialisação de todos esses mesmos depositos :

Divida interna fluctuante :

Bens de defuntos e ausentes . . . .   4.043:337$678
Depositos do Monte de Socorro. . .   175:645$744
Depositos publicos . . . . . .   4.608:144$375
Emprestimos do Cofre de Orphãos. .   11.928:581$007
Depositos de caixas economicas . .   120.031:361$838
Depositos de diversas origens . . .   46.859:403$342

               187.646:473$984

Simples confronto, portanto, entre essas duas sommas demonstra irrefutavelmente o accrescimo de 35.033:235$568 de que o governo se utilisou.»

O Sr. Serzedello Corrêa:— Não insista nesse ponto.

. . . .

Pois bem : modifique S. Ex. a parte referente aos depositos das caixas economicas em 1898, em vez de 87.731 contos ponha o verdadeiro algarismo, isto é 121 mil contos e verá que em vez de chegar á somma de 152.643 contos, que encontrou, terá sim a somma de cerca de 186 mil contos, que subtrahidos da somma total 187.646 a que chegou pelos dados do relatorio de 1902, darão, não o imaginario algarismo de mais de 35 mil contos, e sim cerca de 1.646 contos muito proximos dos 2 mil contos que dá o meu parecer para saldos de entradas e sahidas de todos os depositos.

Ainda insistirá o nobre deputado em suas affirmações? Ainda duvidará de que fez uma affirmação inexacta e sem dados officiaes, ou antes apreciando mal esses dados officiaes? Diante do que vem dizer não reconhecerá ainda S. Ex. quanto contribuiu com a autoridade de sua palavra, de seu talento e do conceito em que é tido, para desviar a opinião publica e fazer correr mundo apreciações erroneas e proposições falsas ?

S. Ex. inquietou-se pelo que chamou o augmento da divida fluctuante, e esqueceu-se que esse milhão e duzentos mil libras do *report* de dois milhões feito pelo governo passado eram divida fluctuante e foram pagos pelo governo do Sr. Dr. Campos Salles ; que esses 20.300 contos de bilhetes do Thesouro eram divida fluctuante e foram resgatados ; que o papel-moeda é divida fluctuante e a circulação diminuiu de cerca de cento e nove mil contos ; isto é: que este governo reduziu a divida fluctuante de cerca de 154 mil contos, fóra o resgate de titulos da divida consolidada externa e interna em cerca de £ 4.400.000, além do fundo de garantia que, se fôr applicado ao resgate, reduzirá ainda a massa do papel em mais de 30 mil contos ! ! E para isso o que teve como recurso extraordinario? O *funding* em cerca de 8.613.000 libras e mais 79 mil contos dos debitos dos bancos, recurso apurado da divida quasi incobravel de 206 mil contos. Mas, senhores, mais teve o governo passado. E' o Sr. Dr. Prudente de Moraes, quem o diz em sua ultima mensagem: — 100 mil contos de apolices —; um emprestimo externo de 6.000.000 sterlinos ; um *report* de 2.000.000 de libras ; um semestre do *funding* sem encargo algum ou £ 1.453.000 ; mais um emprestimo interno de 60.000 contos; mais 20.300 contos em bilhetes do Thesouro que ficaram em circulação e uma emissão de 40 mil contos dados ao Banco ! ! O actual governo não deixa um bilhete do Thesouro em circulação ; tem todos os pagamentos em dia ; reduz a emissão do *funding* a pouco mais de 4 milhões ; resgata 109 mil contos de papel-moeda e deixa um saldo ou recursos reaes, effectivos, em dinheiro, de mais de 84 mil contos ! !

E é diante disto que o nobre deputado, espirito esclarecido, se agita, se alarma e se inquieta, porque o saldo dos depositos cresceu um pouco mais ! !

Mas, Srs. deputados, dizei, dizei com verdade, perante Deus, dizei perante a Patria, dizei perante a consciencia, a este povo illudido pela especulação, pela mentira, pela diffamação, se obra mais ingente já foi por outrem executada, se tarefa mais extraordinaria foi levada a termo : a Republica dignificada pela salvação de sua honra e de seu nome !!! (*Apoiados repetidos.*)

. . . .

Disse mais o meu eminente amigo, com o fim de demonstrar que o governo do honrado Sr. Dr. Campos Salles não cumpriu o *funding*, mostrando-se S. Ex. mais rigoroso do que os nossos credores que o declararam leal e honestamente executado (*lê*) :

Exercicios	1899	1900	1901
Renda ouro	18.897:217$000	25.531:264$745	36.032:667$109
Despeza ouro	36.014:157$326	42.962:339$530	31.887:203$666
Menos a emissão do *funding-loan*.		25.846:459$813	25.384:779§182	7.733:261$183
E os titulos permutados pelos do Uruguay		1.113:724$633	
		10 167.697$513	16.463:835$715	24.153:942$483
Saldo	8.729:510$487	9.067:429$030	11.878:724$623

Exercicios	1899	1900	1901
Renda papel	314.850:834$428	271.720:961$373	236.304:215$291
Despezas papel	261.921:458$967	366.856:034$073	233.261:470$700
Menos o prejuizo no debito no Banco da Republica.	84.000:000$000		
Saldo menos o *deficit* de 1900	52.932:375:$461	11.135:072$701	3.042:744$501

E tirando conclusões desse quadro, que provarei adiante que está errado, que não exprime a verdade, nem na parte ouro, nem tão pouco na parte papel, accrescentou S. Ex. (*lê*) :

« Simples volver de olhos por estes dois quadros patenteia por um lado, que a renda, ouro, produziu nesses exercicios — 80.461:148$851 — dos quaes, deduzindo-se as despezas, ouro, dos mesmos exercicios, orçadas por 50.785:485$711, inclusive £ 1.122.083 de parte do emprestimo de 1897, £ 274.694 das prestações a pagar por material de guerra, menos as emissões do *funding loan*, que importara em 58.964:500$178 e £ 1.118.724, ouro, concernentes aos titulos permutados pelos do Uruguay, restará o saldo de 29.675:673$140; por outro lado, que a renda, papel, nesses mesmos exercicios subiu a 822.819:011$092, dos quaes, abatendo-se as despezas, papel, dos mesmos periodos, calculadas em 778.088:963$741, inclusive 30.350:000$ de lettras do Thesouro em circulação 11.000:000$ devidos por este ao Banco da Republica em conta corrente, 882:587$726, importancia de contractos a pagar por material de guerra e menos 84.000:000$ de prejuizo na liquidação das contas como o Thesouro, haverá o saldo de 44.840:047$251.

Para applicar-se ao resgate do papel-moeda o saldo, ouro de 29.675:673$140, cumpre convertel-o ou ao cambio de 18 d., de conformidade com a clausula 10ª do *funding-loan*, o que dará 44.513:510$613 de papel-moeda, que, reunidos ao saldo papel de 44.940:040$351, se elevarão a 89.353:557$964, insufficientes para a completa execução do accôrdo financeiro, que estipulava o resgate de — 114.849:5$66500, ou, como se fez, ás taxas cambiaes que vigoraram nos tres exercicios e que tendo sido muito inferior á imposta no accôrdo financeiro, farão subir aquella somma de modo a impossibilitar o inteiro cumprimento do *funding-loan*. »

. . . .

. . . .

Vê a Camara: o illustre deputado pelo Rio de Janeiro reune de um lado todas as receitas ouro e todas as receitas papel, e de outro lado as despezas de uma e outra especie, no triennio do *funding*, e chega a esta conclusão: saldo ouro 29.675:000$, papel 44.840:000$, insufficientes para cumprir o accôrdo de Londres porque essas duas verbas sommadas dão o total de 89.353:000$000.

Mas se isso é verdade, se esses algarismos exprimem a realidade das cousas, como mais adiante, em seu discurso, confessa o nobre deputado que por conta do *funding* foram incinerados 93.413 contos e ainda encontrou S. Ex. um saldo disponivel de 35.928:000$, não incluindo o fundo de garantia em cerca de £ 1.300.000?

Eis as palavras de S. Ex.

«Proseguindo nos proprios elogios, affirma a mensagem: «ter sido alliviada a circulação do papel-moeda pelo resgate de 107.913:356$000. »

Acredita, mas se desta quantia se retirarem os — 14.500:000$ amortisados por conta do emprestimo de 35.000:000$, concedido ao Banco-da Republica, segundo fez muito acertadamente o infatigavel relator da receita no parecer do anno passado á pag. 18, só restarão 93.413:356$, insufficientes para o desempenho do *funding loan*, que estatue a incineração de 114.819:516$500 correspondentes á emissão de £ 8.613.717-9-9. »

E adiante.

«Computados, pois, os 17.928:790$582, producto das £ 896.439-6-7 ao cambio de 12 pence, incluidas, porém, as cambiães do exercicio vigente ; os 6.000:000$ das £ 300.000 ao cambio de 12 pence, e 12.000:000$ depositados na carteira nova do Banco da Republica, comprehendidas as receitas do actual exercicio, verificar-se-á a existencia de 35.928:790$583, effectivamente disponiveis. »

. . . .

Até aqui as palavras do nobre deputado. Vê a Camara quanto é contraditorio o nobre deputado? Vê a Camara como o nobre deputado pelo Rio de Janeiro se responde a si mesmo? Estes dois resultados a que chegou S. Ex. se repellem, se excluem, e bem mostram que o meu amigo andou jogando os algarismos e alinhando-os ora de um modo ora de outro.

Estes resultados, com effeito, se contradizem, se excluem e mostram que o seu amigo andou commettendo erros graves.

Acceito, porém, por instantes, para argumentar, os algarismos das receitas ouro e papel, e das despezas,

dados pelo nobre deputado. Encontrou S. Ex. sobras
em ouro 29.675 contos e papel 44.840 contos. S. Ex.
converte a parte ouro ao cambio de 18 para sommar a
parte papel e achar 89 mil contos, que não chegam para
cumprir o *funding*, porque o resgate devia ser de 114 mil
contos. Mas é curioso. Então pensa o nobre deputado
que se o governo quizesse resgatar os 114 mil contos
havia de mandar 29 mil contos adquiridos a cambio de
9, 9 $^1/_2$, 9 $^3/_4$ e 10 para depois convertel-os a papel ao
cambio de 18 e incineral-os?

Reduza, pois, o nobre deputado esse 29.675 contos a
papel ao cambio por que foram adquiridos, ou se quizer
a uma taxa média em que a libra regulará mais de 25$,
e verá que terá mais de 74 mil contos, que sommados
aos 44 840 contos das sobras em papel, lhe forneceriam
muito mais de 118 mil contos, havendo meio de incinerar
os 114 mil contos deixando saldo.

Mas onde o engano do nobre deputado é lastimavel,
é nos algarismos que acceitou para as despezas em papel
nos annos de 1899, 1900 e 1901.

S. Ex. acceitou respectivamente os seguintes algarismos:

1899. . . . . . 261.921:000$000
1900. . . . . . 366.856:000$000
1901. . . . . . 233.261:000$000

Cousa curiosa ! S. Ex. acceita os algarismos do ultimo relatorio da fazenda, acceita os algarismos do parecer
do orçamento que representam quer para a receita, quer
para a despeza, em cada exercicio, approximações maiores
da realidade pela maior somma de elementos parciaes
apurados, e commette com a pressa de tirar conclusões,
um engano lamentavel. Assim em 1899, S. Ex. excluiu
do total da despeza da fazenda (do ministerio) a cifra
correspondente ao resgate do papel devido ao *funding*, mas
não fez o mesmo em 1900 e em 1901 ; onde, nas cifras
que dá, já se acham incluidas como verbas de despezas do

ministerio da fazenda as incinerações, engulindo assim mais
de 50 mil contos.

De modo que S. Ex. em seus calculos, inclue as
despezas de incineração e depois vem dizer: aqui estão as
sobras, 29 mil contos, ouro e 44 mil contos, papel, e isso
não dá para cumprir o *funding* ! ! não dá para fazer a incineração ! !

Vê a Camara que as conclusões do nobre deputado
não têm fundamento, são filhas de algarismos ou fantasticos ou mal alinhados, para se poder fazer a somma.

Em meu discurso passado provei com documentos,
que, quando o Thesouro viu esgotar-se o prazo do *funding*,
tinha em Londres £ 2.013.000. O governo não carecia
pois, de resgatar mais de 73 mil contos. Fui até dema-
siado rigoroso. Esses 2.013.000 valiam, ao cambio da
épocha, libras a 25$, e mesmo mais, cerca de 50 mil
contos, o que impunha a necessidade de resgatarem-se
pouco mais de 64 mil contos, ao passo que o governo
resgatou então 84 mil contos e hoje mais de 93.000 contos.
Mas, senhores, de mil modos se demonstra o erro do nobre
deputado ; de mil modos se demonstra que S. Ex. foi
victima, no jogo de seus algarismos, de lamentavel equi-
voco. Para não fatigar a Camara, vou ainda fazel-o por
um outro processo. S. Ex. computou a receita ouro de
1899 e 1900; e do 1º semestre de 1901, e a despeza correspondente, e achou de sobras 29.675 contos ouro. Os
algarismos, pelos elementos apurados pelo Thesouro e mais
proximos da verdade, são os seguintes. Eis a nota da contabilidade do Thesouro (*lê*):

Receita em ouro no periodo abaixo discriminado:

	Ouro	Ouro
1899 — (inclusive a emissão do *funding* no valor de 25.857:126$480)	45.619:920$636	
1900 — (inclusive a emissão do *funding* no valor de 25.384:779$182)	50.916:043$929	
1901 — 1º semestre — (inclusive a emissão do *funding* no valor de 7.733:261$183 . .	24.750:019$619	121.285:984$182

Despeza em ouro no mesmo periodo:

1899	31.133:849$988
1900	42.962:339$530
1901 — (1º. semestre).	11.708:452$701 85.804:642$219

Saldo . . . . 85.481:341$963

Primeira sub-directoria de Contabilidade do Thesouro, 25 de setembro de 1902.— *F. J. da Costa Junior.*

Está aqui uma outra differença e esta de cerca de 6 mil contos ouro que S. Ex. faz desapparecer nos algarismos falsos em que se baseou.

Mas para argumentar com o meu illustre collega e para refutar de modo cabal o seu discurso servem-me os proprios algarismos de S. Ex. Sejam, pois, as sobras em ouro das receitas sobre as despezas ao terminar o *funding*, de 29.675 contos. Disse então S. Ex.: as sobras em papel foram cerca de 44 mil contos, e isso não chega para o cumprimento do *funding*.

Mas, senhores, que cegueira a do nobre deputado!

Está aqui a nota do papel incinerado, até poucos dias depois de encerrado o *funding*, e publicado no *Diario Official* do tempo:

Circulação em 31 de agosto de 1901. 688.608:608$000
A differença para menos é de 2.000
      contos de réis.

Esta differença provém:

Para menos:

Importancia incinerada em virtude do
      accordo financeiro de 15 junho
      de 1898 . . . . 2.000:800$000

Resta em circulação. . . . . 686.708:609$000

NOTA

Existencia em circulação em 31 de
      agosto de 1898. . . . . 788.361:614$500
Importancia retirada da circulação. . 101.756:000$500

E já em meu parecer do anno passado, dando conta do balanço do *funding*, de sua emissão, e do resgate do papel, escrevendo em maio e junho, dizia como relator da receita, á pagina 18 do parecer *(lê):*

Eis a quantidade de papel-moeda incinerado:

Por conta do *funding*, pelos dados do Thesouro, foram incinerados até meiados de maio do corrente anno 83.000:000$000. A quantia que devia ser incinerada, se desde o inicio da emissão começasse o resgate até o fim de dezembro proximo findo era de 89.552:121$611. A incineração, porém, continúa, já tendo o Thesouro enviado á Caixa de Amortisação mais 1.000 contos.»

. . . .

. . . .

Mas, como é possivel ter incinerado 84 mil contos e ainda ter em Londres um deposito de mais £ 2.000.000, conforme demonstrei com documentos, quem só tinha de sobras 44.000 contos papel e 29 mil contos ouro? Não vê o nobre deputado que seus calculos estão errados e que estão longe da verdade os algarismos, fantasmas impalpaveis a perturbarem-lhe os raciocinios e a logica, a verdade e a exactidão dos factos? Não acreditará acaso S. Ex. nesse quadro do *Diario Official* publicado em setembro, dois mezes depois do *funding* e onde a somma incinerada já era de 101 mil contos?

O nobre deputado pelo Rio de Janeiro voltou ainda á questão dos depositos em Londres. Não podendo, porém, contestar a conta de nossos agentes e, por conseguinte, a existencia, em 31 de julho, de £ 1.753.000, a que reunidas as remessas que nesse mez foram feitas, devia ascender a mais de £ 2.000.000 — o que fez?— Trouxe as despezas de setembro e de outros mezes, para afinal, reduzir esses recursos ouro, em fim de dezembro, a quantia insignificante.

Pois bem, Sr. presidente, affirmou o relator da receita que esses recursos oscillavam, conforme as despezas e as remessas mensaes ora a mais, ora a amenos, de £ 2.000.000. Eis aqui a prova. Eis a nota da contabilidade do Thesouro, onde especificadamente estão expostas, de um lado todas as despezas, do outro as remessas de agosto e setembro, e as que se deverão fazer em outubro, novembro e dezembro.

A Camara verá, pelo quadro que vou lêr, que parto do balanço dos Srs. Rothschilds, cujo original li em meu primeiro discurso e pelo qual se verifica que em 31 de julho do corrente anno havia em Londres o deposito de £ 1.753.000. Tomarei então as despezas de agosto até dezembro de um lado, e do outro as remessas afim de concluir pela apuração final.

ORÇAMENTO DA CAIXA DE LONDRES PARA OS MEZES DE AGOSTO A DEZEMBRO DE 1902

	£ s d	£ s d
Saldo em 31 de julho, segundo a conta dos nossos banqueiros.	—	1.753.000- 0- 0
Agosto	£ s d	
Corpo Diplomatico e Consular.	7.842- 3- 9	
Juros de emprestimo da Oeste de Minas. . .	85.549-10- 6	
Juros e amortisação dos emprestimos da Associação Commercial	22.370- 0- 0	
Juros sobre £ 3.662.720 dos titulos do resgate da Compagnie Générale de Chémins de fer Brésiliens, 4 % ao anno.	73.251- 8- 6	
Amortisação de ½ % ao anno, de £ 13.815.680.	34.614- 6- 0	
Differença entre a quantia e a somma dos juros com amortisação	85.205- 4-10	
Restituição do deposito á Companhia S. Paulo ao Rio Grande	119.600- 0- 0	
Diversas despezas autorisadas	21.160-15- 2	452.596- 6- 3
		1.300.403-13- 9
Cambiaes remettidos em 12 de Julho	408.416- 5- 9	
Cambiaes remettidos em 30 de Julho . . .	351- 3- 1	408.766- 8-10
Saldo de agosto.		1.709.170- 1-16
Setembro		
Corpo Diplomatico e Consular.	7.842- 3- 9	
Juros do emprestimo de 1888	109.605- 9-10	
Juros do emprestimo de 1889	371.441-12-10	
Juros do funding-loan	108.718- 3- 9	
Diversas despezas autorisadas.	26.000- 0- 0	623.611-10- 2
		1.085.528-12- 5
Cambiaes remettidos a 12 de agosto		400.968-17- 1
Saldo em setembro		1.486.487- 9- 5

Outubro

Corpo Diplomatico e Consular.	7.832– 3– 9	
Juros do emprestimo de 1879	30.137– 7– 3	
Diversas despezas.	2.000– 0– 0	35.979–11– 0
Saldo.		1.450.507–18– 6
Renda provavel dos Consulados	11.250– 0– 0	
Cambiaes remettidos em setembro, cerca de.	400.000– 0– 0	
Saldo de outubro . . ᐧ		1.861.757–17– 6

Novembro

Corpo Diplomatico e Consular.	7.842– 3– 9	
Juros do emprestimo de 1883	71.242–11– 6	
Diversas despezas.	2.000– 0– 0	81.084–15– 3
Cambiaes a remetter em outubro, pela média.		350.000– 0– 0
Saldo em novembro.		2.127.673– 3– 3

Dezembro

Corpo Diplomatico e Consular.	7.842– 3– 9	
Juros do *funding loan*	108.748– 3– 9	
Juros e amortisação das apolices da encam-pação das estradas do forro.	393.731–10– 0	
Diversas despezas.	2 000– 0– 0	502.527–17– 6
		1.623.351– 5– 9
Cambiaes a remetter em novembro, pela média.		350.000– 0– 0
Saldo em dezembro		1.975.351– 5– 6

1ª Sub–directoria de Contabilidade do Thesouro Federal, 15 de setembro de 1902.

E' claro, pois, que tinha eu razão quando dizia que esse deposito oscillaria, até o fim do anno, em cerca de 2.000.000 de libras, ora para mais, ora para menos. Assim, em setembro desce a £ 1.450.507, mas em outubro sobe a £ 1.861.750 e em novembro irá a mais de £ 2.127.000.

Esta é a verdade que não póde ser sophismada e que bem mostra que este governo está apparelhado para fazer em Londres todos os nossos pagamentos sem tocar no fundo de garantia, sem precisar de £ 1.000.000 que cedeu ao banco para garantia dos seus saques, deixando ainda em Londres pequeno saldo em ouro. A missão do futuro governo consistirá em manter esse estado de cousas e melhoral-o mesmo pelo avigoramento das forças productoras na Nação. Eu não digo, senhores, que isso seja facil, e, pelo contrario, acho que cuidados e muitos cuidados, ao lado de segura e solida competencia, são necessarios. Os impostos não podem ser diminuidos e, infelizmente, a tendencia é para isso ; as despezas não podem ser augmentadas, e desgraçadamente não se cogita senão disso, porque o relator tem affirmado a existencia de pequenos saldos ! !

Missão, pois, difficil e bem difficil: acabar a politica dentro das repartições de fazenda para chegar a uma arrecadação mais exacta ; supprimir os impostos inter-estadoaes para amparar o desenvolvimento da riqueza publica ; desenvolver a navegação de cabotagem para obter a diminuição dos fretes, tudo, tudo isso, e muito mais ainda tornam cheia de difficuldades a missão do novo governo. Ah! falte-lhe a energia, falte-lhe o apoio da opinião, fabriquem-se, pelas ambições politicas e partidarias, agitações de rua, conspirações, e quem poderá responder pelo futuro? Se contra o que é provavel a importação diminuir exaggeradamente e o ministro da fazenda não tiver a previdencia de acautelar-se com remessas de outra ordem ou não puder fazel-as, e erros se accumularem, quem poderá assegurar a estabilidade desse deposito?

O nobre deputado como os antigos augures romanos fez o seu vaticinio ; se elle não realisar-se tudo será pelo melhor das. cousas, e isso não affectará os creditos do oraculo : se elle realisar-se, por qualquer das causas que apontei, ou por outras muitas que poderão surgir, e que não ha sabedoria humana que possa prever, então, dirão todos que as palavras da sybila exprimiam a verdade e que eu tinha faltado ao meu dever, mentindo ao paiz e illudido a Camara. S. Ex. collocou-se habilmente, devo confessar.

Para provar, porém, que não sou optimista, que dou aos meus calculos uma parte sempre ao imprevisto e desfavoravel aos resultados a que chego, está aqui a nota das remessas para Londres nos mezes de janeiro a agosto, oito mezes. A média que tomei para novembro e dezembro é inferior.

M. 23

O Sr. Custodio Coelho : — Qual a média que o nobre deputado tomou para novembro e dezembro?

O Sr. Serzedello Corrêa: — 350.000 libras.

O Sr. Custodio Coelho: — Acho muito.

O Sr. Serzedello Corrêa: — Como muito ! Estou a dizer que esse numero fica inferior á media arithmetica das remessas dos oito primeiros mezes ! Está aqui a nota *(lê)* :

RELAÇÃO DOS CAMBIAES REMETTIDOS Á AGENCIA FINANCEIRA EM LONDRES, NOS MEZES DE JANEIRO A AGOSTO DE 1902 :

	£	S	D
Janeiro.	350.000	0	0
Fevereiro .	331.000	0	0
Março .	300.000	0	0
Abril .	308.800	0	0
Maio .	409.000	0	0
Junho .	350.000	0	0
Julho .	408.700	0	0
Agosto.	400.900	0	0
Total .	2.858.400	0	0
Média dos oito mezes .	357.300	0	0

1ª Sub-directoria da Contabilidade do Thesouro Federal, em 15 de setembro de 1902. — *F. J. da Costa Junior*.

Vê assim a Camara que não tomei médias exaggeradas e que tinha razão quando affirmei que esse deposito de cerca de £ 2.000 000 seria deixado por esse governo. Não sei como se poderá contestar isto, não sei que outros algarismos poderá ter o nobre deputado.

Estes que aqui estão são os do Thesouro e representam todas as despezas.

E já que fallei na mensagem do honrado Dr. Prudente de Moraes, documento valioso por mais de um titulo, documento que inspirou ao nobre deputado pelo

Rio de Janeiro a maior confiança, seja licito ao relator
da receita assignalar alguns pontos onde S. Ex. disse
com verdade os grandes obstaculos que se antolharam á
marcha de seu governo. A Camara ha de recordar-se de
vehementes censuras ao actual Presidente da Republica
porque expoz a situação em que encontrou o Thesouro
e os resultados que conseguiu a sua gestão financeira.
Talvez que esse topico da mensagem do Sr. Dr. Campos
Salles fosse o maior estimulo que encontrou o seu amigo,
Dr. Custodio Coelho, para vir a tribuna, não com receio
de maguar affectos, mas talvez no intuito de render uma
prova de sinceridade a esses affectos, que S. Ex. erroneamente julgou feridos. Viu-se no procedimento do actual
chefe do Estado o rompimento da solidariedade que devem
guardar os governos; viu-se um máo precedente, e só
não se quiz ver o cumprimento sereno do dever e respeito á conducta que ante as circumstancias do paiz
e as discussões partidarias havia tido o antecessor do
Sr. Dr. Campos Salles, aggredindo em documento politico
a gestão das finanças publicas do actual governo. Máo precedente, gritou-se nesta Camara, máo porque elle era
adoptado na mensagem ultima do Sr. Dr. Campos Salles,
bom, patriotico, quando posto em pratica pelo Sr. Dr.
Prudente de Moraes! Está aqui, senhores, um trecho
da notavel mensagem do honrado Sr. Dr. Prudente de
Moraes, e nelle está em linguagem escoteira, singela e
franca, o balanço da situação anterior, o que encontrou
no Thesouro, e adiante o que fez, e o que poude S. Ex.
conseguir.

E quem ha que tivesse censurado esse documento?
Ouça a Camara *(lê)*:

« . . . .

. . . .

Coube-me a tarefa ingrata de liquidar as responsabilidades provenientes dessas luctas desoladoras, tendo não
só de acudir aos onus directos que se resolvem em paga-

mentos de contado, mas tambem aos que surgem como consequencias fataes desses movimentos e por seu turno reclamam recursos ou para a reorganização dos serviços perturbados, ou para curar de providencias tendentes a restaurar os movimentos regulares da administração.

Os documentos officiaes esclareciam mal a situação real do paiz, cuja gravidade era desenhada com as côres mais sombrias nos relatorios que me foram apresentados, como já o eram nos debates do Congresso.

Foi o meu primeiro cuidado examinar os recursos de que dispunha o governo em Londres para accudir ao serviço da divida externa e a outros encargos que deviam ser satisfeitos no exterior. O orçamento, reclamado em Londres a 16 de novembro de 1894, accusava a existencia de recursos até janeiro, denunciando para fevereiro um pequeno *deficit*, incluindo já o saldo do emprestimo da companhia Oéste de Minas.

Certifiquei-me ao mesmo tempo de que a 14 de novembro daquelle anno, isto é, na vespera de tomar posse do governo, havia sido expedida uma ordem para a celebração de contractos para construcções navaes, na importancia aproximada de £ 2.000.000, havendo requisição para pagamento da primeira prestação desses contractos ou £ 300.000.

No interior não eram menores as difficuldades. Além das despezas ordinarias, era preciso attender ás que se tinha de fazer — com o Congresso em prorogação ; com as festas em homenagem á commissão uruguaya ; com as que eram reclamadas pelo movimento das forças do sul, estando imminentes as que eram devidas por pagamento de juros das apolices, além do grande numero de reclamações adiadas.

Para acudir a tão numerosas exigencias contava o governo com os recursos provenientes da arrecadação. A caixa do Thesouro denunciava uma fraca existencia de fundos e a conta corrente com o Banco da Republica um saldo contra o Thesouro de cerca de 40.000.000$000.

Não era uma perspectiva alentadora e estes factos reflectiam, entretanto, uma parte muito limitada dos embaraços que tinha de encontrar em meu caminho, sem descobrir com clareza a gravidade da solução geral.

Além dos compromissos avultados provenientes dos movimentos armados ; dos encargos derivados dos contractos para construcções navaes, avaliados em cerca de £ 2.000.000, das despezas com encommendas para armamentos do exercito, calculadas em mais de 20.000:000$, outras enormes responsabilidades se verificaram, que é preciso assignalar, porque foram satisfeitas pelo meu governo, *vindas, entretanto, do passado e influindo tristemente para deprimir o estado geral das nossas finanças*.

Teve o governo de satisfazer encargos provenientes da guerra civil do Rio Grande do Sul e os que derivaram-se da revolta da Armada ; os dispendiosos concertos do *Riachuelo* e *Aquidaban;* as commissões numerosas no interior e exterior ; o augmento dos vencimentos de officiaes extranumerarios, importando em muitos milhares de contos de réis.

O emprestimo da companhia Oéste de Minas, que entrou a pesar entre os compromissos da divida externa para o pagamento dos juros e amortisação, tendo o governo ao mesmo tempo de ir entregando aqui, em nossa moeda, a sua importancia calculada ao cambio de 20 dinheiros por 1$000.

O saldo da conta corrente do Banco da Republica, de cerca de 40.000:000$, sendo a metade, approximadamente, proveniente da compra da carteira hypothecaria do antigo Banco do Brasil, que foi transferida ao Banco Hypothecario.

A indemnisação aos bancos regionaes, tornada effectiva durante o governo do Sr. Vice-Presidente, onerando o Thesouro em 14.630:105$900.

O onus de contracto com a companhia Metropolitana para a introducção de immigrantes, cuja rescisão custou ao Thesouro 8.509:000$000.

. . . .

• • • • • • • • • • • • • • • • • • • »

Eis, senhores, confronto completo, eis analyse impiedosa, fria e calma, do modo por que encontrou o honrado
Sr. Dr. Prudente de Moraes o Thesouro, não só por herança do marechal Floriano, como por herança do Sr. vice-
presidente de então.

Em outros pontos da mensagem que tenho em mãos encontro ainda eloquente resposta ás accusações formuladas pelo
meu amigo á gestão financeira do Thesouro neste ultimo
quatriennio. Para o meu illustre amigo, foi este governo que
desorganizou o credito bancario, que produziu a crise economica, a baixa do café e a crise da praça, e, no emtanto,
já o honrado successor do marechal Floriano descrevia a
situação do paiz, da praça, do Thesouro, nestes termos que
queimam e que mostram a grandeza inestimavel dos extraordinarios serviços prestados á reconstituição do credito e da
honra do paiz, pelo actual governo. A' pag. 74 disse S. Ex.
(lê) :

Aos grandes encargos, que já assignalamos e que foram
legados ao meu governo, vieram juntar-se para aggravar a
situação, como era natural, a baixa do cambio a uma taxa
infima, a depressão do valor dos nossos titulos no exterior,
o decrescimento da renda, o desequilibrio entre os valores
de importação e os de exportação, em vez da entrada de
capitaes a fuga dos que tinham collocação no paiz, e, por
ultimo, a baixa do preço do café, principal producto de
nossa exportação.

E adiante (lê) :

O Congresso havia autorizado o governo, na lei de
orçamento para 1895, a effectuar as operações de credito que
fossem necessarias para fazer face ao *deficit* que se pudesse
verificar no exercicio dessa lei, ás despezas oriundas da
revolta de 6 de setembro de 1893 e para proceder ao resgate do papel-moeda emittido depois dessa data.

Resolvi fazer logo um appello aos capitaes do paiz e,
por decreto n. 1976 de 25 de fevereiro de 1895, autorizei

o emprestimo de 100.000:000$, a juros de 5 °/o, sendo o preço da emissão 95 °/o, e a operação teve completo exito.

Em seguida pude realisar no exterior um emprestimo de £ 6.000.000, á mesma taxa, sendo de 85 °/o o preço da emissão.

Mais adiante escreve S. Ex. *(lê):*

« O anno de 1896 foi de sobresaltos e inquietações para o commercio e para a lavoura, sobretudo, de grande agitação nos movimentos da praça, sempre irregulares e ás vezes incomprehensiveis, como tivemos opportunidade de assignalar ao Congresso.

. . . .

E porque a renda ordinaria não bastava para cobrir a nossa despeza, augmentada sempre pela proveniente dos creditos votados para differentes serviços, accumulando-se os *deficits* que só por meio de onerosos emprestimos podiam ser cobertos, insisti junto ao Congresso pela necessidade de um « bom orçamento ».

Ao mesmo tempo, attribuindo a depressão da taxa cambial, principalmente, ás desordens na circulação em consequencia do excesso das emissões bancarias, suggeri a necessidade de um plano capaz de produzir o grande effeito de normalisar a situação, baseando-o na encampação das emissões bancarias, applicação dos recursos provenientes da divida do Banco da Republica ao resgate do papel-moeda, operação que poderia ser accelerada, no momento opportuno, por meio das apolices que garantiam as emissões.

Havia nessa indicação um recurso certo, que funccionaria independentemente das votações do Congresso em suas leis annuas — a divida do Banco da Republica e seus juros e a somma das apolices representativas dos lastros.»

A isto accrescenta S. Ex. logo depois *(lê):*

« Infelizmente, não se realisaram as esperanças depositadas nas entradas de café no 3º semestre de 1896.

O preço baixou tanto que um forte abalo produziu-se no mercado.

O commercio começou a sentir os effeitos da natural retracção do credito ; augmentava a desconfiança com a re-tirada dos despachos dos bancos nacionaes ; algumas firmas commerciaes achavam-se em difficuldades e assustavam a praça certos rumores mal fundados de que outras casas de toda a responsabilidade estavam seriamente compromet-tidas ; a Caixa Economica desta capital começava a soffrer uma persistente corrida.

. . . . »

Finalmente, Srs. deputados, para não citar outros muitos trechos em que S. Ex. accentua a diminuição cres-cente da importação, a baixa constante do cambio, acompa-nhado da baixa no preço do café, eis como o honrado ante-cessor do Sr. Dr. Campos Salles descreve a situação do paiz, mezes antes de entregar o governo, e que o levou ao ac-côrdo de Londres (lê) :

« . . . .

. . . .

As difficuldades haviam attingido ao limite extremo.

O preço do café baixava, diminuindo o volume de lettras para abastecimento do mercado. O cambio desceu à taxa de 5 1/2; no exterior os nossos titulos de 1889 chegaram a ser cotados a 41. Approximava-se o mez de julho, em que fortes pagamentos deviam ser feitos no exterior. Foi urgido por factores desta gravidade que o governo, por um su-premo esforço e dominado por penosas apprehensões, con-seguiu realisar o accôrdo financeiro de 15 de junho, que foi inserido na exposição que acompanhou a proposta do orçamento da receita e despeza para o exercicio futuro, di-rigida ao Congresso pelo ministro da fazenda em 30 de julho do corrente anno.»

E ainda adiante confessa S. Ex., ao entregar o go-verno, que as contingencias apertadissimas de 1889 e do primeiro semestre de 1898 desappareceram para o Thesouro no segundo semestre pelo accôrdo, do qual de facto devia aproveitar as vantagens sem os encargos decorrentes ; mas apezar disso, S. Ex. é quem diz *(lê)*:

« A renda das Alfandegas tem diminuido por motivos conhecidos, entre os quaes o natural decrescimento da importação, devido a razões de ordem economica, já apontadas. Infelizmente a baixa do café, continua, tem concorrido para desanimar os negocios, desalentando os productores, sentindo-se que o commercio deste importantissimo producto está desarmado de meios de defesa contra os seus exploradores. »

————

Como, pois, hoje, vê o nobre deputado maiores perigos, situação mais inquietadora do que a que recebera em herança o actual governo ?

Ouça o nobre deputado a palavra de um amigo commum, desse cujos affectos não quiz magoar.

O Sr. Custodio Coelho : — E que muito me honram.

O Sr. Serzedello Corrêa :— . . . do eminente Sr. Rodrigues Alves. Era em 1898. S. Ex. foi á tribuna do Senado defender o accôrdo de Londres. Dizia S. Ex. *(lê):*

« O Senado conhece a situação do paiz e não é necessario que eu repita as peripecias dessa phase tristissima que temos atravessado : a receita dando mal para o encargo da despeza e o *deficit* sempre crescente, sempre ameaçador, porque a taxa cambial, infelizmente, não denunciava tendencia para subir. E adiante:

No meio destas difficuldades, o governo procurava recursos por toda a parte ; o seu credito no interior, póde-se dizer, tinha desapparecido, não havia dinheiro ; lá fóra, os capitalistas estrangeiros não se mostravam dispostos a trazer seus capitaes para um paiz que se achava em condições financeiras e economicas tão difficeis. Em julho havia o grande pagamento a fazer-se de 800 mil a um milhão de libras sterlinas. Que expediente aconselhava o honrado senador a um governo que se visse em uma situação tão dif-

ficil ? Que caminho, que plano encontraria S. Ex. ? Em
frente de embaraços desta ordem, diz S. Ex. continuando,
fez-se o accôrdo. »

Vê o nobre deputado ? não havia outro recurso senão
a bancarrota ou a moratoria, a hypotheca da renda de nossas
alfandegas, a ameaça da bandeira estrangeira em nossas alfandegas.

O SR. CINCINATO BRAGA: — Desgraçadamente era isto.

O SR. SERZEDELLO CORRÊA: — Vê o nobre deputado?

Não havia outro recurso, não havia theoria, principio,
que valesse, e só uma cousa era possivel — a moratoria.
Vê o nobre deputado ? Esses duzentos mil contos de recursos de que este governo apurou 79 mil contos, não
valiam nada pelo simples motivo de que eram divida quasi
incobravel. O recurso, o recurso unico era a moratoria ou
a bancarrota ! Como affirmar que a situação de hoje é mais
inquietadora que a de hontem ?

Pois não é evidente que o illustre deputado pelo Rio
de Janeiro foi inveridico, injusto e um critico infiel e apaixo-
nado da nova gestão das finanças publicas neste quatriennio ?
S. Ex. architectou dois bellos e brilhantes discursos re-
cordando ao orador esses floristas habeis, de talento, que
do miolo de pão arranjam flores que encantam, illudem a
vista, imitam a belleza natural, têm apparencia de flores verdadeiras, parecem ter perfume, mas no fundo são flores de
miolo de pão. S. Ex. suppoz na sua critica impiedosa ter
produzido um monolitho inteiriço, de pedra, onde, em bellas
inscripções lesse o futuro os erros do actual governo ; mas as
inscripções não resistem ao tempo ; se apagam logo á
acção da luz penetrante de uma investigação serena.

Ellas não foram esculpidas na pedra ; estão escriptas
com carvão, que só é diamante quando christallisa, mas
que, assim não sendo, se desfaz em pó e perde-se no espaço.

Provado assim que estão de pé as affirmações da mensagem e do parecer que tive a honra de elaborar, preciso ainda
referir-me a pontos secundarios do discurso de meu amigo.

Primeiro: o actual governo emittiu 10 mil contos de bilhetes do Thesouro. Senhores, isto não tem valor. O nobre deputado sabe que por lei o governo podia fazel-o até 25.000 por antecipação de receita, e o seu collega foi o primeiro a confessar que o governo os recólheu dentro do exercicio.

Todos sabem que a lei de orçamento de todos os paizes dá aos governos esse direito. A Inglaterra é o paiz classico dos orçamentos e ahi, como em França, sendo certo que a receita dos impostos sempre entra mais tardiamente do que exigem certas despezas, autorisa o parlamento a emissão de bonus por antecipação de receita. Assim ha os bonus do thesouro (*exchequer bills*) que são resgataveis dentro de cinco annos, podendo o portador reclamar o reembolso e entregal-os em pagamento do imposto.

Ha ainda uma outra especie de bonus do Thesouro (*treasury bills*), de prazo curto, de dois a seis mezes, e ainda os adiantamentos por *deficit* (*deficiency advances*), emprestimo por um ou dois mezes de prazo e destinados ao pagamento do serviço da divida no começo de cada trimestre. Ha, porém, uma differença entre esses dez mil contos emittidos por este governo, recolhidos no exercicio, e o que fez o governo passado por falta de recursos — isto é, a emissão de mais de setenta mil contos de bilhetes em um exercicio, quasi o triplo do que lhe permittia a lei, deixando em circulação 20.300 contos desses bilhetes.

E sabe bem o nobre deputado que esses dez mil contos não foram emittidos para necessidades do Thesouro; sabe bem S. Ex. que foram como auxilio ao Banco da Republica e não para despezas do orçamento.

Segundo: S. Ex. procurou demonstrar de novo que dos titulos £ 4.400.000 resgatados por este governo, cerca de £ 3.300.000 o foram com recursos extraordinarios deixados pelo governo passado, recursos tirados do pagamento da divida do Banco da Republica. S. Ex. desta vez trouxe, para provar a sua affirmação, a escripturação da Contabilidade do Thesouro, como antes trouxera a escripturação do banco. Mas, senhores, desde o meu primeiro discurso que não contestei e antes acceitei como exacta e verdadeira a escripturação.

O que disse, e S. Ex. não poude refutar, foi que os 79 mil contos que provieram do banco, como recursos extraordinarios, poderiam ser applicados ao pagamento das despezas extraordinarias, deixadas pelo governo passado, despezas pagas com recursos ordinarios, e que então uma cousa ficava por outra, e bem se poderia dizer que esses titulos haviam sido resgatados com receita ordinaria. Quanto aos titulos que serviam de base á emissão de 26 mil contos dos 35 ou 40 mil que o governo Prudente dera ao banco, desde que essa emissão havia sido recolhida pelo governo actual, podia e devia-se consideral-os como resgatados com recursos ordinarios. Isso está de pé, isso não foi destruido por S. Ex.

Terceiro : o *funding* não foi cumprido.

« O governo resgatou 93 mil contos, quando devia resgatar, 114 ' mil.» Ao argumento apresentado pelo orador, de que só em 1899 foi o resgate obrigatorio, responde S. Ex. : «Não é exacto, porque em 1900 e 1901 o orçamento da despeza fixou a verba para resgate ». Senhores, esse argumento não está na altura do talento do illustre deputado. Pelo accòrdo o governo era obrigado ou ao resgate ou ao deposito ; e, como podia preferir o resgate, necessario era que figurasse na despeza essa verba para não ser fraudado o orçamento. Se não se votasse a verba, e o governo fizesse o resgate, havia uma despeza feita que não teria figurado no orçamento, o que não era regular. Vê o seu collega que, ainda neste ponto não tem razão.

O dilema de S. Ex. em seu ultimo discurso, é fragil, fragilimo, porque o governo tendo cumprido o *funding* pelo resgate de 93 mil contos do papel-moeda, e tendo em Londres accumulado recursos muito superiores aos que estava obrigado, esses recursos não ficam sujeitos mais a garantirem resgate de papel-moeda, quando não é o governo obrigado a resgatar. O nobre deputado sabe que o accôrdo estabelecia esses depositos não para serem applicados ao resgate e sim para serem destinados ao pagamento dos juros da divida, uma vez retomados os pagamentos em especie! Saldo ou recursos, considere-os o meu collega como quizer, elles são reaes, effectivos, em dinheiro, e não como esses 200 mil contos que o governo passado teve em mãos e não poude apurar, e com elles não póde evitar a moratoria, e de que tanto cabedal fez S. Ex. contra o actual governo.

Contra a accusação que me fez S. Ex. de ter eu atirado para o Congresso a responsabilidade, acho-a original, porque a ninguem atirei responsabilidades. Eu constatei um facto, além de que contribui para essa providencia não ser taxativa no segundo e no terceiro anno, porque sempre fui de opinião que a retirada do papel-moeda não era immediatamente acompanhada da valorisação do meio circulante que ficava, na proporção do capital que se achava incorporada á porção incinerada e que desapparecia, de modo que a queima pura e simples podia trazer retracção de numerario e diminuição de capitaes. Necessario era, pois, deixar ao governo os meios de agir com certo tino e certa elasticidade, não encerrando-o em uma malha de ferro.

Quarto: continuou S. Ex. a duvidar que o milhão sterlino dado em garantia aos saques do banco não esteja intacto dizendo «que o orador para contestar trouxe apenas missiva officiosa». Senhores, o relator da receita trouxe um documento assignado pelos directores do banco, e documento que era a reproducção do balanço do mesmo banco, publicado dias antes. Se o que ahi se diz não é verdade, se é falso, cabe ao nobre deputado proval-o. O orador acredita nesses documentos porque é impossivel que chegassemos á desgraçada situação de mentir ao paiz por essa fórma. Os directores do banco são, porém, homens de bem, e isso basta para que tão negro proceder nem mesmo possa ser suspeitado.

Quinto: perguntou S. Ex. em que base se estribou o relator para dar nas receitas de 1900, 1901 e 1902 como saldo das entradas e sahidas, cinco mil contos. Sr. presidente, de longa data essa rubrica é dotada com essa verba.

Foi uma média que se apurou de varios exercicios. Em uns annos é menor e em outros é maior. E' certo que neste ultimo quatriennio isso não se tem verificado em virtude da crise bancaria, da falta de capitaes disponiveis, da impossibilidade talvez de economias, mas não ha relator de receita que possa prever esses factos anormaes, e foi por isso que acceitou o orador a verba das propostas do governo nessa parte.

Sexto: S. Ex, terminou por apreciações em que procurou ver contradicções em meu proceder: «partidario do resgate, e no emtanto autorisei a emissão de cem mil contos de bonus.» Não é aqui o logar para tratar desse assumpto. Isso levar-me-hia a largas explanações e a minha preoccupação não é defender o que fiz como ministro e sim defender a gestão financeira do actual governo. Direi apenas que esses bonus, pela sua origem, pela sua missão, pela lei que regulava a sua emissão, assemelham-se tanto ao papel-moeda como as actuaes inscripções, como as apolices,. como as letras de cambio, como os bilhetes de ordem, como os *warrants*, etc., todos destinados a certa circulação.

S. Ex. melhor que ninguem, porque acompanhou-me de perto, sabe as difficuldades que assoberbaram o ministro da fazenda de então ; conhece a série de interesses em jogo, de ordem publica, de ordem economica e de ordem moral, que o assediaram e a honestidade com que se defendeu (*Apoiados geraes*).

Setimo: S. Ex. não considera saldos o fundo de garantia e o milhão dado ao banco para garantia de seus saques. Con-

sidere-os o nobre deputado como quizer ; mas são recursos
que este governo ahi os deixa e recursos que foram
accumulados com as rendas ou receitas que excederam ás
despezas.

O Sr. Custodio Coelho : — Depositos, sim, mas não
saldos.

O Sr. Serzedello Corrêa : — Considere-os como
quizer. Estamos a discutir longamente, parecendo que neste
ponto temos profunda divergencia. Em meu parecer, e na
mensagem o Sr. Presidente da Republica, chegamos, comprehendendo o fundo de garantia e o milhão do banco, ao
que chamamos saldo ou recursos, na importancia de 84 e 80
mil contos. S. Ex. em seu discurso chegou a um saldo disponivel de 35 mil, contos, e, se incluir o fundo de garantia e o
milhão sterlino cedido ao banco encontrará não 80 mil contos,
mas cerca de 95 mil contos, muito mais do que encontrei ! !
Para que, pois, discutirmos este ponto quando S. Ex. chega
a cifra maior, a recursos accumulados por este governo em
somma mais avultada ?

O Sr. Cincinato Braga : — E não chegam para pagar
as inscripções.

O Sr. Serzedello Corrêa : — Faça o calculo e verá
que chegam. Mas porque este pessimismo em relação ás
inscripções. Ellas já estão reduzidas a 70 mil contos, tendo
sido de mais de 120 mil, e esse resgate foi feito pelo banco
e foi feito sem auxilio do dinheiro do Thesouro.

O Sr. Cincinato Braga : — Só no primeiro anno.

O Sr. Serzedello Corrêa : — Não ha tal, pois ainda
ultimamente fez o banco o resgate de importante somma.
E a prova é a confiança que esses titulos merecem ; e a
prova é a alta cotação que têm, pois começaram a ser ven-
didos a 620$ e hoje não se compram por menos de 780$ e
790$ quando são de juro 3 %, ao passo que as apolices
geraes de juro 5 % se vendem a 892$000.

Oitavo : referiu-se o nobre deputado em fina ironia ao
facto de ter o orador negociado o emprestimo da Oéste. Mas

essa operação me honra ; foi de uma extraordinaria vantagem
ao Thesouro, pois quando o cambio estava a 12 3/4 adquiri
esses 3.700.000 libras ao cambio de 20.

Sobre a minha gestão da pasta da fazenda estou tranquillo.
Quando sahi do governo deixei no Banco da Republica cerca
de 20.000:000$ em conta corrente, um semestre em Londres
adiantado, mais de 4 1/2 milhões de libras no Thesouro.
Foi com isso que o governo do Marechal poude comprar,
esquadra e pagar pontualmente os nossos compromissos,
fazer despezas extraordinarias durante nove mezes em que
não teve renda na Alfandega de Santos e na da Capital Federal convulsionado o paiz pela revolta. Não fossem esses
recursos e os pagamentos seriam suspensos nessa época e
ninguem poderá avaliar o que se daria. (*Apoiados geraes.*)

— « Contrario a emprestimos externos ! » Sim, a emprestimos para pagar juros de emprestimos anteriores, a emprestimos feitos sómente para cobrir *deficits* orçamentarios ! Era
o systema da monarchia, que a Republica aggravou : — de
tres em tres annos um appello ao credito, um emprestimo
externo, para cobrir os *deficits* produzidos pelas differenças
de cambio no pagamento dos juros dos emprestimos existentes ! ! E assim, de anno em anno, a divida augmentava e
a situação peiorava.

A esses emprestimos fui contrario, sou contrario e serei
sempre : — são um desastre ; são uma prova de nossa incapacidade.

Nunca porém, poderei ser contrario a emprestimos intelligentemente feitos e melhor applicados ; nunca serei contrario á attracção de capitaes que venham fecundar o nosso
desenvolvimento, movimentar as nossas riquezas, multiplicar
o nosso trabalho.

Paiz novo, Sr. Presidente, precisamos de capital e de
trabalho. E se é certo que o trabalho humano é tudo na
formação das riquezas ; se é certo que de nada valem os
objectos encerrados na terra sem que a mão do homem,
sem que a energia do operario os transforme ; se é certo

que o homem é tudo, porque é o centro de convergencia
de todos os nossos esforços, de todas as evoluções da
humanidade, de todo o progresso social ; se é certo que
só pelo trabalho elle dá aos objectos que existem á superficie do planeta, ou que vai arrancar das entranhas da terra
a qualidade da utilidade com que se prestam á satisfação
de todas as necessidades de nossa triplice existencia phy-
sica, intellectual e moral, é certo tambem que o capital,
que já é trabalho, multiplica as forças do homem, dá-lhe
recursos com que póde pôr em acção energia que antes
não tinha. (*Apoiados geraes.*)

O SR. FAUSTO CARDOSO: — E' principio de economia,
mas não foi seguido pela politica do governo, que procurou matar o trabalho.

O SR. SERZEDELLO CORRÊA: — Matar o trabalho quando
as industrias dos phosphoros, da cerveja, dos tecidos, estão
mais do que nunca amparadas, e quando a alta do cambio
valorisou o salario depreciado e quasi aniquilado pela baixa
do cambio á taxa de 5 ! !

Mas, por que effectuei esse emprestimo ? Por que eu
era ministro da fazenda, obscuro embora (*não apoiados
geraes*), mas não era um carregador de pasta. Eu tinha
um plano, eu tinha um ideal, eu tinha idéas que precisava
realisar. E essas idéas e esse plano não eram a negação
de minha conducta, eram, ao contrario, a confirmação de
tudo o que tenho sustentado e escripto. E quer ver o nobre
deputado? Accumulando esses recursos, eu não sonhava
com revoltas e queria sómente salvar o meu paiz e a Republica dos dias tristes que vieram e que nos lançaram á
borda do abysmo.

E' claro que esses recursos davam, folgadamente, com
um orçamento de economias, e eu, em longa exposição ao
Marechal, havia delineado o plano e indicado onde essas
economias se deveriam fazer, para as despezas ouro de todo
o exercicio, de modo que, ao encerral-o, eu deveria ter, como
saldo, não só a verba que o Congresso votasse para essas

M 24

despezas, pagamento de juros, amortisação, garantias de estradas, como a votada para differenças de cambio, etc., isto é, cerca de duzentos e tantos mil contos, que proporia ao Congresso que não voltassem á circulação.

Dest'arte, eu, que tinha tido cambio varias vezes a 14 e 15, e nunca inferior a 12 $^3/_4$, conseguiria, sem duvida a taxa de 20 e 22, normalisando a situação de nossos orçamentos. Infelizmente não pude realisar este plano; mas, para prova de meu zelo, leia S. Ex. o balanço definitivo de 1893 e encontrará um saldo orçamentario real de 15.000 contos, unico anno da Republica em que isso se deu antes deste governo.

Nono: para mostrar ainda como foi inveridico em suas affirmações o nobre deputado, eis o que disse S. Ex. sobre o equilibrio do actual orçamento *(lê)*:

« Mas, Sr. presidente, como se tudo isso fosse ainda pouco, amontoando difficuldades, accresce o facto alarmante de já se achar votado em 2ª discussão, para o proximo exercicio financeiro, um orçamento completamente desequilibrado !

Sim, Sr. presidente, innegavelmente desequilibrado ! Por que? Porque, com surprehendente desharmonia, a receita geral, ouro, orçada pelo illustre relator em 40.967:942$000, incluindo a verba de 7.870:080$, ouro, destinada ao fundo de garantia, e prestes a ser definitivamente approvada em terceira e ultima discussão, não chega para satisfazer as despezas ouro, orçadas na proposta do governo em — 42.593:070$612.

E prova da sagacidade do eminente ex-ministro da fazenda em que, aliás, não o acompanhou o avisado relator, é que, não podendo tocar em despezas certas, infalliveis, e que só não são rigorosamente exactas por tenderem sempre a crescer, elevou, muito de proposito, a receita, ouro, para a somma, toda problematica, de 43.123:942$, incluindo a verba de 8.370:000$, ouro, destinada ao fundo de garantia.

Que realidade, Sr. Presidente, é mais inquietadora ?
Que pratica é mais perigosa?
Que abuso é mais funesto ?

. . . . »

Tristes palavras de S. Ex. ! !
Pois bem senhores deputados, no proprio parecer da receita que S. Ex. devia ter lido, ha o seguinte (*lé*):

« *Equilibrio orçamentario*

Tendo cessado os recursos provenientes do *funding loan*, e tendo o Thesouro assumido os onus decorrentes de nossas responsabilidades no exterior, que passarão a ser pagas com os recursos ordinarios da receita, procurou a commissão, com o maior empenho, manter o equilibrio orçamentario.

A tarefa não se lhe afigurou facil porque, de um lado era necessario não admittir para a receita algarismos optimistas ou exaggerados, e de outro, tornava-se imprescindivel dotar todos os diversos serviços com as verbas da despeza de que precisassem. Em relação a receita, verá a Camara pelo projecto, que a commissão não se ateve a allusões, e antes, pelo contrario, procurou sempre aceitar algarismos que deverão ficar áquem da realidade, pois é certo que a alta cambial e a permanencia das taxas estimularão a importação que se tem retrahido nos ultimos dois annos, ao mesmo tempo que o novo governo continuará como o actual a envidar esforços para tornar uma verdade a arrecadação das nossas receitas, onde não são pequenos os desvios devidos a contrabando, a fraudes, ao estado lastimavel em que se acham as nossas alfandegas e ainda á desidia do pessoal da fiscalisação e arrecadação.

O governo orçou em sua proposta a receita, ouro, em 43.123:942$, e a receita, papel, em 255.543:000$000.

A commissão, pelas considerações já expostas, propoz á Camara os seguintes algarismos: ouro 40.967:942$000, e papel, 248.113:000$, inferiores aos calculos e previsões do governo.

Confrontados esses resultados com os algarismos da despeza constantes da proposta do governo, ha na parte ouro uma differença para menos de 1.625:128$612, e na parte papel um excesso de 9.623:807$822. Como, porém, a differença a mais em papel cobrirá o *deficit* da parte em ouro, mesmo a cambio de 12, dando ainda um saldo regular, a Camara verá que o orçamento apresentado ao seu estudo não se desvia do principio do equilibrio, tão essencial e tão fundamental para a vida regular da Republica.

A commissão deve salientar aqui que esse apparente desequilibrio da receita ouro, orçada pela commissão, em confronto com a despeza da mesma especie apresentada na proposta, provém de ter sido creado o fundo de garantia, que absorve annualmente cerca de 8.000 contos ouro, despeza que não existia em nossos orçamentos e que foi creada sabiamente pelo actual governo, e bem assim o saldo em papel, que á primeira vista parece reduzido, provém de ter sido creado o fundo de amortisação dos emprestimos internos a que foi affectado o excesso (cerca de 5.000 contos papel) entre as entradas e restituições nas caixas economicas, saldo que antes era levado á conta de receita ordinaria. A commissão póde affirmar, porém, á Camara que, apezar disso, o equilibrio orçamentario será certo e seguro, já porque tomou para receita algarismos que não podem ser illusorios, já porque é natural que as rendas das nossas Alfandegas, no futuro exercicio, voltem á nor-malidade, já porque não accederá a augmento algum per-manente de despeza, tendo em mira o maior cuidado na confecção dos orçamentos da despeza afim de reduzil-os a algarismos inferiores se possivel, aos da proposta, já porque finalmente, figura na despeza, por conveniencia de escriptu-ração, o fundo de garantia em importancia de cerca de 8.000 contos em ouro, quando de facto representa elle recursos que se vão accumulando.

Desta arte julga a commisão cumprir o seu dever, esperando do patriotismo da Camara que esse seja o proceder de cada um dos representantes da nação. A commissão espera que todo e qualquer augmento de despeza assente na necessidade de tornar mais exacta a arrecadação e mais seguro e indiscutivel o equilibrio orçamentario pela verdade da fiscalisação e pelo desenvolvimento das forças vivas da producção do paiz.»

Está, destruido, Sr. Presidente, este pretendido desequilíbrio que S. Ex. annuncia ao paiz, como se a commissão de orçamento não tivesse noção do mais elementar de seus deveres e da mais formal das suas obrigações.

. . . .

Eis, Srs. deputados, respondido o brilhante discurso do meu eminente amigo. S. Ex. ao terminar a sua notavel oração perguntou o que restava das palavras que havia o orador proferido. Nada, respondeu S. Ex., apenas ouve-se o écho de sua peroração. Agradeço ao meu amigo não ter anniquillado tambem essa peroração, por que ella foi o grito de uma alma que tem procurado somente dizer a verdade á sua patria e ser acima de tudo justa.

A Camara vem de ouvir-me, e amanhã a Nação lerá o que disse o nobre deputado e o que affirmou o orador, entregando-se sereno ao julgamento dos espiritos imparciaes. Affirmo, porém, com os olhos voltados para a imagem carinhosa da Patria, que todas as minhas proposições estão de pé, estão integras, porque não se destróe a verdade e o orador como o poeta póde dizer: *Vera quidem moneo;* sim, é a verdade que eu annuncio.

Vou terminar : mas, hoje como hontem, repito que o futuro ha de fazer justiça a este governo, por que elle póde dizer como o grande e immortal Horacio :

Edifiquei um monumento mais duravel que o bronze.

Exegi monumentum ære perennius... porque edifiquei-o

no coração de meus concidadãos, porque edifiquei-o na gratidão dos republicanos, porque cousa alguma será capaz de destruil-o no juizo de uma geração a vir, mais honesta em seus julgamentos, mais fiel aos seus sentimentos ; nem a chuva impiedosa, que a diffamação do presente creou, de apódos e injustiças, nem a serie dos annos que forem passando, nem o tempo fugitivo que não volta.

> Possit diruere, aut inmemerabilis
> Annorum series, et fuga temporum.

E isso porque eu não poderei morrer completamente. A melhor parte de mim mesmo, de meus actos, de minha vida, pela glorificação da Republica, pela salvação da honra e do nome brasileiro, não morrerá nunca : *non omnis moriar* (*Apoiados ; muito bem.*)

Sim, não póde morrer, não morrerá jamais, porque não morre nunca a verdade, não morre nunca a justiça, e o orador, Srs. deputados, fallou a verdade e foi justo... e foi justo. . . simplesmente justo.

Vou terminar... Depois de ter respondido a todo o discurso do nobre deputado, não deixarei que fiquem os échos da sua prophetica, mas sinistra peroração. Tambem com a imagem da Patria carinhosa, espartilhada ao coração, objecto de meus affectos e zelos, confesso que não me arreceio de ver ensombrar-me os dias que virão a tristeza ou a magoa recordando-me a minha collaboração obscura na obra ingente em que me empenhei nesta Camara.

E se esta obra que ahi está afundar-se, ruir por terra, ante a falta de patriotismo dos brasileiros ou os erros dos que amanhã vierem remodelal-a e aperfeiçoal-a, assistirei cheio de tristeza a esse desastre, e então se a bandeira estrangeira, como abutre voraz, annunciar por cima de nossos lares que somos o Egypto ou a Turquia, restar-me-ha a energia dos odios santos, e em Deus, a esperança, a divina misericordia, de arrancar-me a esse opprobio, para o qual não concorri, porque tenho dado á Republica amor, lealdade, abnegação, sacrificios, honestidade e um trabalho consciencioso e digno.

Nessa hora de miseria suprema, se a prophecia do meu amigo realisar-se, quero para mim a felicidade de não viver, certo de que não ha injustiças como não ha calumnias. . . certo de que não ha miserias, como não ha injustiças, que sobrevivam á morte do corpo, essa podre carcassa, a perseguirem o espirito e a envenenarem a alma.

(Applausos ; palmas prolongadas no recinto e nas galerias ; o orador é abraçado pelos seus collegas.)

MOVIMENTO DIARIO DO CAMBIO A 90 ^{d}/$_v$ LONDRES

CALCULADO SOBRE A COTAÇÃO OFFICIAL DA CAMARA
SYNDICAL

(14 novembro 1897 — 30 de setembro de 1902)

As oscillações do cambio abrangendo o longo periodo de 16 de novembro de 1897 a 30 de setembro de 1902, põem em evidencia o abuso das especulações que, com maior ou menor expansão, tem, pela sua persistencia, anarchisado o mercado, produzindo graves desordens que, falseando o valor da moeda, sujeito ao arbitrio ou caprichos da sorte do especulador, affecta profundamente os interesses do commercio e da sociedade em geral.

Perlustrando o longo periodo de que tratamos, colhemos a seguinte demonstração do movimento do cambio, no referido periodo, salientando as oscillações que mais se accentuam, por excessivas, procurando, tanto quanto é possivel, historiar as causas que as determinaram.

A 16 de novembro de 1897 denuncia-se a média, a 90 ^{d}/$_v$ sobre Londres 7^d ^{1}/$_{16}$; declinando para 6^d ^{15}/$_{16}$, elevou-se, ainda neste mez, a 7^d ^{5}/$_8$.

No dia 1º de dezembro, marcou $7^d \, {}^5/_{32}$, e, em oscillações para baixa, fechou a $7^d \, {}^1/_{32}$, com a depressão de ${}^{19}/_{32}$ dinheiro, do mez de novembro.

No correr de janeiro de 1898 continuou em declinio constante, até a taxa de $6^d \, {}^{21}/_3$, com que fechou em fevereiro.

No mez de março, foi mais brusca a descida, pois que, abrindo a $6^d \, {}^{21}/_{32}$, encerrou-se a 6^d, verificada assim a quéda de ${}^{11}/_{16}$ dinheiro, nesse mez.

Ao iniciar-se o mez de abril foi a taxa, $5^d \, {}^{31}/_{32}$, que, em oscillações bruscas, reduziu-se a ${}^5/_8$, no dia 23 ; soerguendo-se, então, attingiu, no encerramento do mez, a taxa de $5^d \, {}^{21}/_{32}$.

No mez de maio, continuando oscillante entre a taxa de $5^d \, {}^{21}/_{32}$ e a de $7^d \, {}^1/_{16}$ registrada no dia 27, fecha, a $6^d \, {}^{11}/_{16}$, sob o influxo de boatos propalados relativamente ao accordo do *funding loan*.

No correr do mez de junho, declarando-se em alta o mercado, tornou-se notavel seu movimento ascendente, porquanto, sendo a taxa mais alta do mez de maio $6^d \, {}^{11}/_{16}$, apresentava-se, no dia 11 de junho, a de $7^d \, {}^{25}/_{32}$; deprimido, porém, até $6^d \, {}^{13}/_{16}$, no dia 20, alteou-se, de novo, alcançando $7^d \, {}^9/_{16}$, no dia 30, demonstrando assim a elevação da taxa, neste mez, de $1^d \, {}^3/_{32}$.

No 1º dia de julho era a taxa $7^d \, {}^{17}/_{32}$, precipitando-se, gradualmente, até $7^d \, {}^1/_{32}$, no dia 12 ; voltando, porém, a ganhar terreno, marcou, no dia 20, $7^d \, {}^{11}/_{32}$, cahindo, de novo, até $7^d \, {}^1/_4$, e em oscillações entre esta e a de $7^d \, {}^5/_{16}$, fechou a $7^d \, {}^9/_{32}$.

No mez de agosto abriu a $7^d \, {}^9/_{32}$, que regulou instavel entre $7^1 \, {}^1/_4$, até que, a 27, attingiu a $7^d \, {}^1/_2$.

No mez de setembro, partindo de $7^d \, {}^{13}/_{32}$, ascendeu a $8^d \, {}^3/_{16}$, no dia 29 ; continuando esta alta, no mez de outubro alcançou no dia 10 a taxa de $8^d \, {}^{27}/_{32}$, deprimindo-se em seguida, até $8^d \, {}^5/_{16}$, no dia 20, e fechou a $8^d \, {}^{15}/_{32}$, no dia 31.

Em novembro abriu a $8^d \, 1/2$, e manteve-se até o dia 12, variando entre esta taxa e a de $8^d \, 9/16$; erguendo-se no dia 14 a $8^d \, 23/32$, e no dia 18 tocou $8^d \, 3/4$.

A declaração, feita pelo governo, de que não se envolveria no mercado de cambio, exhauriu as esperanças, alicerçadas nos boatos, fundados no falso supposto da intervenção do governo no mercado, e, assim, deu-se immediata e brusca descida do cambio, que abateu-se, até $7^d \, 13/32$, no dia 23 de dezembro: após brusca, mas pouco duradoura, ascensão a $7^d \, 13/16$, em 31 de dezembro, continuou, em sua marcha descendente, com ligeiras oscillações, até cahir na taxa de $6^d \, 11/16$, no dia 3 de março de 1899, regulando até o fim desse mez os extremos de $6^d \, 23/32$ e 7^d.

A impensada elevação da taxa do cambio de junho a novembro de 1898 produziu, como vimos, a quéda do mercado até as taxas que vigoraram em maio de 1898; e, tomando como ponto de partida, para conhecimento do *quantum* representativo dessa alça as taxas extremas, registradas no decurso de maio de 1898 a abril de 1899, isto é, $6^d \, 11/16$ e $8^d \, 27/32$, verifica-se a differença de $2^d \, 5/32$.

Mais animado apresenta-se a 1º de abril, com a taxa de $6^d \, 25/32$, attingindo, no dia 30, a de $7^d \, 5/16$; e, continuando no mez de maio nesse movimento, com alternativas, ascendeu até $7^d \, 7/8$, no dia 30; proseguindo ainda em alta nos mezes de junho e julho, alcançou $8^d \, 7/32$ em 3 de agosto.

No dia 4 de agosto declarou-se a baixa, e, na mesma proporção em que subiu e no mesmo espaço de tempo, foi-se deprimindo, até tocar a taxa de $6^d \, 29/32$ em novembro.

Até 31 de dezembro manteve-se relativamente pouco movimentado, vigorando as taxas extremas 7^d, e $6^d \, 29/32$; retrogradando, por essa fórma, o mercado ás taxas vigentes no mez de abril.

Em janeiro de 1900, abrindo em alta, elevou-se a $7^d \, 29/32$ e continuando firme, subiu a $8^d \, 1/4$ em fevereiro, alçou-se a 8^d $^{13}/_{32}$ em março, deprimiu-se até 8^d no mesmo mez, retomando, porém, a taxa de 8^d $^{13}/_{32}$ em 12 de maio, ergueu-se em junho a 11, chegando á culminancia de 14^d $^1/_{32}$ no dia 5 de julho. Neste mesmo mez, despenhou-se até 10^d $^1/_{16}$, e, reanimando-se, soergueuse a 11^d $^{11}/_{32}$ em agosto, para cahir, de novo, em setembro, a 9^d $^{21}/_{32}$.

A mais notavel alta que se pronunciou no mercado de cambio, neste periodo, foi a que resultou da elevação da taxa a 14^d $^1/_{32}$ no dia 5 de julho de 1900, quando se deu a alta de 3 *(tres dinheiros)*, no curto espaço de *tres dias*, sem que antecedesse qualquer facto positivo que a determinasse, ou a pudesse explicar.

Tal foi a excitação do mercado de cambio nesse periodo anormal, que, *em um só dia*, registraram-se na Camara Syndical operações de cambio *dentro de trinta e tres taxas diversas* (no dia 4 de julho).

Nos mezes de setembro, outubro e novembro assignalou-se ainda a alta, após bruscas oscillações entre as taxas extremas de 10^d $^{23}/_{32}$ e 9^d $^{21}/_{32}$; soffrendo, em dezembro, nova depressão que levou a taxa a 9^d $^5/_8$.

No mez de janeiro de 1901 vigoraram as taxas extremas de 10^d $^3/_{16}$ e 9^d $^{25}/_{32}$; continuando em alta, attingiu, em fevereiro, 11^d $^1/_4$; elevando-se a 11^d $^{25}/_{32}$ em março, alcança 11^d $^{15}/_{16}$ em 1º de abril, 13^d $^1/_4$ no dia 30, e toca a 13^d $^{13}/_{32}$ em 1º de maio.

No dia 2 de maio começou o declinio, que mais se accentuou no dia 4, e, dahi, declinando sempre, com oscillações diarias, tombou a 11^d $^1/_2$, no dia 30; após ligeira reacção, que se produziu nos dias 31 de maio e 1º de junho, continuou na marcha descendente, declarando-se, francamente, a baixa no mez de julho, e, precipitando-se aos saltos, veiu cahir em 9^d $^{23}/_{32}$ no dia 24, do que resultou panico no mercado, não obstante as bruscas oscillações havidas depois entre a taxa de 10^d $^1/_2$ e 10^d $^1/_4$, a que fechou nesse mez.

Pelo que deixamos escripto colhe-se que, sendo taxas extremas as de 13^d $^{13}/_{32}$ e 9^d $^{23}/_{32}$ no periodo de abril a julho de 1901, a depressão soffrida pelo mercado de cambio foi 3^d $^{11}/_{16}$, que significa o prejuizo do publico, além de fazer recuar o mercado ás taxas que vigoraram em dezembro de 1900.

Seguindo-se calma relativa, ascendeu, de novo, alcançando, no dia 2 de agosto, 10^d $^3/_4$, e, continuando nessa marcha, marca degráos; no mez de setembro a taxa de 11^d $^1/_2$, no mez de outubro de 11^d $^{27}/_{32}$, em novembro a de 12, até galgar a taxa de 12^d $^{11}/_{16}$ no dia 18 de dezembro, reduzindo-se, em seguida, em bruscas sinuosidades, até a taxa de 11^d $^7/_{32}$ que attinge no dia 5 de fevereiro de 1902; e em continuas oscillações, entre 11^d $^7/_{32}$ e $12^{1}/_8$, marcou 12^d $^1/_{32}$ no dia 31 de março.

No mez de abril, pouco notavel foi a oscillação, limitada esta ás taxas extremas de 11^d $^{27}/_{32}$ e 12^d o mez de maio, porém, denuncia-se um tanto agitado; iniciando-se a alta; no dia 1º marca 12^d $^1/_{32}$, e, progressivamente em alta, attinge a taxa de 12^d $^7/_{16}$, no dia 28, declinando gradativamente até 11^d $^3/_4$ no dia 26 de junho.

Em julho manifesta-se mais animada, e partindo de 11^d $^3/_4$ toca, em movimento ascendente, 12^d $^1/_8$ no dia 2 de agosto, baixando em seguida até 11^d $^{13}/_{16}$ em 30 do mesmo mez.

No decurso do mez de setembro, nota-se mais regularidade no mercado de cambio, pelo quasi nivelamento das taxas, attendendo a que a oscillação apenas se deu entre as taxas de 11^d $^{27}/_{32}$ e 11^d $^{31}/_{32}$, tendo-se encerrado a 11^d $^7/_8$

Rio de Janeiro, 20 de outubro de 1902.

J. CLAUDIO DA SILVA,

Syndico

QUADRO GERAL

DAS

OPERAÇÕES DO RESGATE

das garantias das estradas de ferro e da amortisaçã

se refere a mensagem de 3

ESTRADAS RESGATADAS	EXTENSÃO KILOMETRICA	GARANTIA ANNUAL £	FINDA EM ANNOS	APOLICES EMITTIDAS PARA ()
Natal a Nova Cruz [1]	121	43.281	11	
Conde d'Eu [1].	166	51.406	12	
Recife e S. Francisco [2]	124,74	56.000	42	I.
Alagoas [1].	153 {	35.854 / 7.733	11 / 20	}
Bahia e S. Francisco	123,13	126.000	44	2
Ramal do Timbó	35,60	17.887	14	
Central da Bahia [3]	310,60	102.541	9	I.
Minas e Rio	170	122.025	11	I
Paraná.	417 {	91.000 / 61.964	10 / 20	} 3
D. Thereza Christina [4]	116,34	44.173	10	
Sudouest Brésilien [5].	355,42	71.886	24	I
	2.148,83	831.750		14

[1] Arrendada á Great Western por contracto de 31 de julho de 1901.

[2] A garantia começou a ser apenas de £ 56.000 em 1901. Em 1 conselho de Estado opinou ser a legal e como a Companhia sustentou s Western, arrendataria da Recife, paga por ella £ 18.000 e arrendou a S ao Governo um *deficit* médio de £ 33.000, ao cambio de 12 d.

[3] O preço dado comprehende o valor de mais tres kilometros, casas, gamento, tudo feito sem garantia.

[4] O preço neste caso incluiu o valor do almoxarifado e tambem o *defi*

[5] O preço de £ 1.605.000 incluiu a indemnisação pela rescisão da strucção de 479 kilometros de novas linhas que a propria companhia e juro de 4 % seria de £ 78.556 ou £ 18.984 por anno *menos* do que a dit

[6] A média da receita bruta em 1899 — 1901, tendo sido 3.142:000$, t

[7] Esta somma compra £ 472.500 de apolices a 80. — Com o jui £ 18.900 e assim por diante) o resgate total é muito apressado.

Suppondo que o cambio não suba de 12 d. e que o producto do a bastante rapido que tem tido) estas £ 378.600 applicadas á compra de compradas, resgatam perto de £ 6.000.000 no fim de dez annos.

INDICE

APPENDICE

Índice onomástico

capa e projeto gráfico	Guen Yokoyama
tratamento de imagens	Anderson Lima
	Bernardo Pinheiro
	Carlos Leandro Leal Branco
	Christopher de Souza Silva
	José Carlos da Silva
	Leonídio Gomes
	Tiago Cheregati
dtp	Angelica Rodrigues
	Marli Santos de Jesus
	Tereza Lucinda
	Vanessa Merizzi
índice onomástico	Berenice Abramo
	Francisco Alves da Silva
revisão	Heleusa Angelica Teixeira
	Amancio do Valle
	José Vieira de Aquino
	Sárvio Nogueira Holanda

Capa: capitania de S. Vicente – reprodução do original da Real Academia de la Historia, Madri, Espanha (det.), imagem gentilmente cedida por José Mindlin.

formato	16 x 23 cm
tipologia	Minion Pro
papel miolo	Offset 90 g/m^2
	Polén Rustic Areia 85 g/m^2
papel capa	Cartão Triplex 250 g/m^2
número de páginas	436
tiragem	2000

editoração, ctp, impressão e acabamento

imprensaoficial

Rua da Mooca, 1921 São Paulo SP
Fones: 6099-9800 - 0800 0123401
www.imprensaoficial.com.br